LUCIAN'S

A TRUE STORY

An Intermediate Greek Reader

Greek Text with Running Vocabulary and Commentary

Evan Hayes
and
Stephen Nimis

Lucian's *A True Story*: An Intermediate Greek Reader
Greek text with Running Vocabulary and Commentary

First Edition

© 2011 by Evan Hayes and Stephen Nimis

Revised Aug. 2014

The Greek text is the edition of A. M. Harmon, first published by William
Heinemann in 1921.

ISBN-13: 978-0-9832228-0-4
ISBN-10: 0983222800

Published by Stephen Nimis
Cover Design: Evan Hayes
Cover Photo: Illustration from Brockhaus and Efron Encyclopedic Dictionary,
        1890—1907 (image in the public domain)

Fonts: Gentium (Open Font License)
        GFS Porson (Open Font License)

Table of Contents

Introduction ....vii-x

Abbreviations x

Text and Commentary 1-160

    Book 1 1

    Book 2 75

Grammatical topics:

    αὐτός 5

    Future more and less vivid conditions 7

    Unreal conditions 8

    Verbs of coming and going 12

    Expressions of time and space 14

    Imperfect of ἔρχομαι 16

    Defective verbs 17

    Greek numbers 20

    Indirect statement in secondary sequence 22

    Conjugation of ἵημι 24

    Uses of the subjunctive and optative in subordinate clauses 27

    Conjugation of τάσσω 33

    Result clauses 38

    Indirect statement after verbs of knowing,
    perceiving, hearing or showing 41

    General conditions and temporal clauses 44

    Conjugation of ἵστημι 79

    Time and Aspect: the Indicative 80-81

    Indirect statement after verbs of saying 83

    Indirect statement after verbs of thinking and believing 87

    ἅτε and ὡς + participle 94

    More about αὐτός 104

    Time and Aspect: Translating the Aorist Participle 122-123

List of verbs 163-177

Glossary 179-191

Acknowledgments

The idea for this project grew out of work the authors did with support from Miami University's Undergraduate Summer Scholars Program and the Dean's Scholar Program of the College of Arts and Science. The technical aspects of this project were made possible through the invaluable advice and support of Bill Hayes, Christopher Kuo, and Daniel Meyers. Parts of the text were improved by the help of intermediate Greek students at Miami who tested an earlier version. They were Nicholas Arlington, Brian Bitzer, Michael Clemmer, Elisabeth Colucci, Christopher Dobbs, Kristie Fernberg, Tyler Gau, Stephanie Goldkopf, Jordan Gulley, Alexander Heck, Amanda Holmes, Victoria Hudson, Dylan Ketchum, Adrian Kimmett, Stephanie Krause, Paul Levitt, Brent Maynard, Rebecca Riffle, Katherine Roach, Nathan Roser, Derek Rumpler, Nathan Schaad, Katie Spaulding, and Simone Waller. The following identified errors in an earlier edition: Christopher Francese, Mark Lightman, Jesse Lundquist, Sean Manning, Louise Pratt, Robert Regan, and Maud Gleason. The authors also profited from advice and help on the POD process from Geoffrey Steadman. All responsibility for errors, however, rests with the authors themselves.

Introduction

The aim of this book is to make Lucian's *A True Story* accessible to intermediate students of Ancient Greek. The running vocabulary and commentary are meant to provide everything necessary to read each page. The commentary is almost exclusively grammatical, explaining subordinate clauses, conditions etc., and explaining unusual verb forms. The page by page vocabularies gloss all but the most common words. We have endeavored to make these glossaries as useful as possible without becoming fulsome. A glossary of all words occurring three or more times in the text can be found as an appendix in the back, but it is our hope that most readers will not need to use this appendix often. Brief summaries of a number of grammatical and morphological topics are interspersed through the text as well, and there is a list of verbs used by Lucian that have unusual forms in an appendix. The principal parts of those verbs are given there rather than in the glossaries. We have provided brief explanations of allusions and proper names, but the commentary by Aristoula Georgiadou and David H.J. Larmour (*Lucian's Science Fiction Novel, True Histories: Interpretation and Commentary*. Leiden: Brill, 1998) can be consulted for more details on the literary character of the work, and those authors include a generous bibliography of critical studies of Lucian.

Lucian's *A True Story* is an ideal text for intermediate readers. Its breathless narrative does not involve many complex sentences or constructions; there is some unusual vocabulary and a few departures from Attic Greek, but for the most part it is a straightforward narrative that is fun and interesting. Lucian of Samosata is one of antiquity's cleverest authors. Nearly everything we know about him is derived from his works, several of which have autobiographical material that is unable to be confirmed by other sources. He claims to have been trained in rhetoric and to be one of the many traveling professional speakers, the "sophists" of the Roman empire, who entertained audiences with amusing lectures on topics of all sorts. He is famous for his satirical sketches that often focus on hypocrisy and pedantry. In *A True Story*, he parodies accounts of fanciful adventures and travel to incredible places by authors such as Ctesias and Iambulus. The story's combination of mockery and learning makes it an excellent example of the Greek literature of the imperial period. The climax of the story is the visit to the Island of the Blessed, where many major figures from Greek literary history are presented with a mixture of humor and pride. In addition the conspicuous absence of any reference to the Roman world in the work--the journey begins at the western margin of the Mediterranean and never returns--represents one frequent strategy of works of the so-called "second sophistic," which emphasized the importance of Greek learning (*paideia*) in a world dominated by Roman political power. *A True Story* is of course aimed at a readership of learned men (*pepaideumenoi*), who would recognize the many humorous allusions to the Greek cultural tradition, especially the *Odyssey*. The introductory paragraphs state that *A True Story* is meant to be a relaxation as a respite from more serious work, a respite that is clever and amusing in part because it makes hinting reference (*ainissomai*) to archaic poetry and history. Georgiadou and Larmour take the position that a more serious allegory about truth and experience can be deduced from this *ainigma*. Perhaps they are right, but *A True Story* has been admired for centuries as a lot of fun: the first example of science fiction, a utopian fantasy, and a gentle mockery of some of the most famous figures in the classical tradition.

The Greek text contained in this volume is based on the Loeb edition of Lucian, first published in 1921 and now in the public domain. This text was scanned in 2003 and has appeared on several web pages. We have corrected as many of the inevitable errors introduced by the scanning process as we could find, and also made a few minor changes to the Loeb text itself. This is not a scholarly edition; for that the reader is referred to the OCT edited by M. D. Macleod. Keith Sidwell includes some selections from *A True Story* in his intermediate reader, *Lucian: Selections* (Bristol: Bristol Classical Press, 1986). The bowdlerized version of C. S. Jerram (1879) with grammatical notes has been reprinted as *Luciani Vera Historia* (Wauconda: Bolchazy-Carducci Publishers, 1990). Selections of some other dialogues by Lucian have been presented with extensive literary commentary by Neil Hopkinson in the Cambridge Greek and Latin series (*Lucian: A Selection*. Cambridge: Cambridge University Press, 2008).

Select Bibliography

Branham, R. Bracht. *Unruly Eloquence: Lucian and the Comedy of Traditions.* Cambridge, Mass.: Harvard University Press, 1989.

Fusillio, M. "The Mirror of the Moon: Lucian's *A True Story* - From Satire to Utopia," in *Oxford Readings in the Greek Novel*, ed. Simon Swain (Oxford: OUP, 1999), 351-81.

Georgiadou, Aristoula and David H.J. Larmour. *Lucian's Science Fiction Novel, True Histories: Interpretation and Commentary.* Leiden: Brill, 1998.

Jones, C. P. *Culture and Society in Lucian.* Cambridge, Mass.: Harvard University Press, 1986.

Swain, Simon. *Hellenism and Empire.* Oxford: Oxford University Press, 1996.

Whitmarsh, Tim. *Greek Literature and the Roman Empire: the Politics of Imitation.* Oxford: Oxford University Press, 2001.

How to use this book:

The presentation assumes the reader has a basic acquaintance with Greek grammar. Generally, particles have not been included in the page-by-page glossaries, along with other common nouns and adjectives. If necessary, all of these words can be found in the glossary at the end. Verbs, being a special problem in Greek, have been treated more fully. A simple and more generic dictionary entry is given in the glossary on each page, with a more specific meaning provided in the commentary below if necessary. We have also included a list of verbs with unusual forms and their principal parts as an appendix, which should be useful in identifying the dictionary form of verbs. Brief discussions of the morphology of some special cases (e.g., -$\mu\iota$ verbs) are also interspersed throughout the text. A good strategy for attacking a text like this is to read a section of the Greek to get as much out of it as possible, then to look at the glossary below for unrecognized vocabulary items, and lastly to consult the commentary. The fuller glossary at the end of the book can be a last resort.

Abbreviations

abs.	absolute	nom.	nominative
acc.	accusative	obj.	object
act.	active	opt.	optative
adj.	adjective	part.	participle
adv.	adverb	pas.	passive
ao.	aorist	perf.	perfect
app.	appositive	pl.	plural
comp.	comparative	plupf.	pluperfect
dat.	dative	pred.	predicate
dep.	deponent	prep.	preposition
d.o.	direct object	pr.	present
f.	feminine	pron.	pronoun
fut.	future	reflex.	reflexive
gen.	genitive	rel.	relative
impf.	imperfect	seq.	sequence
imper.	imperative	sg.	singular
indic.	indicative	subj.	subject *or*
i.o.	indirect object		subjunctive
inf.	infinitive	superl.	superlative
m.	masculine	voc.	vocative
n.	neuter		

Λουκιανοῦ

Ἀληθῆ Διηγήματα:
βίβλος Α΄

Lucian's

A True Story:
Book 1

A True Story

Ἀληθῆ Διηγήματα: Α´

[1] Ὥσπερ τοῖς ἀθλητικοῖς καὶ περὶ τὴν τῶν σωμάτων
ἐπιμέλειαν ἀσχολουμένοις οὐ τῆς εὐεξίας μόνον οὐδὲ τῶν
γυμνασίων φροντίς ἐστιν, ἀλλὰ καὶ τῆς κατὰ καιρὸν γινομένης
ἀνέσεως - μέρος γοῦν τῆς ἀσκήσεως τὸ μέγιστον αὐτὴν
ὑπολαμβάνουσιν - οὕτω δὴ καὶ τοῖς περὶ τοὺς λόγους
ἐσπουδακόσιν ἡγοῦμαι προσήκειν μετὰ τὴν πολλὴν τῶν
σπουδαιοτέρων ἀνάγνωσιν ἀνιέναι τε τὴν διάνοιαν καὶ πρὸς τὸν
ἔπειτα κάματον ἀκμαιοτέραν παρασκευάζειν. [2] γένοιτο δ᾽ ἂν

ἀθλητικός, -ή, -όν: athletic	εὐεξία, ἡ: a good habit of body, good health
ἀκμαῖος, -α, -ον: vigorous	ἡγέομαι: to consider, lead the way
ἀνάγνωσις, -εως, ἡ: recognition, reading	καιρός, ὁ: due measure, proportion, fitness
ἄνεσις, -εως, ἡ: a loosening, relaxing	κάματος, ὁ: toil, labor
ἀνίημι: to let go, relax	λόγος, ὁ: a word, account
ἄσκησις, -εως, ἡ: exercise, practice, training	μέρος, -εος, τό: a part, share
	παρασκευάζω: to prepare, make ready
ἀσχολέω: to engage, occupy	προσήκω: to be fitting
γίνομαι: to become	σπουδάζω: to make haste
γοῦν: "as a matter of fact"	σπουδαῖος, -α, -ον: earnest, serious
γυμνάσιον, τό: bodily exercises	σῶμα, -ατος, τό: a body
διάνοια, ἡ: a thought	ὑπολαμβάνω: to undertake, to understand
ἐπιμέλεια, ἡ: care, attention	φροντίς, -ίδος, ἡ: thought, care, attention

Just as athletes seek appropriate rest for the body, so too readers should profit from intermittent light reading, especially if it is clever as well as entertaining. Such is offered here, an amusing collection of fictions which, unlike such authors as Iambulus and Ktesias, makes no pretense to truth.

ὥσπερ...οὕτω δὴ καί: "just as...so also." Lucian begins with an elaborate comparison between athletes and scholars.

τοῖς ἀθλητικοῖς καὶ...ἀσχολουμένοις: "to athletes and to those engaged..."

οὐ μόνον φροντίς ἐστιν...ἀλλὰ καί: "not only is it a care...but also"

φροντίς ἐστιν: governs the genitives εὐεξίας, γυμνασίων, and ἀνέσεως

κατὰ καιρὸν γινομένης: "happening in season"

αὐτὴν ὑπολαμβάνουσιν: "this (i.e., ἄνεσις) they suppose to be..."

ἡγοῦμαι προσήκειν: "I think it fitting to..." the thought is completed by ἀνιέναι τε καὶ παρασκευάζειν

ἀνιέναι: pr. inf. of ἀνα-ἵημι "to relax," the same stem as ἄνεσις, "relaxation"

ἐσπουδακόσιν: perf. part. dat. pl. of σπουδάζω "to those who have labored"

πρὸς τὸν ἔπειτα κάματον: "for subsequent labor," the definite article makes the adverb ἔπειτα an attributive adjective

ἀκμαιοτέραν (sc. διάνοιαν): "an even greater thought"

γένοιτο δ᾽ ἂν...εἰ ὁμιλοῖεν: future less vivid condition, "a rest would be...if they were to engage in it"

γένοιτο: ao. opt. of γίνομαι

ἐμμελὴς ἡ ἀνάπαυσις αὐτοῖς, εἰ τοῖς τοιούτοις τῶν
ἀναγνωσμάτων ὁμιλοῖεν, ἃ μὴ μόνον ἐκ τοῦ ἀστείου τε καὶ
χαρίεντος ψιλὴν παρέξει τὴν ψυχαγωγίαν, ἀλλά τινα καὶ θεωρίαν
οὐκ ἄμουσον ἐπιδείξεται, οἷόν τι καὶ περὶ τῶνδε τῶν
συγγραμμάτων αὐτοὺς φρονήσειν ὑπολαμβάνω· οὐ γὰρ μόνον τὸ
ξένον τῆς ὑποθέσεως οὐδὲ τὸ χαρίεν τῆς προαιρέσεως ἐπαγωγὸν
ἔσται αὐτοῖς οὐδ' ὅτι ψεύσματα ποικίλα πιθανῶς τε καὶ ἐναλήθως
ἐξενηνόχαμεν, ἀλλ' ὅτι καὶ τῶν ἱστορουμένων ἕκαστον οὐκ
ἀκωμῳδήτως ἤνικται πρός τινας τῶν παλαιῶν ποιητῶν τε καὶ

αἰνίσσομαι: to intimate in riddles
ἀκωμῴδητος, -α, -ον: unfunny
ἄμουσος, -α, -ον: without the Muses,
  inelegant
ἀνάγνωσμα, -ατος, τό: a passage read
  aloud
ἀνάπαυσις, -εως, ἡ: repose, rest
ἀστεῖος, -α, -ον: urbane
ἐκφέρω: to carry out
ἐμμελής, -ές: harmonious
ἐναλήθως: plausibly
ἐπαγωγός, -όν: attractive
ἐπιδείκνυμι: to exhibit
θεωρία, ἡ: a looking at, viewing
ἱστορέω: to inquire into
ξένος, -η, -ον: foreign, strange
ὁμιλέω: to engage in (+ dat.)

παλαιός, -ά, -όν: old in years
παρέχω: to provide
πιθανός, -ή, -όν: persuasive
ποιητής, -οῦ, ὁ: a maker, poet
ποικίλος, -η, -ον: many-colored, spotted
προαίρεσις, -εως, ἡ: a choosing, subject
σύγγραμμα, -ατος, τό: a writing
ὑπόθεσις, -εως, ἡ: subject matter,
  composition
ὑπολαμβάνω: to understand, think
φρονέω: to think, consider
χαρίεις, -εσσα, -εν: graceful, beautiful,
  lovely
ψεῦσμα, -ατος, τό: a lie
ψιλός, -ή, -όν: bare
ψυχαγωγία, ἡ: a winning of souls,
  persuasion

τοιούτοις... ἅ: correlatives, "if they were to engage in *such things, the kind which* ..."
παρέξει...ἐπιδείξεται: futures of παρέχω and ἐπιδείκνυμι, "not only will
  provide...but also will exhibit"
οὐκ ἄμουσον: "not without taste," note the frequent use of double negatives
  (litotes) in this passage.
οἷόν τι: "just such a thing..."
αὐτοὺς φρονήσειν: indirect statement after ὑπολαμβάνω, "I think *that they will
  consider*"
ἐπαγωγὸν ἔσται: "will be pleasing to " + dat.
οὐδ' ὅτι...ἀλλ' ὅτι: "not just because...but also because"
ἐξενηνόχαμεν: perf. 1 pl. of ἐκφέρω, "we have expressed"
ἤνικται: perf. 3 s. of αἰνίσσομαι, "has made hinting reference to...." The subject is
  ἕκαστον "each one of the things narrated"

συγγραφέων καὶ φιλοσόφων πολλὰ τεράστια καὶ μυθώδη
συγγεγραφότων, οὓς καὶ ὀνομαστὶ ἂν ἔγραφον, εἰ μὴ καὶ αὐτῷ
σοι ἐκ τῆς ἀναγνώσεως φανεῖσθαι ἔμελλον. [3] [οἷον] Κτησίας ὁ
Κτησιόχου ὁ Κνίδιος, ὃς συνέγραψεν περὶ τῆς Ἰνδῶν χώρας καὶ
τῶν παρ᾽ αὐτοῖς ἃ μήτε αὐτὸς εἶδεν μήτε ἄλλου ἀληθεύοντος
ἤκουσεν. ἔγραψε δὲ καὶ Ἰαμβοῦλος περὶ τῶν ἐν τῇ μεγάλῃ
θαλάττῃ πολλὰ παράδοξα, γνώριμον μὲν ἅπασι τὸ ψεῦδος

ἀκούω: to hear
ἀληθεύω: to speak truth
ἀνάγνωσις, -εως, ἡ: recognition
ἅπας: all, the whole
γνώριμος, -η, -ον: well-known, familiar
γράφω: to write
θάλασσα, ἡ: the sea
Ἰνδός, -ή, -όν: Indian, from India
Κνίδιος, -α, -ον: Cnidian, from Cnidos
μυθώδης, -ες: legendary, fabulous

ὀνομαστί: by name
παράδοξος, -ον: incredible, paradoxical
συγγραφεύς, -εως, ὁ: an historian
συγγράφω: to write, note down
τεράστιος, -ον: monstrous
φαίνομαι: to appear
φιλόσοφος, ὁ: a lover of wisdom,
  philosopher
χώρα, ἡ: a space, land
ψεῦδος, -εος, τό: a falsehood, untruth, lie

συγγεγραφότων: perf. part. act. gen. pl. of συγγράφω, agreeing with ποιητῶν,
  συγγραφέων, and φιλοσόφων: "those who have written"
ἂν ἔγραφον, εἰ μὴ...ἔμελλον: impf. in present contrary to fact condition, "I would
  write their names were it not that they would be obvious"
αὐτῷ σοι: "to you (the reader) yourself." αὐτῷ is here intensive, not reflexive.
φανεῖσθαι: fut. inf. of φαίνομαι after ἔμελλον
Κτησίας ὁ Κνίδιος: Ctesias of Cnidos, fifth century author of a lost *History of India*,
  which contained accounts of fantastic creatures. He reappears later in *A True
  Story* being punished in the hereafter.
ἄλλου ἀληθεύοντος: "another telling the truth," gen. after ἤκουσεν
Ἰαμβοῦλος: Iambulus is the author of a lost narrative (written between 165 and 50
  BCE) about a fabulous trip in the Indian Ocean, summarized by Diodorus Siculus.

Note the different meanings of the word αὐτός:

1. Without the definite article
   a. The nominative forms of the word always are intensive (= Latin ipse):
      αὐτός: *he himself*, αὐτοί, *they themselves*; ἃ μήτε αὐτὸς εἶδεν: which
      he himself never saw.
   b. The other cases of the word are the unemphatic third person
      pronouns: him, them, etc. παρ᾽ αὐτοῖς: around *them*.
2. With the definite article
   a. In predicative position, it is also intensive (= Latin ipse): τὸν ἄνδρα
      αὐτόν: the man *himself*.
   b. in attributive position or with no noun, it means "the same": τὸν
      αὐτόν ἄνδρα: the *same* man; πολλοὶ δὲ καὶ ἄλλοι τὰ αὐτα: "and
      many others do *the same things*."

Lucian

πλασάμενος, οὐκ ἀτερπῆ δὲ ὅμως συνθεὶς τὴν ὑπόθεσιν. πολλοὶ δὲ καὶ ἄλλοι τὰ αὐτὰ τούτοις προελόμενοι συνέγραψαν ὡς δή τινας ἑαυτῶν πλάνας τε καὶ ἀποδημίας, θηρίων τε μεγέθη ἱστοροῦντες καὶ ἀνθρώπων ὠμότητας καὶ βίων καινότητας· ἀρχηγὸς δὲ αὐτοῖς καὶ διδάσκαλος τῆς τοιαύτης βωμολοχίας ὁ τοῦ Ὁμήρου Ὀδυσσεύς, τοῖς περὶ τὸν Ἀλκίνουν διηγούμενος ἀνέμων τε δουλείαν καὶ μονοφθάλμους καὶ ὠμοφάγους καὶ ἀγρίους τινὰς ἀνθρώπους, ἔτι δὲ πολυκέφαλα ζῷα καὶ τὰς ὑπὸ φαρμάκων τῶν ἑταίρων μεταβολάς, οἷα πολλὰ ἐκεῖνος πρὸς ἰδιώτας ἀνθρώπους τοὺς Φαίακας ἐτερατεύσατο. [4] τούτοις οὖν ἐντυχὼν ἅπασιν,

---

ἄγριος, -α, -ον: wild, savage
ἄνεμος, ὁ: wind
ἄνθρωπος, ὁ: a man, person
ἀποδημία, ἡ: a going abroad
ἀρχηγός, ὁ: an originator, founder
ἀτερπής, -ές: unpleasing, joyless, melancholy
βίος, ὁ: a life, lifestyle
βωμολοχία, ἡ: buffoonery, ribaldry
διδάσκαλος, ὁ: a teacher, master
διηγέομαι: to set out in detail, describe in full
δουλεία, ἡ: servitude, slavery
ἐντυγχάνω: to fall in with, read (+ dat.)
ἑταῖρος, ὁ: a comrade, companion, mate
ζῷον, τό: a living being, animal
θηρίον, τό: a wild animal, beast
ἰδιώτης, -ου, ὁ: a individual, simpleton

ἱστορέω: to inquire into
καινότης, -ητος, ἡ: newness, strangeness
μεταβολή, ἡ: a change
μονόφθαλμος, -ον: one-eyed
Ὀδυσσεύς, -έως, ὁ: Odysseus
Ὅμηρος, -ου, ὁ: Homer
πλάνη, ἡ: a wandering, roaming
πλάσσω: to form, create
πολυκέφαλος, -ον: many-headed
προαιρέω: to bring forth, choose
συγγράφω: to write, note down
συντίθημι: to put together
τερατεύομαι: to talk marvels
ὑπόθεσις, -εως, ἡ: composition
Φαίαξ, -ακος, ὁ: a Phaeacian
φάρμακον, τό: a drug, medicine
ὠμότης, -ητος, ἡ: rawness
ὠμοφάγος, -ον: eating raw flesh

πλασάμενος: ao. part. of πλάσσω, "having fabricated"
συνθεὶς: aor. act. part. nom. s. of συντίθημι, "having composed"
προελόμενοι aor. mid. part. of προ-αιρέω, "having proposed (to do) the same"
ὡς δή: "as though"
τοῖς περὶ τὸν Ἀλκίνουν: "those with King Alkinous," the Phaeacians, who were the audience of Odysseus in Odyssey books 9-12.
μονοφθάλμους καὶ ὠμοφάγους: one-eyed flesh-eaters, the Cyclopes of Odyssey 9.
πολυκέφαλα ζῷα: "many-headed beasts," like Scylla in Odyssey 12
ὑπὸ φαρμάκων...μεταβολάς: "transformations by drugs," such as Circe in Odyssey 10.
οἷα πολλα: acc. of respect, "many such things as"
ἐντυχὼν: ao. part. of ἐντυγχάνω, "having read"

6

A True Story

τοῦ ψεύσασθαι μὲν οὐ σφόδρα τοὺς ἄνδρας ἐμεμψάμην, ὁρῶν ἤδη σύνηθες ὂν τοῦτο καὶ τοῖς φιλοσοφεῖν ὑπισχνουμένοις· ἐκεῖνο δὲ αὐτῶν ἐθαύμασα, εἰ ἐνόμιζον λήσειν οὐκ ἀληθῆ συγγράφοντες. διόπερ καὶ αὐτὸς ὑπὸ κενοδοξίας ἀπολιπεῖν τι σπουδάσας τοῖς μεθ᾽ ἡμᾶς, ἵνα μὴ μόνος ἄμοιρος ὦ τῆς ἐν τῷ μυθολογεῖν ἐλευθερίας, ἐπεὶ μηδὲν ἀληθὲς ἱστορεῖν εἶχον   -   οὐδὲν γὰρ ἐπεπόνθειν ἀξιόλογον   -   ἐπὶ τὸ ψεῦδος ἐτραπόμην πολὺ

ἀληθής, -ές: true	νομίζω: to think, believe
ἄμοιρος, -ον: without share in	πάσχω: to suffer, to have happen to
ἀξιόλογος, -ον: noteworthy	σπουδάζω: to be eager to (+ inf.)
ἀπολείπω: to leave behind	συγγράφω: to write, note down
ἐλευθερία, ἡ: freedom, liberty	σφόδρα: very, much
θαυμάζω: to wonder at, marvel	τρέπω: to turn
ἱστορέω: to inquire into, record	ὑπισχνέομαι: to profess, engage in (+ inf.)
κενοδοξία, ἡ: vanity	φιλοσοφέω: to philosophize
λανθάνω: to escape notice (+ part.)	ψεῦδος, -εος, τό: a falsehood
μέμφομαι: to blame, find fault	ψεύδω: to cheat by lies, beguile
μυθολογέω: to tell mythic tales or legends	

τοῦ ψεύσασθαι: articular infinitive in gen. after ἐμεμψάμην, "for lying"

ἐμεμψάμην: ao. 1 s. middle of μέμφομαι, "I didn't fault..."

σύνηθες ὂν τοῦτο: ind. st. after ὁρῶν, "seeing *that this was* (ὂν) *customary*"

καὶ τοῖς φιλοσοφεῖν ὑπισχνουμένοις: "even to those *professing* to philosophize"
  This is the meaning of ὑπισχνέομαι with a present infinitive.

εἰ ἐνόμιζον: impf. in indirect question, "whether they thought"

λήσειν: fut. inf. of λανθάνω in indirect statement after ἐνόμιζον, "*that they would get away*" + part.

τοῖς μεθ᾽ ἡμᾶς: "those in our time"

ἵνα μὴ μόνος ἄμοιρος ὦ: pr. subj. of εἰμι in negative purpose clause, "lest I alone be portionless"

ἐν τῷ μυθολογεῖν: articular inf. "in mythmaking"

εἶχον: impf. of ἔχω, "I was able" + inf.

ἐπεπόνθειν: 1 s. plupf. of πάσχω, "I had experienced." Note that Lucian often uses pluperfects in subordinate clauses where classical authors would typically use the aorist.

ἐτραπόμην: ao. mid. of τρέπω, "I turned myself"

Note the difference between the future less vivid and future more vivid conditions:

The future less vivid indicates a future action as merely a possibility; the future more vivid indicates a future action as a probability.

less vivid: εἰ plus optative in the protasis, ἂν plus the optative in the apodosis: translate "If he were to..., then he would..."

more vivid: ἐὰν (Attic contraction = ἤν) plus subjunctive in the protasis, future indicative in the apodosis: translate "if he does..., then he will...."

7

Lucian

τῶν ἄλλων εὐγνωμονέστερον· κἂν ἓν γὰρ δὴ τοῦτο ἀληθεύσω
λέγων ὅτι ψεύδομαι. οὕτω δ᾽ ἄν μοι δοκῶ καὶ τὴν παρὰ τῶν
ἄλλων κατηγορίαν ἐκφυγεῖν αὐτὸς ὁμολογῶν μηδὲν ἀληθὲς
λέγειν. γράφω τοίνυν περὶ ὧν μήτε εἶδον μήτε ἔπαθον μήτε παρ᾽
ἄλλων ἐπυθόμην, ἔτι δὲ μήτε ὅλως ὄντων μήτε τὴν ἀρχὴν
γενέσθαι δυναμένων. διὸ δεῖ τοὺς ἐντυγχάνοντας μηδαμῶς
πιστεύειν αὐτοῖς.

ἀληθεύω: to speak truth
ἀρχή, ἡ: a beginning
δύναμαι: to be able, capable
ἐκφεύγω: to flee, escape
ἐντυγχάνω: to meet with, read
εὐγνώμων, -ον: kindhearted, considerate
κατηγορία, ἡ: an accusation, charge

ὅλως: entirely
ὁμολογέω: to agree
πάσχω: to experience, to suffer
πιστεύω: to trust, believe in (+ dat.)
πυνθάνομαι: to learn
τοίνυν: therefore, accordingly
ψεύδω: to lie

κἂν (=καὶ ἐὰν): more vivid condition with the verb of the protasis suppressed, "if I
   tell the truth, I will tell this one truth by saying..."
ἄν...ἐκφυγεῖν: the potential optative becomes an infinitive after δοκῶ, "I think that
   I might escape..."
αὐτὸς ὁμολογῶν: pr. part., instrumental, "by myself admitting that..."
ἔπαθον: ao. of πάσχω, "I experienced"
ἐπυθόμην: ao. of πυνθάνομαι, "I learned"
μήτε ὅλως ὄντων: pr. part. agreeing with ὧν, "neither (things which) actually
   exist"
τὴν ἀρχὴν: acc. of respect, "in the first place"
γενέσθαι δυναμένων: pr. part., also agreeing with ὧν, "nor are able to exist"

Unreal conditions:	
Compare the future less vivid with the present and past contrafactual conditions:	
future less vivid:	εἰ plus optative in the protasis, ἂν plus the optative in the apodosis: translate "If he were to..., then he would..." (but not likely).
present contrafactual:	εἰ plus imperfect indicative in the protasis, ἂν plus the imperfect indicative in the apodosis: translate "if he were (now) doing..., then he would be...." (but he isn't).
past contrafactual:	εἰ plus aorist indicative in the protasis, ἂν plus the aorist indicative in the apodosis: translate "if he had done..., then he would have...." (but he didn't).

[5] Ὁρμηθεὶς γάρ ποτε ἀπὸ Ἡρακλείων στηλῶν καὶ ἀφεὶς εἰς τὸν ἑσπέριον ὠκεανὸν οὐρίῳ ἀνέμῳ τὸν πλοῦν ἐποιούμην. αἰτία δέ μοι τῆς ἀποδημίας καὶ ὑπόθεσις ἡ τῆς διανοίας περιεργία καὶ πραγμάτων καινῶν ἐπιθυμία καὶ τὸ βούλεσθαι μαθεῖν τί τὸ τέλος ἐστὶν τοῦ ὠκεανοῦ καὶ τίνες οἱ πέραν κατοικοῦντες ἄνθρωποι. τούτου γέ τοι ἕνεκα πάμπολλα μὲν σιτία ἐνεβαλόμην, ἱκανὸν δὲ καὶ ὕδωρ ἐνεθέμην, πεντήκοντα δὲ τῶν ἡλικιωτῶν προσεποιησάμην τὴν αὐτὴν ἐμοὶ γνώμην ἔχοντας, ἔτι δὲ καὶ ὅπλων πολύ τι πλῆθος παρεσκευασάμην καὶ κυβερνήτην τὸν

αἰτία, ἡ: a cause, purpose
ἀποδημία, ἡ: a being from home, a going abroad
ἀφίημι: to make for (+ εἰς + acc.)
γνώμη, ἡ: a mind, intention
διάνοια, ἡ: a thought, intention
ἐμβάλλω: to throw in, put in
ἕνεκα: on account of + gen.
ἐντίθημι: to put in or into
ἐπιθυμία, ἡ: a desire, yearning, longing
ἑσπέριος, -α, -ον: western
ἡλικιώτης, -ου, ὁ: fellow, comrade
Ἡράκλειος, -α, -ον: of Hercules
ἱκανός, -ή, -όν: sufficient
καινός, -ή, -όν: new, fresh
κατοικέω: to dwell in
κυβερνήτης, -ου, ὁ: a helmsman, pilot

μανθάνω: to learn
ὅπλον, τό: a tool, weapon
ὁρμάω: to set out
οὔριος, -α, -ον: from behind
πεντήκοντα: fifty
πέραν: on the other side, across
περιεργία, ἡ: curiosity
πλῆθος, -εος, τό: a great number
πρᾶγμα, -ατος, τό: a deed, act
προσποιέω: to procure, (mid.) to attach to oneself
σιτίον, -ου, τό: grain, food, provisions
στήλη, ἡ: a block of stone, pillar
τέλος, -εος, τό: an end
ὕδωρ, ὕδατος, τό: water
ὑπόθεσις, -εως, ἡ: a supposition, purpose
ὠκεανός, -οῦ, ὁ: the ocean

The narrator recounts his intention to sail out beyond the Pillars of Heracles because of a thirst for knowledge. A storm carries him and his crew away for 80 days before they make landfall.

ὁρμηθεὶς: ao. pas. part. nom. s., "having set out from"

ἀπὸ Ἡρακλείων στηλῶν: "from the pillars of Heracles," bestriding the straits of Gibraltar, the western boundary of the Mediterranean Sea.

ἀφεὶς: ao. part. nom. s. of ἀφ-ίημι, *"having made for the western ocean"*

οὐρίῳ ἀνέμῳ: dat., "with a tailwind"

τὸ βούλεσθαι: art. inf. "the desire"

τί τὸ τέλος ἐστὶν... τίνες ἄνθρωποι: indirect questions, "to learn *what the end of the Ocean was* and *who were the men...*"

ἐνεβαλόμην: ao. of ἐμβάλλω, "I put onboard"

ἐνεθέμην: ao. of ἐντίθημι, "I put onboard"

τὴν αὐτὴν ἐμοὶ γνώμην: "the same mind as I"

Lucian

ἄριστον μισθῷ μεγάλῳ πείσας παρέλαβον καὶ τὴν ναῦν - ἄκατος
δὲ ἦν - ὡς πρὸς μέγαν καὶ βίαιον πλοῦν ἐκρατυνάμην. [6] ἡμέραν
οὖν καὶ νύκτα οὐρίῳ πλέοντες ἔτι τῆς γῆς ὑποφαινομένης οὐ
σφόδρα βιαίως ἀνηγόμεθα, τῆς ἐπιούσης δὲ ἅμα ἡλίῳ ἀνίσχοντι ὅ
τε ἄνεμος ἐπεδίδου καὶ τὸ κῦμα ηὐξάνετο καὶ ζόφος ἐπεγίνετο καὶ
οὐκέτ᾽ οὐδὲ στεῖλαι τὴν ὀθόνην δυνατὸν ἦν. ἐπιτρέψαντες οὖν τῷ
πνέοντι καὶ παραδόντες ἑαυτοὺς ἐχειμαζόμεθα ἡμέρας ἐννέα καὶ
ἑβδομήκοντα, τῇ ὀγδοηκοστῇ δὲ ἄφνω ἐκλάμψαντος ἡλίου
καθορῶμεν οὐ πόρρω νῆσον ὑψηλὴν καὶ δασεῖαν, οὐ τραχεῖ
περιηχουμένην τῷ κύματι· καὶ γὰρ ἤδη τὸ πολὺ τῆς ζάλης
κατεπαύετο.

ἄκατος, ὁ: a light vessel
ἅμα: at the same time as (+ dat.)
ἀνάγω: to lead up, (mid./pas.) to put to sea
ἄριστος: best
αὐξάνω: to increase, augment
δασύς, -εῖα, -ύ: thick with hair, shaggy
δυνατός, -ή, -όν: able, possible (+ inf.)
ἑβδομήκοντα: seventy
ἐκλάμπω: to shine
ἐννέα: nine
ἐπιγίνομαι: to come into being
ἐπιδίδωμι: to increase
ἐπιτρέπω: to turn towards
ζάλη, ἡ: a surging
ζόφος, ὁ: the darkness
καταπαύω: to stop, put an end to
κρατύνω: to strengthen
κῦμα, -ατος, τό: a wave

μισθός, ὁ: wages, pay, hire
ναῦς, νεώς, ἡ: a ship
ὀγδοηκοστός, -ή, -όν: eightieth
ὀθόνη, ἡ: a sail, sail-cloth
οὔριος, -α, -ον: from behind
παραδίδωμι: to give or hand over to
παραλαμβάνω: to secure
πείθω: persuade
περιηχέω: to echo all around
πνέω: to blow
πόρρω: far off
στέλλω: to equip, make ready
σφόδρα: very, much
τραχύς, -εῖα, -ύ: rugged, rough
ὑποφαίνω: to appear slight, just be visible
ὑψηλός, -ή, -όν: high, lofty
χειμάζομαι: to be drive by a storm

πείσας: ao. part. nom. s. of πείθω, "having persuaded"
οὐρίῳ (sc. ἀνέμῳ): "with a tailwind," as above
ἔτι τῆς γῆς ὑποφαινομένης: gen. abs., "the land still being visible"
τῆς ἐπιούσης (sc. ἡμέρας): gen. of time within which, "in the course of the next
      day"
ἡλίῳ ἀνίσχοντι: dat. with ἅμα, "at sunrise"
ἐπεδίδου: 3. s. impf. of ἐπιδίδωμι, "the wind *began increasing*"
ἐπεγίνετο: impf. of ἐπι-γίνομαι, "darkness *came on*"
παραδόντες: ao. part. of παραδίδωμι, "having given ourselves over to..."
ἡμέρας ἐννέα καὶ ἑβδομήκοντα: acc. of duration of time, "for 79 days"
ἐκλάμψαντος ἡλίου: gen. abs., "the sun having shown forth"
περιηχουμένην: perf. part. of περιηχέω, "echoing all around," modifying νῆσον

A True Story

Προσσχόντες οὖν καὶ ἀποβάντες ὡς ἂν ἐκ μακρᾶς ταλαιπωρίας πολὺν μὲν χρόνον ἐπὶ γῆς ἐκείμεθα, διαναστάντες δὲ ὅμως ἀπεκρίναμεν ἡμῶν αὐτῶν τριάκοντα μὲν φύλακας τῆς νεὼς παραμένειν, εἴκοσι δὲ σὺν ἐμοὶ ἀνελθεῖν ἐπὶ κατασκοπῇ τῶν ἐν τῇ νήσῳ. [7] προελθόντες δὲ ὅσον σταδίους τρεῖς ἀπὸ τῆς θαλάσσης δι' ὕλης ὁρῶμέν τινα στήλην χαλκοῦ πεποιημένην, Ἑλληνικοῖς γράμμασιν καταγεγραμμένην, ἀμυδροῖς δὲ καὶ ἐκτετριμμένοις, λέγουσαν «Ἄχρι τούτων Ἡρακλῆς καὶ Διόνυσος ἀφίκοντο». ἦν δὲ καὶ ἴχνη δύο πλησίον ἐπὶ πέτρας, τὸ μὲν πλεθριαῖον, τὸ δὲ ἔλαττον - ἐμοὶ δοκεῖν, τὸ μὲν τοῦ Διονύσου, τὸ μικρότερον,

---

ἀμυδρός, -ά, -όν: indistinct, dim, obscure
ἀνέρχομαι: to go up
ἀποκρίνω: to separate, set apart
ἄχρι: up to
γράμμα, -ατος, τό: a letter
διανίσταμαι: to depart from
Διόνυσος, -ου, ὁ: Dionysus
ἐκτρίβω: to rub out
ἐλάττων, -ον: smaller, less
Ἑλληνικός, -ή, -όν: Hellenic, Greek
Ἡρακλέης, -έους, ὁ: Heracles
ἴχνος, -εος, τό: a track, footstep
καταγράφω: to inscribe

κατασκοπή, ἡ: a viewing closely, spying
μικρός, -ά, -όν: small
ναῦς, νεώς, ἡ: a ship
παραμένω: to stay near, stand by
πέτρη, ἡ: a rock
πλεθριαῖος, -α, -ον: broad, long
προέρχομαι: to go forward, advance
προσέχω: to put in, anchor
στήλη, ἡ: a block of stone, marker
ταλαιπωρία, ἡ: hardship, suffering
τριάκοντα: thirty
φύλαξ, -ακος, ὁ: a watcher, guard
χάλκεος, -έα, -εον: of bronze, brazen

Their first stop turns out to be an island with rivers of wine, wine-fish, and vine maidens.

προσσχόντες: ao. part. of *προσ-έχω*, "having put in"

ἀποβάντες: ao. part. of *ἀπο-βαίνω*, "having gone ashore"

ὡς ἂν: with an implied potential optative, "*as you might expect* from our suffering"

διαναστάντες: ao. part. from *δια-ανα-ίστημι*, "having gotten up and gone"

ἀπεκρίναμεν: ao. 1 pl., "*we divided off* 30 of ourselves"

παραμένειν...ἀνελθεῖν: inf. in implied indirect commands with *ἀπεκρίναμεν*, "some to remain, some to go"

πεποιημένην: perf. part. acc. s. of *ποιέω*, "having been made"

καταγεγραμμένην: perf. part. acc. s., "having been inscribed"

ἐκτετριμμένοις: perf. part. dat. pl., "having been worn out"

Ἡρακλῆς καὶ Διόνυσος: Heracles and Dionysus were both legendary travelers, who traversed the limits of the known world.

ἀφίκοντο: ao. of *ἀφικνέομαι*, "they arrived"

ἐμοὶ δοκεῖν: parenthetical, "so it seemed to me"

Lucian

Verbs of coming and going:

There is a lot of coming and going in *A True Story*. Here are some of the common words for various kinds of movement and arrival:

ὁρμάω, "to set out": ὁρμηθεὶς: ao. part. pass.
ὁρμίζω, "to anchor": ὁρμισάμενοι ao. part. mid.

πλέω, "to sail": πλέοντες pr. part.; πλεύσαντες: ao. part.
δι-επλεύσαμεν: ao. 1 pl. of δια-πλέω, "sail through"
προσ-πλέοντας: pr. part of προσ-πλέω, "sail towards"
παρα-πλέοντες: pr. part. of παρα-πλέω, "sail by"
ἐπ-έπλεεν: impf. of ἐπι-πλέω, "to sail against"

βαίνω, "to step" and hence "to step up, away upon," etc.
ἀποβαίνω "to step off": ἀποβάντες, ἀπέβημεν
ἐμβαίνω, "to step on or in" ἐμβάντες: "boarding (a ship)" or "stepping on land"

ἀφικνέομαι, "to arrive": aorist: ἀφίκοντο, "they arrived," ἀφικόμενος "having arrived"

Forms of εἶμι ("I will go") are used for some present and imperfect forms of ἔρχομαι:

προ-ῇμεν: "we went forward"
παρ-ῇμεν; παρ-ῄειμεν: "we went by"
ἐπ-ῄει: "he attacked"
ἐπ-ῄεσαν: "they attacked"
ἀν-ῄειν: "I went up"
διεξ-ῄει: "he went through, he narrated"
προσ-ιόντες: "going forward"

Forms derived from ἦλθον are used for the aorist and perfect of ἔρχομαι:

ao.: προ-ελθόντες, ἀν-ελθεῖν, δι-ελθών, ἀπ-ελθόντες, ἐπ-ελθόντες, ἐπ-εξ-ῆλθον
perf.: ἀπ-εληλύθεσαν, παρ-εληλυθότας

ἀνάγω, "to lead up," often, esp. in middle and passive "to put to sea"
impf: ἀνηγόμεθα, ao. pas: ἀνήχθημεν, "we put to sea"

προσ-έχω, "to hold to" and hence "to bring a ship to shore, to land"
προσσχόντες ao. part.; προσέσχομεν ao. ind.

The aorist passive of ἤνεγχον (φέρω) occurs in special combinations:

προσ-ενεχθέντες: "having been borne toward," hence "having put into" (a harbor)
ἀπ-ηνέχθημεν: "we were carried away"

θάτερον δὲ Ἡρακλέους. προσκυνήσαντες δ' οὖν προῇμεν· οὔπω δὲ
πολὺ παρῇμεν καὶ ἐφιστάμεθα ποταμῷ οἶνον ῥέοντι ὁμοιότατον
μάλιστα οἷόσπερ ὁ Χῖός ἐστιν. ἄφθονον δὲ ἦν τὸ ῥεῦμα καὶ πολύ,
ὥστε ἐνιαχοῦ καὶ ναυσίπορον εἶναι δύνασθαι. ἐπῄει οὖν ἡμῖν πολὺ
μᾶλλον πιστεύειν τῷ ἐπὶ τῆς στήλης ἐπιγράμματι, ὁρῶσι τὰ
σημεῖα τῆς Διονύσου ἐπιδημίας. δόξαν δέ μοι καὶ ὅθεν ἄρχεται ὁ
ποταμὸς καταμαθεῖν, ἀνῄειν παρὰ τὸ ῥεῦμα, καὶ πηγὴν μὲν
οὐδεμίαν εὗρον αὐτοῦ, πολλὰς δὲ καὶ μεγάλας ἀμπέλους, πλήρεις
βοτρύων, παρὰ δὲ τὴν ῥίζαν ἑκάστην ἀπέρρει σταγὼν οἴνου
διαυγοῦς, ἀφ' ὧν ἐγίνετο ὁ ποταμός. ἦν δὲ καὶ ἰχθῦς ἐν αὐτῷ

ἄμπελος, ἡ: a vine, tendril
ἀνέρχομαι: to go up
ἀπορρέω: to flow away, stream forth
ἄφθονος, -ον: unstinting
βότρυον, τό: a cluster or bunch of grapes
διαυγής, -ές: transparent, clear
Διόνυσος, -ου, ὁ: Dionysus
δοκέω: to seem
δύναμαι: to be able (+ inf.)
ἐνιαχοῦ: in some places, here and there
ἐπίγραμμα, -ατος, τό: an inscription
ἐπιδημία, ἡ: a visit, arrival
Ἡρακλέης, -έους, ὁ: Heracles
ἰχθῦς, -ύος, ὁ: a fish
καταμανθάνω: to observe well, learn
μᾶλλον: more

ναυσίπορος, -ον: navigable
ὅθεν: whence
οἶνος, ὁ: wine
οὔπω: not yet
πηγή, ἡ: running waters, streams
πιστεύω: to trust, believe in (+ dat.)
πλήρης, -ες: full, filled with (+ gen.)
ποταμός, ὁ: a river, stream
προσκυνέω: to make obeisance, worship
ῥεῦμα, -ατος, τό: a flow, stream, current
ῥίζα, -ης, ἡ: a root
σημεῖον, τό: a sign, a mark
σταγών, -όνος, ἡ: a drop
στήλη, ἡ: a block of stone
Χῖος, -α, -ον: Chian, of or from Chios

προσκυνήσαντες: ao. part., "having made obeisance"
προῇμεν: impf. of **προ-έρχομαι**, "we advanced"
οὔπω παρῇμεν: impf. of **παρα-έρχομαι**, "did not go far"
οἷόσπερ ὁ Χῖός: "just like Chian" (wine), a famous vintage
ὥστε...δύνασθαι: pr. inf. in result clause, "so that it was possible"
ἐπῄει: impf. of **ἐπι-έρχομαι**, "it occurred to us"
ὁρῶσι: pr. part. dat. pl., "to us seeing"
δόξαν: ao. part. acc. s. neut. of **δοκέω**, used absolutely and impersonally, "since it
   seemed a good idea"
ἀνῄειν: impf. 1 s. of **ἀνα-έρχομαι**, "I went up"
εὗρον: ao. 1 s. of **εὑρίσκω**, "I found"
πλήρεις: acc. pl. modifying **ἀμπέλους**, "vines *full of*" + gen.
ἀπέρρει: impf. of **ἀπορρέω**, "was flowing"
οἴνου διαυγοῦς: gen. of description, "of clear wine"

Lucian

πολλοὺς ἰδεῖν, οἴνῳ μάλιστα καὶ τὴν χρόαν καὶ τὴν γεῦσιν
προσεοικότας· ἡμεῖς γοῦν ἀγρεύσαντες αὐτῶν τινας καὶ
ἐμφαγόντες ἐμεθύσθημεν· ἀμέλει καὶ ἀνατεμόντες αὐτοὺς
εὑρίσκομεν τρυγὸς μεστούς. ὕστερον μέντοι ἐπινοήσαντες τοὺς
ἄλλους ἰχθῦς, τοὺς ἀπὸ τοῦ ὕδατος παραμιγνύντες ἐκεράννυμεν
τὸ σφοδρὸν τῆς οἰνοφαγίας.

ἀγρεύω: to catch
ἀμέλει: nevermind, of course
ἀνατέμνω: to cut open
ἐνεσθίω: to eat one's fill
ἐπινοέω: to think on, contrive
εὑρίσκω: to find
κεράννυμι: to mix, dilute
μεθύσκω: to make drunk, intoxicate

μεστός, -ή, -όν: full of (+ gen.)
οἶνος, ὁ: wine
οἰνοφαγία, ἡ: wine-feast
παραμίγνυμι: to intermix with
προσέοικα: to resemble
σφοδρός, τό: excessiveness
τρύξ, τρυγός, ἡ: lees, dregs
χροιά, ἡ: color

ἰδεῖν: inf. after ἦν, "it was possible *to see*"
τὴν χρόαν καὶ τὴν γεῦσιν: acc. of respect, "in color and taste"
ἐμφαγόντες: ao. part. of ἐν-ἐσθίω, "eat one's fill," coined on the analogy of
    ἐμπίνω, "drink one's fill"
ἐμεθύσθημεν: ao. pas., "we were made drunk"
ἀμέλει: adverbial, "of course," properly the imperative of ἀμελέω, "don't worry"
τρυγὸς μεστούς: the "lees" of the wine
ἐπινοήσαντες: ao. part. of ἐπι-νοέω, "having contrived"
παραμιγνύντες: pres. part. "*by mingling...we tempered*"

Expressions of time and space:

Any span of time or space can be thought of in three ways:

1. as a **point** in time or space: at noon, today, in 1975, in Athens
2. as an **extent**: for an hour, for a day, for a year, from Athens to Sparta.
3. as a **span within which** something happens: in the course of the first hour, during the fifth day, in the course of the twentieth century (somewhere) between Athens and Sparta.

1. Greek uses the **dative** case to express time when: ἡλίῳ ἀνίσχοντι: "at sunrise." the preposition ἐν is often added when there is no adjective: ἐν τῷ χειμόνι: "in winter."
2. Greek uses the **accusative** case to indicate duration or extent of time: ἡμέρας ἐννέα καὶ ἑβδομήκοντα: "for 79 days."
3. Greek uses the **genitive** case to indicate the time within which an action takes place: τῆς ἐπιούσης ἡμέρας: "in the course of the next day," with the idea that an action happens for **part of the day**.

The accusative is also used for an extent of space, and the genitive for the place within which an action happens. For a point in space, the dative case is also used, but more often this is expressed with the dative after a preposition like ἐν, παρά, ἐπί, etc.

[8] Τότε δὲ τὸν ποταμὸν διαπεράσαντες ᾗ διαβατὸς ἦν, εὕρομεν ἀμπέλων χρῆμα τεράστιον· τὸ μὲν γὰρ ἀπὸ τῆς γῆς, ὁ στέλεχος αὐτὸς εὐερνὴς καὶ παχύς, τὸ δὲ ἄνω γυναῖκες ἦσαν, ὅσον ἐκ τῶν λαγόνων ἅπαντα ἔχουσαι τέλεια - τοιαύτην παρ᾽ ἡμῖν τὴν Δάφνην γράφουσιν ἄρτι τοῦ Ἀπόλλωνος καταλαμβάνοντος ἀποδενδρουμένην. ἀπὸ δὲ τῶν δακτύλων ἄκρων ἐξεφύοντο αὐταῖς οἱ κλάδοι καὶ μεστοὶ ἦσαν βοτρύων. καὶ μὴν καὶ τὰς κεφαλὰς ἐκόμων ἕλιξί τε καὶ φύλλοις καὶ βότρυσι. προσελθόντας δὲ ἡμᾶς ἠσπάζοντο καὶ ἐδεξιοῦντο, αἱ μὲν Λύδιον, αἱ δ᾽ Ἰνδικήν, αἱ πλεῖσται δὲ τὴν Ἑλλάδα φωνὴν

ἄκρον, -ον, τό: the tip
ἄμπελος, ἡ: a vine, tendril
ἀποδενδρόομαι: to be turned into a tree
Ἀπόλλων, -ωνος, ὁ: Apollo
ἄρτι: still
ἀσπάζομαι: to greet, bid farewell
βότρυς, -υος: a cluster or bunch of grapes
γράφω: to write, draw
γυνή, -αικός, ἡ: a woman
δάκτυλος, ὁ: a finger
Δάφνη, ἡ: Daphne
διαβατός, -ή, -όν: fordable
ἐκφύω: to grow out
ἕλιξ, -ικος, ἡ: a spiral, twisting tendril
Ἑλλάς, άδος: Greek
εὐερνής, -ές: flourishing
Ἰνδικός, -ή, -όν: Indian

καταλαμβάνω: to seize, lay hold of
κεφαλή, ἡ: a head
κλάδος, -ου, ὁ: a shoot
κομάω: to let the hair grow long
λαγών, -όνος, ἡ: a flank
Λύδιος, -α, -ον: Lydian
μεστός, -ή, -όν: full of (+ gen.)
παχύς, -εῖα, -ύ: thick, stout
πλεῖστος, -η, -ον: most, largest
ποταμός, ὁ: a river, stream
προσέρχομαι: to approach
στέλεχος, ὁ: a stump
τέλειος, -α, -ον: complete
τεράστιος, -ον: monstrous
φωνή, ἡ: a language, tongue
φύλλον, τό: a leaf
χρῆμα, -ατος, τό: a thing

ᾗ: dat. s. f. of relative pronoun, "in which place, where"
τὸ μὲν γὰρ ἀπὸ τῆς γῆς: "the part above the ground"
τὸ δὲ ἄνω: "the upper part"
ἔχουσαι τέλεια: "being perfect"
Δάφνην: Pursued by Apollo, the nymph Daphne was changed into a laurel tree to escape him.
ἄρτι τοῦ Ἀπόλλωνος καταλαμβάνοντος: gen. abs., "Apollo still trying to seize her"
ἀποδενδρουμένην: pr. part. acc., "her turning into a tree"
ἐξεφύοντο: impf. of ἐκφύω, "branches *were growing out* of"
καὶ μὴν καὶ: "and indeed even..."
ἐκόμων: impf. 3 pl. of κομάω, "their hair was growing long..."
ἕλιξί: dat. pl. of ἕλιξ "tendrils"
ἐδεξιοῦντο: impf. of δεξιόομαι, "they greeted us," from δεχία, "right hand"

Lucian

προϊέμεναι. καὶ ἐφίλουν δὲ ἡμᾶς τοῖς στόμασιν· ὁ δὲ φιληθεὶς
αὐτίκα ἐμέθυεν καὶ παράφορος ἦν. δρέπεσθαι μέντοι οὐ
παρεῖχον τοῦ καρποῦ, ἀλλ' ἤλγουν καὶ ἐβόων ἀποσπωμένου.
αἱ δὲ καὶ μίγνυσθαι ἡμῖν ἐπεθύμουν· καὶ δύο τινὲς
τῶν ἑταίρων πλησιάσαντες αὐταῖς οὐκέτι ἀπελύοντο, ἀλλ'
ἐκ τῶν αἰδοίων ἐδέδεντο· συνεφύοντο γὰρ καὶ συνερριζ-
οῦντο. καὶ ἤδη αὐτοῖς κλάδοι ἐπεφύκεσαν οἱ δάκτυλοι,
καὶ ταῖς ἕλιξι περιπλεκόμενοι ὅσον οὐδέπω καὶ αὐτοὶ

αἰδοῖον, τό: genitals
ἀλγέω: to feel pain, suffer
ἀπολύω: to loose, set free
ἀποσπάω: to tear away
δάκτυλος, ὁ: a finger
δρέπω: to pluck, cull (+ gen.)
ἕλιξ, -ικος, ἡ: a spiral, twisting tendril
ἐπιθυμέω: to desire
καρπός, ὁ: fruit
κλάδος, -ον, ὁ: a young shoot
μεθύω: to get drunk
μίγνυμι: to mix, have intercourse with

οὐδέπω: not as yet
παράφορος, -ον: carried away
παρέχω: to provide, allow (+ inf.)
περιπλέκω: to entwine, embrace
πλησιάζω: to approach, have sex with (+ dat.)
προίημι: to send forward
στόμα, στόματος, τό: a mouth
συμφύω: to grow together
συρριζόομαι: to take root together
φιλέω: to love, kiss
φύω: to put forth, sprout

προϊέμεναι: pr. part. nom. pl. f. of προ-ἵημι, "sending forth a voice," i.e., speaking Greek
φιληθεὶς: ao. pas. part., "having been kissed"
οὐ παρεῖχον: impf. of παρα-έχω, "they would not allow"
ἤλγουν καὶ ἐβόων: impf., "they began suffering and crying out"
αἱ δὲ: "some (of the women)"
ἐπεθύμουν: impf. 3 pl. of ἐπιθυμέω, "they desired" + inf.
οὐκέτι ἀπελύοντο: impf. mid. of ἀπολύομαι, "no longer were freeing themselves"
ἐδέδεντο: plupf. of δέω, "they had been bound"
συνεφύοντο: impf. of συμφύομαι, "they were growing together."
συνερριζοῦντο: impf. of συν-ριζόομαι, "they were taking root together"
ἐπεφύκεσαν: plupf. of φύω, "their fingers had already sprouted branches"
καὶ αὐτοὶ: "the men themselves also"

The imperfect tense of ἔρχομαι (ᾖα), along with other forms of the present system, is based on the same stem as the future (εἶμι). Here is the declension of the imperfect:

ᾖα, ᾖ ειν (I went, etc.)	ᾖμεν
ᾔεισθα	ᾖτε
ᾔει	ᾖσαν

Contrast with the imperfect of εἰμί:

ἦ(ν) (I was, etc.)	ἦμεν
ἦσθα	ἦτε
ἦν	ἦσαν

16

Defective verbs

The principal parts of some verbs come from completely different words. Sometimes there are more than one form for a specific tense, in which case one will usually be preferred. Here are some important examples:

Present	Future	Aorist	Perfect	Aorist passive	Translation
ἔρχομαι	εἶμι ἐλεύσομαι	ἦλθον	ἐλήλουθα		go
λέγω	ἐρέω λέξω	εἶπον ἔλεξα	εἴρηκα λέλεγμαι	ἐρρήθην ἐλέχθην	speak
φέρω	οἴσω	1st ao. ἤνεγκα 2nd ao. ἤνεγκον	ἐνήνοχα	ἠνέχθην	carry
αἱρέω	αἱρήσω	εἷλον	ᾕρηκα	ᾑρέθην	take
ὁράω impf. ἑώρων	ὄψομαι	εἶδον	οἶδα fut. εἴσομαι	plupf. ᾔδη	see perf: know
τρέχω	δραμοῦμαι	ἔδραμον	δεδράμηκα		run
ἐσθίω	ἔδομαι	ἔφαγον	ἐδήδοκα	ἠδέσθην	eat

καρποφορήσειν ἔμελλον. [9] καταλιπόντες δὲ αὐτοὺς ἐπὶ ναῦν ἐφεύγομεν καὶ τοῖς ἀπολειφθεῖσιν διηγούμεθα ἐλθόντες τά τε ἄλλα καὶ τῶν ἑταίρων τὴν ἀμπελομιξίαν. καὶ δὴ λαβόντες ἀμφορέας τινὰς καὶ ὑδρευσάμενοί τε ἅμα καὶ ἐκ τοῦ ποταμοῦ οἰνισάμενοι καὶ αὐτοῦ πλησίον ἐπὶ τῆς ἠόνος αὐλισάμενοι ἕωθεν ἀνήχθημεν οὐ σφόδρα βιαίῳ πνεύματι.

Περὶ μεσημβρίαν δὲ οὐκέτι τῆς νήσου φαινομένης ἄφνω τυφὼν ἐπιγενόμενος καὶ περιδινήσας τὴν ναῦν καὶ μετεωρίσας ὅσον ἐπὶ σταδίους τριακοσίους οὐκέτι καθῆκεν εἰς τὸ πέλαγος, ἀλλ᾽ ἄνω μετέωρον ἐξηρτημένην ἄνεμος ἐμπεσὼν τοῖς ἱστίοις

ἅμα: at the same time
ἀμφορεύς, -έως: an amphora, jar
ἄνεμος, ὁ: wind
ἀπολείπω: to leave behind
αὐλίζομαι: to camp
ἄφνω: suddenly, unawares
βίαιος, -ος, -ον: forceful
διηγέομαι: to set out in detail, describe in full
ἐξαρτάω: to hang upon, (mid./pas.) to be suspended
ἐπιγίνομαι: come into being, happen
ἕωθεν: at daybreak
ἠιών, ἠόνος, ἡ: a shore, bank
ἱστίον, τό: a sail
καθίημι: to let fall, set down

καρποφορέω: to bear fruit
καταλείπω: to abandon
μεσημβρία, ἡ: mid-day, noon
μετεωρίζω: to raise
μετέωρος, -ον: raised, hanging
νῆσος, -ου, ἡ: an island
οἰνίζομαι: to procure wine
πέλαγος, -εος, τό: the sea
περιδινέω: to whirl
πνεῦμα, -ατος, τό: a blowing, breeze
ποταμός, ὁ: a river, stream
σφόδρα: very, much
τριακόσιοι, -αι, -α: three hundred
τυφών, ὁ: a whirlwind, typhoon
ὑδρεύω: to draw water
φεύγω: to flee

καρποφορήσειν: fut. inf. with ἔμελλον, "they were about *to bear fruit*"
καταλιπόντες: ao. part. of καταλείπω, "having abandoned"
ἀπολειφθεῖσιν: ao. pas. part. dat. pl. "to those left behind" (i.e., guarding the boat)
τά τε ἄλλα καί: "the other things, and especially..."
ἀμπελομιξίαν: "the vine-affair"
ὑδρευσάμενοί τε ἅμα καὶ ἐκ τοῦ ποταμοῦ οἰνισάμενοι: ao. part., "having watered and wined ourselves"
αὐλισάμενοι: ao. part., "having camped"
ἀνήχθημεν: ao. pas. of ἀνα-άγω, "we put out to sea"

A wind rises which carries them into the air; they land on the Moon.

οὐκέτι τῆς νήσου φαινομένης: gen. abs., "the island no longer being visible"
μετεωρίσας: ao. part. "raising (the ship) into the air"
καθῆκεν: ao. 3 s. of καθίημι (κατα-ἵημι), "set her down"
ἐξηρτημένην: perf. part. of ἐξ-αρτάω, modifying τὴν ναῦν, "having been suspended"

ἔφερεν κολπώσας τὴν ὀθόνην. [10] ἑπτὰ δὲ ἡμέρας καὶ τὰς ἴσας νύκτας ἀεροδρομήσαντες, ὀγδόῃ καθορῶμεν γῆν τινα μεγάλην ἐν τῷ ἀέρι καθάπερ νῆσον, λαμπρὰν καὶ σφαιροειδῆ καὶ φωτὶ μεγάλῳ καταλαμπομένην· προσενεχθέντες δὲ αὐτῇ καὶ ὁρμισάμενοι ἀπέβημεν, ἐπισκοποῦντες δὲ τὴν χώραν εὑρίσκομεν οἰκουμένην τε καὶ γεωργουμένην. ἡμέρας μὲν οὖν οὐδὲν αὐτόθεν καθεωρῶμεν, νυκτὸς δὲ ἐπιγενομένης ἐφαίνοντο ἡμῖν καὶ ἄλλαι πολλαὶ νῆσοι πλησίον, αἱ μὲν μείζους, αἱ δὲ μικρότεραι, πυρὶ τὴν χροιὰν προσεοικυῖαι, καὶ ἄλλη δέ τις γῆ κάτω, καὶ πόλεις ἐν αὐτῇ καὶ ποταμοὺς ἔχουσα καὶ πελάγη καὶ ὕλας καὶ ὄρη. ταύτην οὖν τὴν καθ' ἡμᾶς οἰκουμένην εἰκάζομεν.

ἀεροδρομέω: to traverse the air
αὐτόθεν: from the very spot
γεωργέω: to farm
γῆ, γῆς, ἡ: earth, land
ἐπιγίνομαι: come into being, happen
ἐπισκοπέω: to look at, inspect
ἑπτά: seven
καταλάμπω: to shine
κάτω: below
κολπόω: to swell, fill (with wind)
λαμπρός, -ά, -όν: bright
μέγας, μεγάλη, μέγα: big, large, great
μείζων, ον: greater
μικρότερος, -α, -ον: smaller

νῆσος, -ου, ἡ: an island
ὄγδοος, -η, -ον: eighth
ὀθόνη, ἡ: a sail, sail-cloth
οἰκέω: to inhabit
ὁρμίζω: to moor, anchor
ὄρος, -εος, τό: a mountain, hill
πόλις, -εως, ἡ: a city
ποταμός, ὁ: a river, stream
προσέοικα: to resemble
προσφέρω: to put in (a ship)
σφαιροειδής, -ές: spherical
φαίνομαι: to appear
φῶς, φωτός, τό: light
χροιά, ἡ: color

κολπώσας τὴν ὀθόνην: "billowing out the canvas"
καθορῶμεν: vivid present, "we spot"
καταλαμπομένην: pr. part., "all lit up"
προσενεχθέντες: ao. pas. part. of προσ-φέρω, "having put (a ship) in" + dat.
οἰκουμένην τε καὶ γεωργουμένην: ind. st. after εὑρίσκομεν, "we discover that (the island) is inhabited and being farmed"
ἡμέρας μὲν...νυκτὸς δε ἐπιγενομένης: gen of time within which, "by day...as night came on"
καθεωρῶμεν: impf. 1 pl. of κατα-ὁράω, "we spotted"
τὴν χρόαν: acc. of respect, "in color"
προσεοικυῖαι: perf. part. nom. pl. f., "resembling" + dat.
γῆ κάτω: "another land below"
ταύτην...οἰκουμένην: ind. st. after εἰκάζομεν, "we surmised that this was the world inhabited by us"

Greek numbers:

	Cardinal	Ordinal	Adverbial
1	εἷς, μία, ἕν one	πρῶτος first	ἅπαξ once
2	δύο two	δεύτερος second	δίς twice
3	τρεῖς, τρία three	τρίτος third	τρίς thrice
4	τέτταρες, τέτταρα	τέταρτος	τετράκις
5	πέντε	πέμπτος	πεντάκις
6	ἕξ	ἕκτος	ἑξάκις
7	ἑπτά	ἕβδομος	ἑπτάκις
8	ὀκτώ	ὄγδοος	ὀκτάκις
9	ἐννέα	ἔνατος	ἐνάκις
10	δέκα	δέκατος	δεκάκις
11	ἕνδεκα	ἑνδέκατος	ἑνδεκάκις
12	δώδεκα	δωδέκατος	
13	τρεῖς καὶ δέκα	τρίτος καὶ δέκατος	
20	εἴκοσι	εἰκοστός, -ή, -όν	εἰκοσάκις
21	εἷς καὶ εἴκοσι	πρῶτος καὶεἰκοστός	εἰκοσάκις ἅπαξ
30	τριάκοντα	τριακοστός	τριακοντάκις
40	τετταράκοντα	τετταρακοστός	τετταρακοντάκις
50	πεντήκοντα	πεντηκοστός	πεντηκοντάκις
60	ἑξήκοντα	ἑξηκοστός	ἑξηκοντάκις
70	ἑβδομήκοντα	ἑβδομηκοστός	ἑβδομηκοντάκις
80	ὀγδοήκοντα	ὀγδοηκοστός	ὀγδοηκοντάκις
90	ἐνενήκοντα		
100	ἑκατόν	ἑκατοστός, -ή, -όν	ἑκατοντάκις
200	διακόσιοι,-αι, -α	διακοσιοστός	διακοσιάκις
300	τριακόσιοι		
1,000	χίλιοι, -αι, -α	χιλιοστός, -ή, -όν	χιλιάκις
2,000	δισχίλιοι		
3,000	τρισχίλιοι		
10,000	μύριοι, -αι, -α		
20,000	δισμύριοι or δύο μυριάδες		
30,000	τρισμύριοι or τρεῖς μυριάδες		
50,000	πεντακισμύριοι or πέντε μυριάδες		
80,000	ὀκτακισμύριοι or ὀκτώ μυριάδες		
100,000	δέκα μυριάδες		
60,000,000	ἑξακισχιλίοι μυριάδες		

A True Story

[11] Δόξαν δὲ ἡμῖν καὶ ἔτι πορρωτέρω προελθεῖν, συνελήφθημεν τοῖς Ἱππογύποις παρ' αὐτοῖς καλουμένοις ἀπαντήσαντες. οἱ δὲ Ἱππόγυποι οὗτοί εἰσιν ἄνδρες ἐπὶ γυπῶν μεγάλων ὀχούμενοι καὶ καθάπερ ἵπποις τοῖς ὀρνέοις χρώμενοι· μεγάλοι γὰρ οἱ γῦπες καὶ ὡς ἐπίπαν τρικέφαλοι. μάθοι δ' ἄν τις τὸ μέγεθος αὐτῶν ἐντεῦθεν· νεὼς γὰρ μεγάλης φορτίδος ἱστοῦ ἕκαστον τῶν πτερῶν μακρότερον καὶ παχύτερον φέρουσι. τούτοις οὖν τοῖς Ἱππογύποις προστέτακται περιπετομένοις τὴν γῆν, εἴ τις εὑρεθείη ξένος, ἀνάγειν ὡς τὸν βασιλέα· καὶ δὴ καὶ ἡμᾶς

ἀνάγω: to lead up
ἀπαντάω: to encounter
βασιλεύς, -έως, ὁ: a king, chief
γύψ, ἡ: a vulture
εἰκάζω: to surmise
ἐντεῦθεν: from this
ἐπίπαν: on the whole, for the most part
θεάομαι: to look on, gaze at, view, behold
Ἱππόγυποι, οἱ: Vulture-cavalry
ἵππος, ὁ: a horse
ἱστός, ὁ: a mast
καθάπερ: just like
καλέω: to call

μανθάνω: to learn
ναῦς, νεώς, ἡ: a ship
ὄρνεον, τό: a bird
ὀχέω: to uphold, bear
παχύς, -εῖα, -ύ: thick, stout
περιπέτομαι: to fly around
πορρωτέτω: father off
προέρχομαι: to go forward, advance
προστάσσω: to place, post at
πτερόν, τό: feather
τρικέφαλος, -ον: three-headed
φορτίς, -ίδος, ἡ: a ship of burden
χράομαι: to use

δόξαν: ao. part. acc. s. neut. of δοκέω, used absolutely, "since it seemed a good idea"

πορρωτέρω: "further"

συνελήφθημεν: ao. pas. of συλ-λαμβάνω "we were captured"

τοῖς Ἱππογύποις: dat. pl. with ἀπαντήσαντες, "meeting up with the Horse-vultures"

παρ' αὐτοῖς: "so called among them"

ἀπαντήσαντες: ao. part. of ἀπαντάω

ὀχούμενοι: pr. part. pas. of ὀχέω, "being borne"

ὀρνέοις: dat. after χρώμενοι, "using the birds"

ὡς ἐπίπαν: "for the most part"

μάθοι ἄν: pot. opt. of μανθάνω, "someone could learn"

ἱστου: gen. of comparison after μακρότερον καὶ παχύτερον, "bigger than the mast of a big commercial ship"

τούτοις...προστέτακται: perf. pas. of προσ-τάσσω, used impersonally, "to these it has been commissioned to..."

εἴ τις εὑρεθείη ξένος, ἀνάγειν: general condition with apodosis changed to an infinitive in an indirect command after προστέτεκται, "if any stranger were found, to lead." The direct version would have been ἐάν τις εὑρέθη ξένος, ἀνάγετε, "if any stranger is found, lead him..."

καὶ δὴ καὶ: "and so in fact"

21

συλλαβόντες ἀνάγουσιν ὡς αὐτόν. ὁ δὲ θεασάμενος καὶ ἀπὸ τῆς
στολῆς εἰκάσας, «Ἕλληνες ἆρα,» ἔφη, «ὑμεῖς, ὦ ξένοι;»
συμφησάντων δέ, «Πῶς οὖν ἀφίκεσθε,» ἔφη, «τοσοῦτον ἀέρα
διελθόντες;» καὶ ἡμεῖς τὸ πᾶν αὐτῷ διηγούμεθα· καὶ ὃς ἀρξάμενος
τὸ καθ᾽ αὑτὸν ἡμῖν διεξῄει, ὡς καὶ αὐτὸς ἄνθρωπος ὢν τοὔνομα
Ἐνδυμίων ἀπὸ τῆς ἡμετέρας γῆς καθεύδων ἀναρπασθείη ποτὲ καὶ
ἀφικόμενος βασιλεύσειε τῆς χώρας· εἶναι δὲ τὴν γῆν ἐκείνην ἔλεγε

ἀήρ, ἀέρος, ὁ: the air
ἀνάγω: to lead up
ἀναρπάζω: to snatch up
ἆρα: *particle introducing a question*
ἄρχω: to be first, begin
βασιλεύω: to be king, to rule, reign
διέξερχομαι: to narrate
διέρχομαι: to go through
διηγέομαι: to narrate
Ἐνδυμίων, -ωνος, ὁ: Endymion

ἡμέτερος, -α, -ον: our
θεάομαι: to gaze at
καθεύδω: to sleep
ὄνομα, -ατος, τό: a name
ποτέ: at some time
στολή, ἡ: an equipment, armament
συλλαμβάνω: to capture
σύμφημι: to assent, agree
χώρα, ἡ: land

ἀπὸ τῆς στολῆς εἰκάσας: "having surmised from our clothes"
συμφησάντων (sc. ἡμῶν): ao. part. gen. abs., "with us having assented"
ἀφίκεσθε: ao. of ἀφικνέομαι, "how *did you arrive*?"
ὅς: "he"
διεξῄει: impf. 3 s. of δια-εξ-έρχομαι, "narrated" (lit. "went through")
Ἐνδυμίων: The mortal Endymion was loved by Selene, the Moon goddess, who
   sought for him eternal youth (or perpetual sleep).
ὡς...ἀναρπασθείη καὶ βασιλεύσειε: optatives in ind. st. after the past tense
   διεξῄει
ἀναρπασθείη: ao. pas. 3. s of ἀνα-αρπάζω, "that he had been snatched up"
εἶναι...ἔλεγε: "he said that that land was..." λέγω can take the acc. + inf. form of
   ind. st.

Indirect statement in secondary sequence:

One of the three main forms of indirect statement in Greek is ὅτι or ὡς + the
indicative after verbs of saying, like φημι and λέγω. The mood of the direct speech
can always be retained. But if the verb of saying is a past tense, the mood of the
original statement can be changed to the corresponding tense of the optative. The
difference between the two forms cannot be rendered in English, but the optative
version is considered "less vivid" because it is not as close to the original words of
the direct statement.

   ἡμῖν διεξῄει, ὡς ἀναρπασθείη ποτὲ καὶ βασιλεύσειε τῆς χώρας
   ἡμῖν διεξῄει, ὡς ἀνηρπάσθη ποτὲ καὶ ἐβασίλευσε τῆς χώρας
   He explained that he had been snatched up once and made king of this land.

The original statement was ἀνηρπάσθην ποτὲ καὶ ἐβασίλευσα.

τὴν ἡμῖν κάτω φαινομένην σελήνην. ἀλλὰ θαρρεῖν τε
παρεκελεύετο καὶ μηδένα κίνδυνον ὑφορᾶσθαι· πάντα γὰρ ἡμῖν
παρέσεσθαι ὧν δεόμεθα. [12] «Ἢν δὲ καὶ κατορθώσω,» ἔφη, «τὸν
πόλεμον ὃν ἐκφέρω νῦν πρὸς τοὺς τὸν ἥλιον κατοικοῦντας,
ἀπάντων εὐδαιμονέστατα παρ' ἐμοὶ καταβιώσεσθε.» καὶ ἡμεῖς
ἠρόμεθα τίνες εἶεν οἱ πολέμιοι καὶ τὴν αἰτίαν τῆς διαφορᾶς· «Ὁ
δὲ Φαέθων,» φησίν, «ὁ τῶν ἐν τῷ ἡλίῳ κατοικούντων βασιλεύς -
οἰκεῖται γὰρ δὴ κἀκεῖνος ὥσπερ καὶ ἡ σελήνη - πολὺν ἤδη πρὸς
ἡμᾶς πολεμεῖ χρόνον. ἤρξατο δὲ ἐξ αἰτίας τοιαύτης· τῶν ἐν τῇ
ἀρχῇ τῇ ἐμῇ ποτε τοὺς ἀπορωτάτους συναγαγὼν ἐβουλήθην
ἀποικίαν ἐς τὸν Ἑωσφόρον στεῖλαι, ὄντα ἔρημον καὶ ὑπὸ μηδενὸς

αἰτία, ἡ: a cause, purpose
ἀποικία, ἡ: a settlement, colony
ἄπορος, -ον: without resources
ἄρχω: to begin
βασιλεύς, -έως, ὁ: a king, chief
διαφορά, ἡ: a difference
ἐκφέρω: to carry out of
ἐρωτάω: to ask, enquire
εὐδαίμων, -ον: blessed, fortunate
Ἑωσφόρος, ὁ: Morning Star
θαρρέω: to be of good courage, take heart
καταβιόω: to live out one's life

κατοικέω: to dwell in
κατορθόω: to succeed
κάτω: down
κίνδυνος, ὁ: a danger
παρακελεύομαι: to order
πόλεμος, ὁ: a battle, war
σελήνη, ἡ: the moon
στέλλω: to set in order, establish
συνάγω: to bring together
ὑφοράω: to suspect
Φαέθων, ὁ: Phaethon

κάτω φαινομένην: "appearing from below"
θαρρεῖν: pr. inf., an ind. command after παρεκελεύετο "he ordered us to take heart"
ὑφορᾶσθαι...παρέσεσθαι: infinitives in implied ind. st. "(saying) that no danger *should be suspected*, that all *would be present*"
παρέσεσθαι: fut. inf. of πάρειμι
ἢν (=ἐὰν) κατορθώσω (ao. subj.): fut. more vivid condition "If I succeed...."
καταβιώσεσθε: fut. of καταβιόω, "you will live out your life"
τίνες εἶεν οἱ πολέμιοι: ind. quest. with optative in sec. sequence after ἠρόμεθα, ao. of ἐρωτάω, "we asked *who the enemy were*"
οἰκεῖται: pr. pas. "is inhabited"
ἤρξατο: ao. of ἄρχω, "it started"
τῶν ἐν τῇ ἀρχῇ τῇ ἐμῇ: "of those in my empire"
συναγαγὼν: ao. part. of συν-άγω, "having gathered"
ἐβουλήθην: ao. pas. with middle meaning, "*I wished* to send"
ὄντα ἔρημον: modifying Ἑωσφόρον, "since it was empty"

κατοικούμενον· ὁ τοίνυν Φαέθων φθονήσας ἐκώλυσε τὴν ἀποικίαν κατὰ μέσον τὸν πόρον ἀπαντήσας ἐπὶ τῶν Ἱππομυρμήκων. τότε μὲν οὖν νικηθέντες - οὐ γὰρ ἦμεν ἀντίπαλοι τῇ παρασκευῇ - ἀνεχωρήσαμεν· νῦν δὲ βούλομαι αὖθις ἐξενεγκεῖν τὸν πόλεμον καὶ ἀποστεῖλαι τὴν ἀποικίαν. ἢν οὖν ἐθέλητε, κοινωνήσατέ μοι τοῦ στόλου, γῦπας δὲ ὑμῖν ἐγὼ παρέξω τῶν βασιλικῶν ἕνα ἑκάστῳ καὶ τὴν ἄλλην ὅπλισιν· αὔριον δὲ ποιησόμεθα τὴν ἔξοδον.» «Οὕτως,» ἔφην ἐγώ, «γιγνέσθω, ἐπειδή σοι δοκεῖ.»

ἀναχωρέω: to go back	Ἱππομύρμηξ, -ηκος, ὁ: a horse-ant
ἀντίπαλος, -ον: evenly matched	κοινωνέω: to participate
ἀπαντάω: to encounter	κωλύω: to hinder, prevent
ἀποικία, ἡ: a settlement, colony	νικάω: to conquer, prevail, vanquish
ἀποστέλλω: to send out	ὅπλισις, -εως, ἡ: an equipment, arming
αὔριον: tomorrow	παρασκευή, ἡ: preparation
βασιλικός, -ή, -όν: royal, kingly	παρέχω: to furnish, provide
γύψ, ἡ: a vulture	πόλεμος, ὁ: battle, war
ἐθέλω: to wish	πόρος, ὁ: a way, passage
ἕκαστος, -η, -ον: every, each	στόλος, ὁ: a mission
ἐκφέρω: to carry out	Φαέθων, ὁ: Phaethon
ἔξοδος, -ον: a departure, foray	φθονέω: to be jealous

φθονήσας: ao. part. causal, "since he was jealous"
ἀπαντήσας: ao. part. instrumental, "by opposing"
ἐπὶ τῶν Ἱππομυρμήκων: "at the head of his Horse-ants"
νικηθέντες: ao. pas. part. of νικάω, "having been defeated"
ἀνεχωρήσαμεν: ao. of ἀναχωρέω, "we retreated"
ἐξενεγκεῖν: ao. inf. of ἐκ-φέρω, "I wish to carry out"
ἢν ἐθέλητε: fut. more vivid cond., "if you wish..."
κοινωνήσατέ: ao. imper. "join my expedition"
παρέξω: fut. of παρα-έχω, "I will provide X (acc.) to Y (dat.)"
τῶν βασιλικῶν ἕνα: "one of my royal vultures"
οὕτως γιγνέσθω: 3. s. imper., "let it be so"
ἐπειδή σοι δοκεῖ: "since it seems good to you"

ἵημι, ἥσω, ἧκα, εἷκα, εἷμαι, εἵθην to release, to let go

This troublesome -μι verb originally had a stem with a consonant which dropped out very early and was never written using the Greek alphabet (γε). When the consonant dropped out all that was left was a vowel with rough breathing (ἑ). The simple stem was used for the aorist system; reduplicated stems were used for the present tense system (γιγε=ἵε) and the perfect system (γεγε=εἷ). Compare with δίδωμι, ἔδωκα and δέδωκα for the verb δίδωμι. ἵημι is found usually with prefixes like ἀπό, πρό, κατά, ἀνά, ἐπί, etc., producing compounds like ἀφίημι, προΐημι, καθίημι, ἀνίημι, ἐφίημι. Its basic meaning is "to release, to let go," hence in compounds "to send away, forth, down, up, upon," etc.

[13] Τότε μὲν οὖν παρ' αὐτῷ ἑστιαθέντες ἐμείναμεν, ἔωθεν
δὲ διαναστάντες ἐτασσόμεθα· καὶ γὰρ οἱ σκοποὶ ἐσήμαινον
πλησίον εἶναι τοὺς πολεμίους. τὸ μὲν οὖν πλῆθος τῆς στρατιᾶς
δέκα μυριάδες ἐγένοντο ἄνευ τῶν σκευοφόρων καὶ τῶν
μηχανοποιῶν καὶ τῶν πεζῶν καὶ τῶν ξένων συμμάχων· τούτων δὲ
ὀκτακισμύριοι μὲν ἦσαν οἱ Ἱππόγυποι, δισμύριοι δὲ οἱ ἐπὶ τῶν
Λαχανοπτέρων. ὄρνεον δὲ καὶ τοῦτό ἐστι μέγιστον, ἀντὶ τῶν
πτερῶν λαχάνοις πάντῃ λάσιον, τὰ δὲ ὠκύπτερα ἔχει θριδακίνης
φύλλοις μάλιστα προσεοικότα. ἐπὶ δὲ τούτοις οἱ Κεγχροβόλοι
τετάχατο καὶ οἱ Σκοροδομάχοι. ἦλθον δὲ αὐτῷ καὶ ἀπὸ τῆς

ἄνευ: without + *gen.*
δέκα: ten
διανίσταμαι: to get up, arise
δισμύριοι: twenty thousand
ἔωθεν: at daybreak
ἑστιάω: to entertain
θριδάκινος, -η, -ον: of lettuce
Ἱππόγυποι, οἱ: vulture-cavalry
Κεγχροβόλοι, οἱ: Millet-throwers
λάσιος, -ον: hairy, shaggy
λάχανον, -ου, τό: vegetables, greens
Λαχανόπτερος, ὁ: Grass-plumer
μένω: to stay
μηχανοποιός, ὁ: an engineer
μυριάς, -άδος, ἡ: 10,000
ξένος, -ον: foreign, strange

ὀκτακισμύριοι: eighty thousand
ὄρνεον, τό: a bird
πάντῃ: on every side
πεζός, ὁ: a footsoldier
πλῆθος, -εος, τό: a great number
προσέοικα: to be like, resemble
πτερόν, τό: a feather
σημαίνω: to indicate, signal
σκευοφόρος, -ου, ὁ: a porter
σκοπός, ὁ: a lookout, watcher
Σκοροδομάχοι, οἱ: Garlic-fighters
στρατία, ἡ: an army
σύμμαχος, ὁ: an ally
τάσσω: to arrange, put in order
φύλλον, τό: a leaf
ὠκύπτερος, -ον: swift-winged

They decide to join the Moon people and their allies in a war against the Sun. The various hosts are described.

ἑστιαθέντες: ao. pas. part. of ἑστιάω, "having been treated as guests"
διαναστάντες: ao. part. of δια-ανα-ἵστημι, "having risen"
ἐτασσόμεθα: impf. mid., "we arranged ourselves"
εἶναι τοὺς πολεμίους: ind. st. after ἐσήμαινον, "that the enemy was near"
δέκα μυριάδες ἄνευ τῶν ...: "100,000 without auxillaries and allies," the fantastic
    numbers echo Herodotus' account of the Persian host.
δισμύριοι οἱ ἐπὶ τῶν Λαχανοπτέρων: "20,000 riding on Grass-plumers."
ἀντὶ τῶν πτερῶν: "instead of plumage"
τὰ ὠκύπτερα: "wing-feathers"
ἐπὶ δὲ τούτοις: "next to these"
τετάχατο: plupf 3 pl. mid., "had arrayed themselves"
ἦλθον δὲ αὐτῷ: "allies *came with* him (i.e. Endymion)"

ἄρκτου σύμμαχοι, τρισμύριοι μὲν Ψυλλοτοξόται, πεντακισμύριοι δὲ Ἀνεμοδρόμοι· τούτων δὲ οἱ μὲν Ψυλλοτοξόται ἐπὶ ψυλλῶν μεγάλων ἱππάζονται, ὅθεν καὶ τὴν προσηγορίαν ἔχουσιν· μέγεθος δὲ τῶν ψυλλῶν ὅσον δώδεκα ἐλέφαντες· οἱ δὲ Ἀνεμοδρόμοι πεζοὶ μέν εἰσιν, φέρονται δὲ ἐν τῷ ἀέρι ἄνευ πτερῶν· ὁ δὲ τρόπος τῆς φορᾶς τοιόσδε. χιτῶνας ποδήρεις ὑπεζωσμένοι κολπώσαντες αὐτοὺς τῷ ἀνέμῳ καθάπερ ἱστία φέρονται ὥσπερ τὰ σκάφη. τὰ πολλὰ δ' οἱ τοιοῦτοι ἐν ταῖς μάχαις πελτασταί εἰσιν. ἐλέγοντο δὲ καὶ ἀπὸ τῶν ὑπὲρ τὴν Καππαδοκίαν ἀστέρων ἥξειν Στρουθοβάλανοι μὲν ἑπτακισμύριοι, Ἱππογέρανοι δὲ πεντακισχίλιοι. τούτους ἐγὼ οὐκ ἐθεασάμην· οὐ γὰρ ἀφίκοντο.

Ἀνεμοδρόμοι, οἱ: Wind-walkers
ἄρκτος, ἡ: a bear
ἀστήρ, -έρος, ὁ: a star
δώδεκα: twelve
ἐλέφας, -αντος: an elephant
ἑπτακισμύριοι, -αι, -α: seventy thousand
ἥκω: to come
θεάομαι: to look at, see
ἱππάζομαι: to ride horses
Ἱππογέρανοι: crane-cavalry
ἱστίον, τό: a sail
καθάπερ: just as
Καππαδοκίος, -α, -ον: Cappadocian
κολπόω: to swell, to fill (with wind)
μάχη, ἡ: battle, fight
ὅθεν: whence
πεζός, ὁ: a footsoldier

πελταστής, -οῦ, ὁ: one who bears a light shield
πεντακισμύριοι, -αι: 50,000
πεντακισχίλιοι, -αι: five thousand
ποδήρης, -ες: reaching to the feet
προσηγορία, ἡ: a name
πτερόν, τό: feather
σκάφος, -εος, τό: (the hull of) a ship
Στρουθοβάλανοι, οἱ: Sparrow-acorns
τρισμύριοι, -αι, -α: three times ten thousand
τρόπος, ὁ: a course, manner
ὑποζώννυμι: to undergird
φορά, ἡ: equipment
χιτών, -ῶνος, ὁ: a tunic
ψύλλα, -ης, ἡ: a flea
Ψυλλοτοξότης, -ου, ὁ: a flea-archer

ἀπὸ τῆς ἄρκτου: "from the Bear" i.e. the constellation Ursa Major
πεζοὶ μέν...φέρονται δὲ: "while foot-soldiers, yet are carried... "
ὑπεζωσμένοι: perf. mid. part., "having girded themselves with X (acc.)"
ὥσπερ τὰ σκάφη: "like ships"
τὰ πολλα: acc. of resp., "for the most part"
οὐ ἀφίκοντο: ao. 3 pl. of ἀφικνέομαι, "they did not arrive"

Uses of the subjunctive and optative in subordinate clauses:

The subjunctive and optative are used in various kinds of subordinate clauses that do not make a statement about a specific state of affairs (as opposed to the indicative). The subjunctive, often with ἄν, is used when the main verb is a primary tense: either present, future or present perfect. The optative, never with ἄν, is used when the main verb is a secondary tense. Note that the subjunctive, which has primary endings, is used with tenses that have primary endings; just as the optative, which itself has secondary endings, is used with those tenses that have secondary endings. This simple fact should help you keep the sequence of moods straight.

1. In purpose clauses, the particles ἵνα, ὅπως, and ὡς are used with the subjunctive in primary sequence, optative in secondary sequence:

ἔρχεται ἵνα πειθῇ τοὺς ἄνδρας: "he is going in order to persuade the men."
ἦλθεν ἵνα πείθοι τοὺς ἄνδρας: "he went in order to persuade the men.

2. With verbs of fearing, μὴ plus the subjunctive is used in primary sequence, optative in secondary sequence:

φοβοῦμαι μὴ ἀφίκηται ἡ στρατία: "I fear that the army will come"
ἐφοβεῖτο μὴ ἡ στρατία ἀφίκοιτο: "He feared that the army would come"

3. Indefinite clauses use ἄν plus the subjunctive in primary sequence, optative without ἄν in secondary sequence:

ὅστις ἂν τοῦτο ποιῇ μῶρος ἐστιν: "whoever does this is a fool."
μένομεν ἕως ἂν ἔλθῃ: "we are waiting until he comes."
ὅστις τοῦτο ποιοίη μῶρος ἦν: "whoever did this was a fool."
ἐμένομεν ἕως ἔλθοι: "we waited until such time as he would come."

4. Analogous to the previous type of clause is the use of the subjunctive with ἄν to express a general condition in present time, optative without ἄν in past time:

ἐὰν ἔλθωσι, σῷοι ἔσμεν: "If ever they come, we are safe"
εἰ ἔλθοιεν, σῷοι ἦσαν: "if they ever came, we were safe"

Distinguish these from the future more vivid and future less vivid conditions:

ἐὰν ἔλθωσι, σῷοι ἐσόμεθα: "If they go, we will be safe"
εἰ ἔλθοιεν, σῷοι ἂν εἰεν: "If they were to go, we would be safe"

5. For the optative in indirect statement, for which there is no parallel with the subjunctive, see above p. 22.

Lucian

διόπερ οὐδὲ γράψαι τὰς φύσεις αὐτῶν ἐτόλμησα· τεράστια γὰρ καὶ ἄπιστα περὶ αὐτῶν ἐλέγετο.

[14] Αὕτη μὲν ἡ τοῦ Ἐνδυμίωνος δύναμις ἦν. σκευὴ δὲ πάντων ἡ αὐτή· κράνη μὲν ἀπὸ τῶν κυάμων, μεγάλοι γὰρ παρ' αὐτοῖς οἱ κύαμοι καὶ καρτεροί· θώρακες δὲ φολιδωτοὶ πάντες θέρμινοι· τὰ γὰρ λέπη τῶν θέρμων συρράπτοντες ποιοῦνται θώρακας, ἄρρηκτον δὲ ἐκεῖ γίνεται τοῦ θέρμου τὸ λέπος ὥσπερ κέρας· ἀσπίδες δὲ καὶ ξίφη οἷα τὰ Ἑλληνικά. [15] ἐπειδὴ δὲ καιρὸς ἦν, ἐτάξαντο ὧδε· τὸ μὲν δεξιὸν κέρας εἶχον οἱ Ἱππόγυποι καὶ ὁ βασιλεὺς τοὺς ἀρίστους περὶ αὐτὸν ἔχων· καὶ ἡμεῖς ἐν τούτοις ἦμεν· τὸ δὲ εὐώνυμον οἱ Λαχανόπτεροι· τὸ μέσον δὲ οἱ

ἄπιστος, -ον: unbelievable
ἄριστος, -η, -ον: best
ἄρρηκτος, -ον: unbroken, unable to break
ἀσπίς, -ίδος, ἡ: a round shield
βασιλεύς, -έως, ὁ: a king, chief
γράφω: to write
δύναμις, -εως, ἡ: power, strength
ἐκεῖ: there, in that place
Ἑλληνικός, -ή, -όν: Hellenic, Greek
Ἐνδυμίων, -ωνος, ὁ: Endymion
εὐώνυμος, ἡ: on the left
θέρμινος, -η, -ον: of lupines
θέρμος, ὁ: a lupine
θώραξ, -ακος, ὁ: a breastplate
Ἱππόγυποι, οἱ: vulture-cavalry
καιρός, ὁ: the proper time

καρτερός, -ά, -όν: harder
κέρας, τό: the horn of an animal
κράνος, -εος, τό: a helmet
κύαμος, ὁ: a bean
Λαχανόπτερος, ὁ: Grass-plumer
λέπος, -εος, τό: a rind, husk
μέσος, -η, -ον: middle, in the middle
ξίφος, -εος, τό: a sword
σκευή, ἡ: equipment
συρράπτω: to sew or stitch together
τεράστιος, -ον: monstrous
τολμάω: to undertake, take heart
φολιδωτός, -ή, -όν: of scales
φύσις, ἡ: a nature, condition
ὧδε: thus

γράψαι: ao. inf. of γράφω, "I did not dare to write"

τεράστια καὶ ἄπιστα ἐλέγετο: After all this fantastic account, the author demures to report anything he did not see himself, for what he heard about these creatures is "unbelievable."

ἀπὸ τῶν κυάμων: "helmets from beans"

φολιδωτοὶ θέρμινοι: "overlapping legume skins"

συρράπτοντες: pr. part. of συν-ράπτω, instrumental, "by stitching together the husks"

ἐτάξαντο: ao. mid. of τάσσω, "they arranged themselves"

δεξιὸν κέρας: "right wing" (lit. "horn")

περὶ αὐτόν: (= ἐ+αὐτον) "around himself"

ἐν τούτοις: "among these"

τὸ εὐώνυμον: "the left wing"

σύμμαχοι ὡς ἑκάστοις ἐδόκει. τὸ δὲ πεζὸν ἦσαν μὲν ἀμφὶ τὰς
ἑξακισχιλίας μυριάδας, ἐτάχθησαν δὲ οὕτως. ἀράχναι παρ' αὐτοῖς
πολλοὶ καὶ μεγάλοι γίνονται, πολὺ τῶν Κυκλάδων νήσων ἕκαστος
μείζων. τούτοις προσέταξεν διυφῆναι τὸν μεταξὺ τῆς σελήνης καὶ
τοῦ Ἑωσφόρου ἀέρα. ὡς δὲ τάχιστα ἐξειργάσαντο καὶ πεδίον
ἐποίησαν, ἐπὶ τούτου παρέταξε τὸ πεζόν· ἡγεῖτο δὲ αὐτῶν
Νυκτερίων ὁ Εὐδιάνακτος τρίτος αὐτός.

[16] Τῶν δὲ πολεμίων τὸ μὲν εὐώνυμον εἶχον οἱ
Ἱππομύρμηκες καὶ ἐν αὐτοῖς ὁ Φαέθων· θηρία δέ ἐστι μέγιστα,
ὑπόπτερα, τοῖς παρ' ἡμῖν μύρμηξι προσεοικότα πλὴν τοῦ
μεγέθους· ὁ γὰρ μέγιστος αὐτῶν καὶ δίπλεθρος ἦν. ἐμάχοντο δὲ

ἀήρ, ἀέρος, ὁ: the air
ἀράχνης, -ου, ὁ: a spider
δίπλεθρος, -ον: two hundred feet
διυφαίνω: to fill up by weaving
ἑξακισχίλιοι, -αι, -α: six thousand
ἐξεργάζομαι: to work out, finish off
εὐώνυμος: on the left
Ἑωσφόρος, ὁ: Morning Star
ἡγέομαι: to lead
θηρίον, τό: a wild animal
Ἱππομύρμηξ, -ηκος, ὁ: a horse-ant
Κυκλάδες, αἱ: the Cyclades
μεταξύ: between + *gen.*
μυριάς, -άδος, ἡ: a thousand

μύρμηξ, -ηκος, ὁ: an ant
νυκτέριος, -α, -ον: by night
παρατάσσω: to place side by side, draw up
   in battle-order
πεδίον, τό: a plain, flat
πεζός, ὁ: a footsoldier
προσέοικα: to be like, resemble
προστάσσω: to place, post at
σελήνη, ἡ: the moon
σύμμαχος, ὁ: an ally
ταχύς, -εῖα, -ύ: quick, swift
τρίτος, -η, -ον: the third
ὑπόπτερος, -ον: winged
Φαέθων, ὁ: Phaethon

ὡς ἑκάστοις ἐδόκει: "arrayed however they wanted"

τὸ δὲ πεζὸν: "as for the infantry"

ἀμφὶ τὰς ἑξακισχιλίας μυριάδας: "about 60,000,000"

ἐτάχθησαν: ao. pas. of τάσσω, "they were arranged"

Κυκλάδων νήσων: gen. of comparison after μείζων, "larger than the Cyclades islands," a circular group of islands between Crete and mainland Greece.

προσέταξεν: ao. act., "he commissioned" + dat. + inf.

διυφῆναι: ao. act. inf. of δια-ὑφαίνω, "to weave"

ὡς τάχιστα: "as quickly as possible"

ἡγεῖτο: impf of ἡγέομαι, "he led"

Νυκτερίων ὁ Εὐδιάνακτος: "Owlett, son of Fairweather"

τρίτος αὐτός: "himself the third," i.e., along with two others

τοῖς παρ' ἡμῖν μύρμηξι προσεοικότα: "very similar to our ants"

οὐ μόνον οἱ ἐπ' αὐτῶν, ἀλλὰ καὶ αὐτοὶ μάλιστα τοῖς κέρασιν·
ἐλέγοντο δὲ οὗτοι εἶναι ἀμφὶ τὰς πέντε μυριάδας. ἐπὶ δὲ τοῦ
δεξιοῦ αὐτῶν ἐτάχθησαν οἱ Ἀεροκώνωπες, ὄντες καὶ οὗτοι ἀμφὶ
τὰς πέντε μυριάδας, πάντες τοξόται κώνωψι μεγάλοις
ἐποχούμενοι· μετὰ δὲ τούτους οἱ Ἀεροκόρδακες, ψιλοί τε ὄντες
καὶ πεζοί, πλὴν μάχιμοί γε καὶ οὗτοι· πόρρωθεν γὰρ ἐσφενδόνων
ῥαφανῖδας ὑπερμεγέθεις, καὶ ὁ βληθεὶς οὐδ' ἐπ' ὀλίγον ἀντέχειν
ἐδύνατο, ἀπέθνησκε δὲ δυσωδίας τινὸς τῷ τραύματι ἐγγινομένης·
ἐλέγοντο δὲ χρίειν τὰ βέλη μαλάχης ἰῷ. ἐχόμενοι δὲ αὐτῶν
ἐτάχθησαν οἱ Καυλομύκητες, ὁπλῖται ὄντες καὶ ἀγχέμαχοι,

ἀγχέμαχος, -ον: fighting hand to hand
Ἀεροκόρδακες, οἱ: Sky-dancers
Ἀεροκώνωπες, οἱ: Air-gnat
ἀντέχω: to hold against
ἀποθνήπκω: to die
βάλλω: to throw
βέλος, -εος, τό: a missile, shot
δεξιός, -ά, -όν: on the right hand or side
δύναμαι: to be able
ἐγγίγνομαι: to be born, bred in
ἐποχέομαι: to be carried upon, ride upon
ἰός, ὁ: poison
Καυλομύκητες, οἱ: Stalk-mushrooms
κέρας, τό: the horn of an animal
κώνωψ, -ωπος, ὁ: a mosquito

μαλάχη, ἡ: the mallow plant
μάχιμος, -ον: fit for battle, warlike
μυριάς, -άδος, ἡ: a great number, 10,000
ὁπλίτης, -ου, ὁ: heavy-armed soldier
πεζός, ὁ: a footsoldier
πόρρωθεν: from afar
ῥαφανίς, -ῖδος, ἡ: a radish
σφενδονάω: to sling, to use the sling
τάσσω: to appoint, assign
τοξότης, -ου,, -α, ὁ: a bowman, archer
τραῦμα, -ατος, τό: a wound, injury
ὑπερμεγέθης: very large
χρίω: to anoint
ψιλός: bare, light-armed

οἱ ἐπ' αὐτῶν: "the ones riding them"
ἀλλὰ καὶ αὐτοὶ: *"but they themselves fight"*
ἐποχούμενοι: "riding on"
ψιλοί τε ὄντες καὶ πεζοί: "being light-armed and on foot"
πλὴν μάχιμοί γε: "but fierce indeed"
ἐσφενδόνων: impf. of σφενδονάω, "they were slinging"
ὁ βληθεὶς: ao. pas. of βάλλω, "anyone struck"
ἀπέθνησκε: impf. of customary action, "he would die"
δυσωδίας τινὸς...ἐγγινομένης: gen. abs., "a foul odor being born in"
μαλάχης ἰῷ: dat. of means, "with the poison of mallow," which was thought to
   have a healing power
ἐχόμενοι αὐτων: "staying beside them"
ἐτάχθησαν: ao. pas. of τάσσω, "they were stationed"

τὸ πλῆθος μύριοι· ἐκλήθησαν δὲ Καυλομύκητες, ὅτι ἀσπίσι μὲν μυκητίναις ἐχρῶντο, δόρασι δὲ καυλίνοις τοῖς ἀπὸ τῶν ἀσπαράγων. πλησίον δὲ αὐτῶν οἱ Κυνοβάλανοι ἔστησαν, οὓς ἔπεμψαν αὐτῷ οἱ τὸν Σείριον κατοικοῦντες, πεντακισχίλιοι, ἄνδρες κυνοπρόσωποι ἐπὶ βαλάνων πτερωτῶν μαχόμενοι. ἐλέγοντο δὲ κἀκείνῳ ὑστερίζειν τῶν συμμάχων οὕς τε ἀπὸ τοῦ Γαλαξίου μετεπέμπετο σφενδονήτας καὶ οἱ Νεφελοκένταυροι. ἀλλ’ ἐκεῖνοι μὲν τῆς μάχης ἤδη κεκριμένης ἀφίκοντο, ὡς μήποτε ὤφελον· οἱ σφενδονῆται δὲ οὐδὲ ὅλως παρεγένοντο, διόπερ φασὶν ὕστερον αὐτοῖς ὀργισθέντα τὸν Φαέθοντα πυρπολῆσαι τὴν χώραν.

ἀσπίς, -ίδος, ἡ: a round shield
ἀσφάραγος, ἡ: asparagus
βάλανος, ἡ: an acorn
Γαλαξίας, -ου, ὁ: the Milky Way
δόρυ, δόρατος, τό: a spear
καλέω: to call, summon
καύλινος, -η, -ον: made of a stalk
Καυλομύκητες, οἱ: Stalk-mushrooms
κρίνω: to decide
Κυνοβάλανοι, οἱ: Dog-acorns
κυνοπρόσωπος, -ον: dog-faced
μάχη, ἡ: battle, fight, combat
μεταπέμπω: to send after
μυκητίνη, ἡ: a mushroom
μυρίος, -ον: ten thousand

Νεφελοκένταυρος, ὁ: a cloud-centaur
ὅλως: completely
ὀργίζω: to make angry, irritate
ὀφείλω: to owe, have to pay for
παραγίνομαι: to be present, attend
πεντακισχίλιοι, -αι: five thousand
πλῆθος, -εος, τό: a great number
πτερωτός, -ή, -όν: feathered
πυρπολέω: to devastate with fire
Σείριος, ὁ: the Dog Star
σύμμαχος, ὁ: an ally
σφενδονήτης, -ου, ὁ: a slinger
ὑστερίζω: to come after, come later
Φαέθων, ὁ: Phaethon
χράομαι: to use + dat.

τὸ πλῆθος: acc. of respect, "in number"
ἐκλήθησαν: ao. pas. 3 pl. of καλέω, "they were called"
μυκητίναις, καυλίνοις: dat. after ἐχρῶντο, "they used mushrooms, stalks"
ἀσπίσι, δόρασι: dat. predicates, "for shields," "for spears"
ἔστησαν: ao. intr. of ἵστημι, "they stood"
οὓς ἔπεμψαν: "whom they sent"
κἀκείνῳ (= καὶ ἐκείνῳ): "also to that one"
τῶν συμμάχων (sc. οἱ μὲν): "some of his allies"
μετεπέμπετο: impf. mid. "whom he sent for"
ἀφίκοντο: ao. of ἀφικνέομαι, "they arrived"
ὡς μήποτε (sc. ἀφίκεσθαι) ὤφελον: 2nd aor, in past unfulfilled wish, "Would that they had not (arrived)!"
ὀργισθέντα: ao. part. pas. acc. s. of ὀργίζομαι, modifying Φαέθοντα, "*being made angry* at them"
Φαέθοντα πυρπολῆσαι: ao. inf in ind. statement after φασὶν, "that Phaethon burned..."

[17] Τοιαύτη μὲν καὶ ὁ Φαέθων ἐπῄει παρασκευῇ.
συμμίξαντες δὲ ἐπειδὴ τὰ σημεῖα ἤρθη καὶ ὠγκήσαντο ἑκατέρων
οἱ ὄνοι - τούτοις γὰρ ἀντὶ σαλπιστῶν χρῶνται - ἐμάχοντο. καὶ
τὸ μὲν εὐώνυμον τῶν Ἡλιωτῶν αὐτίκα ἔφυγεν οὐδ᾽ εἰς χεῖρας
δεξάμενον τοὺς Ἱππογύπους, καὶ ἡμεῖς εἱπόμεθα κτείνοντες· τὸ
δεξιὸν δὲ αὐτῶν ἐκράτει τοῦ ἐπὶ τῷ ἡμετέρῳ εὐωνύμου, καὶ
ἐπεξῆλθον οἱ Ἀεροκώνωπες διώκοντες ἄχρι πρὸς τοὺς πεζούς.
ἐνταῦθα δὲ κἀκείνων ἐπιβοηθούντων ἔφυγον ἐγκλίναντες, καὶ
μάλιστα ἐπεὶ ᾔσθοντο τοὺς ἐπὶ τῷ εὐωνύμῳ σφῶν νενικημένους.

Ἀεροκώνωψ, ὁ: a Sky-mosquito
αἰσθάνομαι: to perceive, feel
ἀραρίσκω: to fasten, make ready
ἄχρι: all the way
δέχομαι: to take, accept, receive
διώκω: to pursue, chase
ἐγκλίνω: to bend in, incline
ἑκάτερος: each of two, either, each singly
ἐνταῦθα: here, there
ἐπεξέρχομαι: to go out against, march on
ἐπιβοηθέω: to come to aid, to help
ἕπομαι: to follow
εὐώνυμος, ἡ: on the left

Ἡλιώτης, ὁ: Sunite
Ἱππόγυποι, οἱ: vulture-cavalry
κρατέω: to be strong, defeat
κτείνω: to kill, slay
νικάω: to conquer, defeat, prevail
ὀγκάομαι: to bray
ὄνος, ὁ: an ass
παρασκευή, ἡ: preparation
πεζός, ὁ: a footsoldier
σαλπίστος, ὁ: a trumpeter
σημεῖον, τό: a sign, a mark
συμμίγνυμι: to mix together, commingle
φεύγω: to flee

The signals are given and the forces join battle. The sun people are routed, but when
reinforcements arrive, the moon people are beaten back.

ἐπῄει: impf. of ἐπέρχομαι, "he was attacking"

ἤρθη: ao. pas. of ἀραρίσκω, "were made ready"

ὠγκήσαντο: ao. mid. of ὀγκέω, "brayed"

ἔφυγεν: ao. of φεύγω

οὐδὲ δεξάμενον: ao. part. nom. s. of δέχομαι, "nothing recieved into hands," i.e.,
   before having made contact

εἱπόμεθα: impf. of ἕπομαι, "we began pursing"

ἐκράτει: impf. of κρατέω, "their right was defeating our left"

ἐπεξῆλθον: ao. of ἐπι-ἐκ-ἔρχομαι, "they advanced"

κἀκείνων (=καὶ ἐκείνων) ἐπιβοηθούντων: gen. abs., "with these (the infantry)
   coming to the rescue"

ἐγκλίναντες: ao. part. of ἐγκλίνω, "having broken"

ᾔσθοντο: ao. of αἰσθάνομαι, "they perceived"

νενικημένους: perf. part. in ind. st. after ᾔσθοντο, "that those on their left had been
   defeated"

τῆς δὲ τροπῆς λαμπρᾶς γεγενημένης πολλοὶ μὲν ζῶντες
ἡλίσκοντο, πολλοὶ δὲ καὶ ἀνηροῦντο, καὶ τὸ αἷμα ἔρρει πολὺ μὲν
ἐπὶ τῶν νεφῶν, ὥστε αὐτὰ βάπτεσθαι καὶ ἐρυθρὰ φαίνεσθαι, οἷα
παρ᾽ ἡμῖν δυομένου τοῦ ἡλίου φαίνεται, πολὺ δὲ καὶ εἰς τὴν γῆν
κατέσταζεν, ὥστε με εἰκάζειν μὴ ἄρα τοιούτου τινὸς καὶ πάλαι
ἄνω γενομένου Ὅμηρος ὑπέλαβεν αἵματι ῦσαι τὸν Δία ἐπὶ τῷ τοῦ
Σαρπηδόνος θανάτῳ.

αἷμα, -ατος, τό: blood	λαμπρός, -ά, -όν: bright, radiant
ἁλίσκομαι: to be taken, conquered	νέφος, -εος, τό: a cloud
βάπτω: to dip in water, dye	Ὅμηρος, -ου, ὁ: Homer
δύομαι: (of the sun) to set	πάλαι: long ago
εἰκάζω: to make like, speculate	Σαρπηδών, -όνος, ὁ: Sarpedon
ἐρυθρός, -ά, -όν: red	τροπή, ἡ: a turning, victory
Ζεύς, Διός, ὁ: Zeus	ὑπολαμβάνω: to believe, suppose
θάνατος, ὁ: death	ὕω: to rain
καταστάζω: to let fall in drops	φαίνομαι: to appear, seem

τῆς δὲ τροπῆς λαμπρᾶς γεγενημένης: pf. part. in gen. abs., "the victory having
   been brilliant"
ἡλίσκοντο: impf. of ἁλίσκομαι, "were captured"
ἀνηροῦντο: impf. of ἀναιρέω, "were slain"
ἔρρει impf. of ῥέω, "was flowing"
ὥστε βάπτεσθαι...φαίνεσθαι: result clauses
δυομένου τοῦ ἡλίου: gen abs., "the sun setting"
κατέσταζεν: impf., "was dripping down"
ὥστε με εἰκάζειν: result clause, "so that I speculated..."
μὴ ἄρα...ὑπέλαβεν: indirect question after εἰκάζειν, "whether Homer supposed"
τοιούτου τινὸς...γενομένου: gen. abs., "when such a thing happened"
ῦσαι τὸν Δία: ind. st. after ὑπέλαβεν, "supposed *that Zeus was causing rain...*" Zeus'
   weeping blood at the death of Sarpedon occurs in Iliad 16.

τάσσω (Att. τάττω): "I arrange"

Verbs ending in a glottal stem (κ, γ, χ) often form their present stem with a -σσω
(Attic -ττω): φυλάττω (φυλακ), ταρράττω (ταρραγ), αἰνίσσομαι (αἰνιγ),
πράσσω (πραγ). The conjugation of τάσσω is typical:
imperfect: ἔτασσον/ἔταττον: they were arranging

fut.	τάξω:	I will arrange
ao. act.	ἔταξε:	he arranged
ao. mid.	ἐτάξαντο:	they arranged themselves
ao. pas.	ἐτάχθησαν:	they were arranged
perf. mid.	τέταγμαι:	I arranged myself/ was arranged
plupf. mid/pas:	(ἐ)τετάχατο:	they had arranged themselves/ had been arranged

[18] Ἀναστρέψαντες δὲ ἀπὸ τῆς διώξεως δύο τρόπαια ἐστήσαμεν, τὸ μὲν ἐπὶ τῶν ἀραχνίων τῆς πεζομαχίας, τὸ δὲ τῆς ἀερομαχίας ἐπὶ τῶν νεφῶν. ἄρτι δὲ τούτων γινομένων ἠγγέλλοντο ὑπὸ τῶν σκοπῶν οἱ Νεφελοκένταυροι προσελαύνοντες, οὓς ἔδει πρὸ τῆς μάχης ἐλθεῖν τῷ Φαέθοντι. καὶ δὴ ἐφαίνοντο προσιόντες, θέαμα παραδοξότατον, ἐξ ἵππων πτερωτῶν καὶ ἀνθρώπων συγκείμενοι· μέγεθος δὲ τῶν μὲν ἀνθρώπων ὅσον τοῦ Ῥοδίων κολοσσοῦ ἐξ ἡμισείας ἐς τὸ ἄνω, τῶν δὲ ἵππων ὅσον νεὼς μεγάλης φορτίδος. τὸ μέντοι πλῆθος αὐτῶν οὐκ ἀνέγραψα, μή τῳ καὶ ἄπιστον δόξῃ - τοσοῦτον ἦν. ἡγεῖτο δὲ

ἀγγέλλω: to bear a message
ἀερομαχία, ἡ: an air battle
ἀναγράφω: to write down, record
ἀναστρέφω: to turn back, return
ἄπιστος, -ον: unbelievable
ἀράχνιον, τό: a spider's web
ἄρτι: just then
δίωξις, -εως, ἡ: chase, pursuit
θέαμα, -ατος, τό: a sight, spectacle
ἵππος, ὁ: a horse, mare
κολοσσός, ὁ: a colossus
μάχη, ἡ: battle, fight
ναῦς, νεώς, ἡ: a ship
Νεφελοκένταυρος, ὁ: a Cloud-centaur

νέφος, -εος, τό: a cloud
παράδοξος, -ον: incredible, paradoxical
πεζομαχία, ἡ: an infantry battle
πλῆθος, -εος, τό: size
προσελαύνω: to drive, advance
πτερωτός, -ή, -όν: feathered
Ῥόδιος, -α, -ον: Rhodian, from Rhodes
σκοπός, ὁ: a lookout, watcher
σύγκειμαι: to combine
τοσοῦτος, -αύτη, -οῦτο: so large, so much
τρόπαιον, τό: a trophy
φορτίς, -ίδος, ἡ: a ship of burden, merchantman

ἐστήσαμεν: ao. act. of ἵστημι, "we set up"
δύο τρόπαια: "two trophies." Trophies were piles of weapons that marked the turning point (τρόπος) of the battle.
ἄρτι δὲ τούτων γινομένων: gen. abs., "these things were just happening"
ἠγγέλλοντο: impf. pas. of ἀγγέλλω, "they were reported to be advancing"
οὓς ἔδει...ἐλθεῖν: "for whom it was necessary to come"
προσιόντες: pr. part of προσέρχομαι, "approaching they came into sight"
συγκείμενοι: pr. part., "being composed"
ὅσον τοῦ Ῥοδίων κολοσσοῦ: "as big as the Colossus of Rhodes," an enormous statue straddling the entrance to the harbor at Rhodes, one of the ancient wonders of the world.
τῶν μὲν ἀνθρώπων: "of the human part"
ἐξ ἡμισείας: "from the waist"
οὐκ ἀνέγραψα: ao. 1. s. of ἀνα-γράφω, "I didn't write down"
μή τῳ (=τινι)...δόξῃ: neg. purpose clause, "lest it seem to anyone"

αὐτῶν ὁ ἐκ τοῦ ζῳδιακοῦ τοξότης. ἐπεὶ δὲ ἤσθοντο τοὺς φίλους νενικημένους, ἐπὶ μὲν τὸν Φαέθοντα ἔπεμπον ἀγγελίαν αὖθις ἐπιέναι, αὐτοὶ δὲ διαταξάμενοι τεταραγμένοις ἐπιπίπτουσι τοῖς Σεληνίταις, ἀτάκτως περὶ τὴν δίωξιν καὶ τὰ λάφυρα διεσκεδασμένοις· καὶ πάντας μὲν τρέπουσιν, αὐτὸν δὲ τὸν βασιλέα καταδιώκουσι πρὸς τὴν πόλιν καὶ τὰ πλεῖστα τῶν ὀρνέων αὐτοῦ κτείνουσιν· ἀνέσπασαν δὲ καὶ τὰ τρόπαια καὶ κατέδραμον ἅπαν τὸ ὑπὸ τῶν ἀραχνῶν πεδίον ὑφασμένον, ἐμὲ δὲ καὶ δύο τινὰς τῶν ἑταίρων ἐζώγρησαν. ἤδη δὲ παρῆν καὶ ὁ Φαέθων καὶ αὖθις ἄλλα τρόπαια ὑπ᾽ ἐκείνων ἵστατο.

ἀγγελία, ἡ: a message, tidings, news
αἰσθάνομαι: to perceive, see
ἀνασπάω: to pluck up, take up
ἅπας: whole, all, entire
ἀράχνης, -ου, ὁ: a spider
ἄτακτος, -ον: not in battle-order
βασιλεύς, -έως, ὁ: a king, chief
διασκεδάννυμι: to scatter, disperse
διατάσσω: to draw up, arrange
δίωξις, -εως, ἡ: chase, pursuit
ἐπιπίπτω: to fall upon
ἑταῖρος, ὁ: a comrade, companion, mate
ζωγρέω: to take alive, take captive
ζῳδιακός, ὁ: the zodiac
καταδιώκω: to pursue closely

κατατρέχω: to run down
κτείνω: to kill, slay
λάφυρα, τά: spoils
νικάω: to conquer, prevail
ὄρνεον, τό: a bird
πεδίον, τό: a plain, flat
πλεῖστος, -η, -ον: most, largest
Σεληνίτης, ὁ: Moonite
ταράσσω: to stir up, trouble
τοξότης, -ου, ὁ: a bowman, archer
τρέπω: to turn
τρόπαιον, τό: a trophy
ὑφαίνω: to weave
Φαέθων, ὁ: Phaethon
φίλος, ὁ: a friend

ὁ ἐκ τοῦ ζῳδιακοῦ τοξότης: i.e. the constellation Sagittarius
ἤσθοντο: ao. of αἰσθάνομαι, "they perceived"
τοὺς φίλους νενικημένους: pf. part. in ind. st., "that their friends were defeated"
ἔπεμπον...ἐπιέναι: indirect command, "sent a message to attack"
ἐπιέναι: pr. inf. of ἐπέρχομαι
διαταξάμενοι: ao. part. mid. of δια-τάσσω, "having arrayed themselves"
ἐπιπίπτουσι: vivid present, "they fall upon"
τεταραγμένοις: perf. part. dat. pl. of ταράττω, "disordered," modifying
    Σεληνίταις
διεσκεδασμένοις: perf. part. pas. dat. pl. of διασκεδάννυμι, "scattered"
αὐτὸν δὲ τὸν βασιλέα: "the king himself"
ἀνέσπασαν: ao. 3 pl. of ἀνασπάω, "they plucked up"
κατέδραμον: ao. 3 pl. of κατατρέχω, "they overran"
ὑφασμένον: perf. part. pas. of ὑφαίνω, "*woven* field"
ἐζώγρησαν: ao. 3 pl. of ζωγρέω, "they captured alive"
ἵστατο: impf. pas. of ἵστημι, "were being set up"

Ἡμεῖς μὲν οὖν ἀπηγόμεθα ἐς τὸν ἥλιον αὐθημερὸν τὼ χεῖρε ὀπίσω δεθέντες ἀραχνίου ἀποκόμματι. [19] οἱ δὲ πολιορκεῖν μὲν οὐκ ἔγνωσαν τὴν πόλιν, ἀναστρέψαντες δὲ τὸ μεταξὺ τοῦ ἀέρος ἀπετείχιζον, ὥστε μηκέτι τὰς αὐγὰς ἀπὸ τοῦ ἡλίου πρὸς τὴν σελήνην διήκειν. τὸ δὲ τεῖχος ἦν διπλοῦν, νεφελωτόν· ὥστε σαφὴς ἔκλειψις τῆς σελήνης ἐγεγόνει καὶ νυκτὶ διηνεκεῖ πᾶσα κατείχετο. πιεζόμενος δὲ τούτοις ὁ Ἐνδυμίων πέμψας ἱκέτευε καθαιρεῖν τὸ οἰκοδόμημα καὶ μὴ σφᾶς περιορᾶν ἐν σκότῳ βιοτεύοντας,

---

ἀήρ, ἀέρος, ὁ: the air
ἀναστρέφω: to turn back
ἀπάγω: to lead away, carry off
ἀπόκομμα, -ατος, τό: a splinter, shred
ἀποτειχίζω: to wall off
ἀράχνιον, τό: a spider's web
αὐγή, ἡ: sunlight
αὐθήμερος, -ον: on the very day
βιοτεύω: to live
γινώσκω: to know
διήκω: to extend, reach
διηνεκής, -ές: continuous, unbroken
διπλόος, -η, -ον: twofold, double
ἔκλειψις, -εως, ἡ: eclipse
Ἐνδυμίων, ὁ: Endymion
ἥλιος, ὁ: the sun
ἱκετεύω: to beg

καθαιρέω: to take down
κατέχω: to hold fast, enshroud
μηκέτι: no longer
νεφελωτός, -ή, -όν: made of clouds
νύξ, νυκτός, ἡ: night
οἰκοδόμημα, -ατος, τό: a building, structure
ὀπίσω: backwards
πέμπω: to send, dispatch
πιέζω: to press
πολιορκέω: to besiege
σαφής, -ές: clear, distinct
σελήνη, ἡ: the moon
σκότος, -εος, ὁ: darkness, gloom
τεῖχος, -εος, τό: a wall
χείρ, χειρός, ἡ: a hand

τὼ χεῖρε: dual acc. of respect, "by the hands"

δεθέντες: ao. part. pas. of δέω, "bound"

ἀποκόμματι: dat. of means, "with a piece of web"

ἔγνωσαν: aor. of γινώσκω, "they decided"

ἀπετείχιζον: impf. of ἀποτειχίζω, "they built"

ὥστε...διήκειν: result clause, "so that they didn't reach through (to)"

διήκειν: from δια-ἥκω

ὥστε...ἐγεγόνει...κατείχετο: result clauses with the indicative emphasize the actual result

ἐγεγόνει: pluperf. of γίγνομαι, "there was an eclipse"

κατείχετο: impf. of κατα-ἔχω, "everything was enshrouded"

πέμψας: ao. part. instrumental, "by sending"

καθαιρεῖν: inf. of κατα-αἱρέω, in ind. com. after ἱκέτευε, "to pull down"

σφᾶς: acc. pl., "them"

περιορᾶν: inf. of περι-ὁράω, also after ἱκέτευε, "not to overlook" and hence "not to allow"

ὑπισχνεῖτο δὲ καὶ φόρους τελέσειν καὶ σύμμαχος ἔσεσθαι καὶ μηκέτι πολεμήσειν, καὶ ὁμήρους ἐπὶ τούτοις δοῦναι ἤθελεν. οἱ δὲ περὶ τὸν Φαέθοντα γενομένης δὶς ἐκκλησίας τῇ προτεραίᾳ μὲν οὐδὲν παρέλυσαν τῆς ὀργῆς, τῇ ὑστεραίᾳ δὲ μετέγνωσαν, καὶ ἐγένετο ἡ εἰρήνη ἐπὶ τούτοις·

[20] Κατὰ τάδε συνθήκας ἐποιήσαντο Ἡλιῶται καὶ οἱ σύμμαχοι πρὸς Σεληνίτας καὶ τοὺς συμμάχους, ἐπὶ τῷ καταλῦσαι μὲν Ἡλιώτας τὸ διατείχισμα καὶ μηκέτι ἐς τὴν σελήνην ἐσβάλλειν, ἀποδοῦναι δὲ καὶ τοὺς αἰχμαλώτους ῥητοῦ ἕκαστον χρήματος, τοὺς δὲ Σεληνίτας ἀφεῖναι μὲν αὐτονόμους τούς γε

αἰχμάλωτος, -ον: taken prisoner
ἀποδίδωμι: to give back, return
αὐτόνομος, -ον: independent, autonomous
ἀφίημι: to release, allow
διατείχισμα, -ατος, τό: a dividing wall
δίδωμι: to give
δίς: twice, doubly
ἐθέλω: to wish
εἰρήνη, ἡ: peace
εἰσβάλλω: to throw into, invade
ἐκκλησία, ἡ: an assembly
Ἡλιώτης, ὁ: Sunite
καταλύω: to put down, destroy
μεταγινώσκω: to change one' s mind, repent
μηκέτι: no more, no longer

ὅμηρος, ὁ: a hostage
ὀργή, ἡ: anger
παραλύω: to loose, slacken
προτεραῖος, -α, -ον: on the first day
ῥητός, -ή, -όν: stated, specified
σελήνη, ἡ: the moon
Σεληνίτης, ὁ: Moonite
σύμμαχος, ὁ: an ally
σύμμαχος, ὁ: an ally
συνθήκη, ἡ: an agreement, treaty
τελέω: to complete, fulfill, accomplish
ὑπισχνέομαι: to promise
ὑστεραῖος, -α, -ον: on the next day
φόρος, ὁ: a tribute
χρῆμα, -ατος, τό: an amount of money, ransom

ὑπισχνεῖτο: impf. of ὑπισχνέομαι, "he promised," taking the future infinitives τελέσειν, ἔσεσθαι, πολεμήσειν

A treaty is arranged between the two parties.

γενομένης δὶς ἐκκλησίας: ao. part. in gen abs. "the assembly having met twice." For the change of heart, compare the Mytilenian debate in Thucydides (3, 36). Particulars of the settlement recall the Athenian-Spartan treaty in Thucydides 5, 18.

παρέλυσαν: ao. of παρα-λύω, "they destroyed"

μετέγνωσαν: ao. from μετα-γινώσκω, "they relented"

κατὰ τάδε: "according to the following terms"

ἐπὶ τῷ + infinitive: "on the condition that," governing all the infinitives that follow

ἀποδοῦναι: ao. inf. of ἀποδίδωμι "that they hand over"

ἀφεῖναι: pr. inf. of ἀφίημι, "that they allow"

αὐτονόμους: pred. adj., "to be autonomous"

Lucian

ἄλλους ἀστέρας, ὅπλα δὲ μὴ ἐπιφέρειν τοῖς Ἡλιώταις, συμμαχεῖν δὲ τῇ ἀλλήλων, ἤν τις ἐπίῃ· φόρον δὲ ὑποτελεῖν ἑκάστου ἔτους τὸν βασιλέα τῶν Σεληνιτῶν τῷ βασιλεῖ τῶν Ἡλιωτῶν δρόσου ἀμφορέας μυρίους, καὶ ὁμήρους δὲ σφῶν αὐτῶν δοῦναι μυρίους, τὴν δὲ ἀποικίαν τὴν ἐς τὸν Ἑωσφόρον κοινῇ ποιεῖσθαι, καὶ μετέχειν τῶν ἄλλων τὸν βουλόμενον· ἐγγράψαι δὲ τὰς συνθήκας στήλῃ ἠλεκτρίνῃ καὶ ἀναστῆσαι ἐν μέσῳ τῷ ἀέρι ἐπὶ τοῖς μεθορίοις. ὤμοσαν δὲ Ἡλιωτῶν μὲν Πυρωνίδης καὶ Θερείτης καὶ Φλόγιος, Σεληνιτῶν δὲ Νύκτωρ καὶ Μήνιος καὶ Πολυλάμπης.

ἀμφορεύς, -έως: an amphora, jar
ἀνίστημι: to make to stand, raise up
ἀποικία, ἡ: a settlement, colony
ἀστήρ, -έρος, ὁ: a star
βασιλεύς, -έως, ὁ: a king, chief
δίδωμι: to give
δρόσος, ἡ: dew
ἐγγράφω: to inscribe
ἐπέρχομαι: to attack
ἐπιφέρω: bear up, carry upon
ἔτος, -εος, τό: a year
Ἑωσφόρος, ὁ: Morning Star
ἠλεκτρίνος, -η, -ον: made of amber
Ἡλιώτης, ὁ: Sunite

κοινός, -ή, -όν: in common
μεθόριος, -α, -ον: lying between as a boundary
μετέχω: to share in
μυρίος, -ος, -ον: ten thousand
ὅμηρος, ὁ: a hostage
ὄμνυμι: to swear
ὅπλον, τό: a tool, weapon
Σεληνίτης, ὁ: Moonite
στήλη, ἡ: a block of stone
συμμαχέω: to be an ally with (+ gen.)
συνθήκη, ἡ: a composition, term
ὑποτελέω: to pay
φόρος, ὁ: a tribute

συμμαχεῖν τῇ (sc. γῇ): "that they be allies on the (land)"
ἤν τις ἐπίῃ: general condition, "if anyone attacks"
ἐπίῃ: pr. subj. 3. s of ἐπέρχομαι
ἑκάστου ἔτους: "each year"
δρόσου ἀμφορέας μυρίους: "10,000 jars of dew"
δοῦναι: ao. inf., "that they give"
κοινῇ ποιεῖσθαι: "that they make in common"
ἀναστῆσαι: ao. act. inf. of ἀνα-ἵστημι, "that they set up"
ὤμοσαν: ao. 3 pl. of ὄμνυμι, "they swore"
For the Sunnites: Firebrace, Parcher and Burns
For the Moonites : Darkling, Moony and Allbright

Result clauses

ὥστε introduces result clauses either with an infinitive or with a finite verb.

ὥστε + infinitive indicates a possible or intended result, without emphasizing its actual occurrence. The infinitive does not express time, but only aspect.

ὥστε + indicative indicates that the result actually occurred as a fact. Both time and aspect are indicated by the form of the verb. Any form of the verb that can be used in a main clause (e.g., potential optative) can be used with ὥστε.

[21] Τοιαύτη μὲν ἡ εἰρήνη ἐγένετο· εὐθὺς δὲ τὸ τεῖχος καθῃρεῖτο καὶ ἡμᾶς τοὺς αἰχμαλώτους ἀπέδοσαν. ἐπεὶ δὲ ἀφικόμεθα ἐς τὴν σελήνην, ὑπηντίαζον ἡμᾶς καὶ ἠσπάζοντο μετὰ δακρύων οἵ τε ἑταῖροι καὶ ὁ Ἐνδυμίων αὐτός. καὶ ὁ μὲν ἠξίου με μεῖναί τε παρ᾽ αὐτῷ καὶ κοινωνεῖν τῆς ἀποικίας, ὑπισχνούμενος δώσειν πρὸς γάμον τὸν ἑαυτοῦ παῖδα· γυναῖκες γὰρ οὐκ εἰσὶ παρ᾽ αὐτοῖς. ἐγὼ δὲ οὐδαμῶς ἐπειθόμην, ἀλλ᾽ ἠξίουν ἀποπεμφθῆναι κάτω ἐς τὴν θάλατταν. ὡς δὲ ἔγνω ἀδύνατον ὂν πείθειν, ἀποπέμπει ἡμᾶς ἑστιάσας ἑπτὰ ἡμέρας.

ἀδύνατος, -ον: unable, impossible
αἰχμάλωτος, -ον: taken prisoner
ἀξιόω: to think worthy, expect
ἀποδίδωμι: to give back, return
ἀποικία, ἡ: a settlement, colony
ἀποπέμπω: to send away, to dismiss
ἀσπάζομαι: to welcome, greet, bid
    farewell
ἀφικνέομαι: to come to, arrive
γάμος, ὁ: a wedding
γινώσκω: to know
γυνή, -αικός, ἡ: a woman
δάκρυον, τό: a tear
δίδωμι: to give
εἰρήνη, ἡ: peace
ἑπτά: seven

ἑστιάω: to entertain as a guest
ἑταῖρος, ὁ: a comrade, companion
εὐθύς: immediately, at once
θάλαττα, ἡ: the sea
καθαιρέω: to take down
κάτω: down
κοινωνέω: to have a share in, take part in
οὐδαμῶς: in no way
παῖς, παιδός, ὁ: a son
πείθω: to win over, persuade
σελήνη, ἡ: the moon
τεῖχος, -εος, τό: a wall
ὑπαντιάζω: to encounter
ὑπισχνέομαι: to promise

καθῃρεῖτο: impf. of κατα-αἱρέω, "was torn down"
ἀπέδοσαν: ao. 3 pl. of ἀποδίδωμι, "they returned"
ἀφικόμεθα: ao. "we arrived"
ὑπηντίαζον: impf. of ὑπο-ἀντιάζω, "they greeted"
ἠξίου: impf. 3 s. of ἀξιόω, "he requested" + inf.
δώσειν: fut. inf of δίδωμι after ὑπισχνούμενος, "promising to give"
τὸν ἑαυτοῦ παῖδα: "his own son"
οὐ ἐπειθόμην: impf. pas. "I was not persuaded"
ἠξίουν: impf. 1 s. of ἀξιόω, "I requested" + inf.
ἀποπεμφθῆναι: ao. pas. inf. of ἀποπέμπω, "to be sent away"
ἔγνω: ao. 3 s. of γινώσκω, "he realized"
ἀδύνατον ὂν: pr. part. in ind. st. after ἔγνω, "that it was impossible"
ἑστιάσας: ao. part. nom. s. of ἑστιάω, "having entertained as a guest"

Lucian

[22] Ἃ δὲ ἐν τῷ μεταξὺ διατρίβων ἐν τῇ σελήνῃ κατενόησα καινὰ καὶ παράδοξα, ταῦτα βούλομαι εἰπεῖν. πρῶτα μὲν τὸ μὴ ἐκ γυναικῶν γεννᾶσθαι αὐτούς, ἀλλ' ἀπὸ τῶν ἀρρένων· γάμοις γὰρ τοῖς ἄρρεσι χρῶνται καὶ οὐδὲ ὄνομα γυναικὸς ὅλως ἴσασι. μέχρι μὲν οὖν πέντε καὶ εἴκοσι ἐτῶν γαμεῖται ἕκαστος, ἀπὸ δὲ τούτων γαμεῖ αὐτός· κύουσι δὲ οὐκ ἐν τῇ νηδύϊ, ἀλλ' ἐν ταῖς γαστροκνημίαις· ἐπειδὰν γὰρ συλλάβῃ τὸ ἔμβρυον, παχύνεται ἡ κνήμη, καὶ χρόνῳ ὕστερον ἀνατεμόντες ἐξάγουσι νεκρά, θέντες δὲ αὐτὰ πρὸς τὸν ἄνεμον κεχηνότα ζῳοποιοῦσιν. δοκεῖ δέ μοι καὶ

ἀνατέμνω: to cut open
ἄνεμος, ὁ: wind
ἄρσην, ὁ: male
γαμέομαι: to be married
γάμος, ὁ: a wedding
γαστροκνημίη, ἡ: calf
γεννάω: to beget, give birth
γυνή, -αικός, ἡ: a woman
διατρίβω: to spend time
ἔμβρυον, τό: a young one
ἐξάγω: to lead out
ἔτος, -εος, τό: a year, age
ζῳοποιέω: to give life
καινός, -ή, -όν: new, strange
κατανοέω: to observe

κνήμη, ἡ: the shin
κύω: to conceive
μεταξύ: between + gen.
νεκρός, ὁ: a corpse, dead body
νηδύς, -ύος, ἡ: the belly
οἶδα: to know
ὅλως: completely
ὄνομα, -ατος, τό: a name
παράδοξος, -ον: incredible, paradoxical
παχύνω: to thicken, fatten
σελήνη, ἡ: the moon
συλλαμβάνω: to collect, conceive
χάσκω: to have one's mouth open, yawn
χράομαι: to use
χρόνος, ὁ: time

The author gives an ethnographical report reminiscent of Ctesias and Herodotus.

ἃ δὲ ἐν τῷ μεταξὺ: "as for what happened in the interval"

κατενόησα: ao. of κατανοέω, "I observed"

τὸ μὴ γεννᾶσθαι: ao. pas. articular inf. of γενωάω, "the fact that they are not born"

ἄρρεσι: dat. pl. with χρῶνται, "they use *males*"

ἴσασι: pr. 3 pl. of οἶδα, "they know"

γαμεῖται: "is married" vs. γαμεῖ "marries"

γαστροκνημία: "calf," lit. "the belly of the shin"

ἐπειδὰν (ἐπειδὴ + ἂν) συλλάβῃ: ao. subj. of συλλαμβάνω in general temporal clause, "whenever he conceives"

ἀνατεμόντες: ao. part. nom. pl. of ἀποτέμνω, "having cut"

θέντες: ao. part. of τίθημι, "having placed"

κεχηνότα: perf. part. acc. pl. n. of χάσκω, modifying αὐτὰ (νεκρά), "(with mouths) gaping"

ἐς τοὺς Ἕλληνας ἐκεῖθεν ἥκειν τῆς γαστροκνημίας τοὔνομα, ὅτι παρ' ἐκείνοις ἀντὶ γαστρὸς κυοφορεῖ. μεῖζον δὲ τούτου ἄλλο διηγήσομαι. γένος ἐστὶ παρ' αὐτοῖς ἀνθρώπων οἱ καλούμενοι Δενδρῖται, γίνεται δὲ τὸν τρόπον τοῦτον. ὄρχιν ἀνθρώπου τὸν δεξιὸν ἀποτεμόντες ἐν γῇ φυτεύουσιν, ἐκ δὲ αὐτοῦ δένδρον ἀναφύεται μέγιστον, σάρκινον, οἷον φαλλός· ἔχει δὲ καὶ κλάδους καὶ φύλλα· ὁ δὲ καρπός ἐστι βάλανοι πηχυαῖοι τὸ μέγεθος.

ἀναφύομαι: to grow out, produce
ἀποτέμνω: to cut off, sever
βάλανος, ἡ: an acorn
γαστήρ, -έρος, ἡ: the belly
γαστροκνημίη, ἡ: calf
γένος, -οῦς, τό: race, kind
γῆ, γῆς, ἡ: earth, land
Δενδρίτης, ὁ: Arboreal
δένδρον, τό: a tree
ἐκεῖθεν: from that place, thence
Ἕλληνος: Greek
ἥκω: to come
καλέω: to call

καρπός, ὁ: fruit
κλάδος, -ου, ὁ: a branch
κυοφορέω: to be pregnant
μείζων, ον: greater
ὄνομα, -ατος, τό: a name
ὄρχις, -ιος, ὁ: a testicle
πηχυαῖος, -α, -ον: a cubit long
σάρκινος, -η, -ον: of flesh
τρόπος, ὁ: a way, manner
φαλλός, ὁ: a phallus
φύλλον, τό: a leaf
φυτεύω: to plant

τούτου: gen. of comparison after μεῖζον, "greater *than this*"
διηγήσομαι: fut. "I will narrate"
τὸν τρόπον τοῦτον: acc. of respect, "in the following manner"
ἀποτεμόντες: ao. part., "having cut off"
τὸ μέγεθος: aacc. of respect, "in size"

Indirect statement after verbs of knowing, perceiving, hearing or showing

Some verbs take the accusative + participle construction for indirect speech instead of accusative + infinitive. If the subject of the participle is the same as the subject of the main clause that governs the indirect discourse, the nominative is used instead of the accusative (if it is expressed) and the participle will agree with it. No matter which construction is used, translate indirect statement with "that" plus a finite verb.
　　ᾔσθοντο τοὺς φίλους νενικημένους: they saw that their friends had been captured.
　　ᾔσθοντο (αὐτοί) νενικήμενοι: they saw that they (themselves) had been captured.

Lucian

ἐπειδὰν οὖν πεπανθῶσιν, τρυγήσαντες αὐτὰς ἐκκολάπτουσι τοὺς ἀνθρώπους. αἰδοῖα μέντοι πρόσθετα ἔχουσιν, οἱ μὲν ἐλεφάντινα, οἱ δὲ πένητες αὐτῶν ξύλινα, καὶ διὰ τούτων ὀχεύουσι καὶ πλησιάζουσι τοῖς γαμέταις τοῖς ἑαυτῶν. [23] ἐπειδὰν δὲ γηράσῃ ὁ ἄνθρωπος, οὐκ ἀποθνῄσκει, ἀλλ' ὥσπερ καπνὸς διαλυόμενος ἀὴρ γίνεται. τροφὴ δὲ πᾶσιν ἡ αὐτή· ἐπειδὰν γὰρ πῦρ ἀνακαύσωσιν, βατράχους ὀπτῶσιν ἐπὶ τῶν ἀνθράκων· πολλοὶ δὲ παρ' αὐτοῖς εἰσιν ἐν τῷ ἀέρι πετόμενοι· ὀπτωμένων δὲ περικαθεσθέντες ὥσπερ δὴ περὶ τράπεζαν κάπτουσι τὸν ἀναθυμιώμενον καπνὸν

ἀήρ, ἀέρος, ὁ: the air
αἰδοῖον, τό: the genitals
ἀναθυμιάω: to rise
ἀνακαίω: to light up
ἄνθραξ, -ακος, ὁ: charcoal, coal
ἀποθνῄσκω: to die
βάτραχος, ὁ: a frog
γαμέτης, -ου, ὁ: a spouse
γηράσκω: to grow old, become old
διαλύω: to disperse
ἐκκολάπτω: to scrape out
ἐλεφάντινος, -η, -ον: ivory
καπνός, ὁ: smoke

κάπτω: to gulp down
ξύλινος, -η, -ον: wooden
ὀπτάω: to roast, broil
ὀχεύω: to mount
πένης, -ητος, ὁ: a poor man
πεπαίνω: to ripen
πέτομαι: to fly
πλησιάζω: to bring near, complete
πρόσθετος, -ον: added on
τράπεζα, -ης, ἡ: a table
τροφή, ἡ: nourishment, food
τρυγάω: to gather

ἐπειδὰν πεπανθῶσιν: ao. pas. subj. of πεπαίνω in general temporal clause, "whenever they have bloomed"
τρυγήσαντες: ao. part. of τρυγάω, "having harvested"
ὀχεύουσι: "they mount"
πλησιάζουσι: "they have intercourse"
ἐπειδὰν γηράσῃ: general temporal clause, "whenever they grow old"
γηράσῃ: ao. subj. of γηράω
ὁ ἄνθρωπος: the definite article is generic rather than particular, i.e. "men" as a class, not "the man"
διαλυόμενος: pr. part. mid., "dissolved"
ἀνακαύσωσιν: aor. subj. of ἀνακαίω, in gen. temp. clause, "whenever they burn"
εἰσιν πετόμενοι: periphrastic, "are flying"
ὀπτωμένων (sc. αὐτῶν): gen. abs., "while they are cooking"
περικαθεσθέντες: ao. part. pas. of περι-κατα-ἕζομαι, "sitting down around"
ἀναθυμιώμενον: pr. part. acc. s. of ἀναθυμιάω, "rising"

καὶ εὐωχοῦνται. σίτῳ μὲν δὴ τρέφονται τοιούτῳ· ποτὸν δὲ αὐτοῖς ἐστιν ἀὴρ ἀποθλιβόμενος εἰς κύλικα καὶ ὑγρὸν ἀνιεὶς ὥσπερ δρόσον. οὐ μὴν ἀπουροῦσίν γε καὶ ἀφοδεύουσιν, ἀλλ᾿ οὐδὲ τέτρηνται ᾗπερ ἡμεῖς, οὐδὲ τὴν συνουσίαν οἱ παῖδες ἐν ταῖς ἕδραις παρέχουσιν, ἀλλ᾿ ἐν ταῖς ἰγνύαις ὑπὲρ τὴν γαστροκνημίαν· ἐκεῖ γάρ εἰσι τετρημένοι.

Καλὸς δὲ νομίζεται παρ᾿ αὐτοῖς ἤν πού τις φαλακρὸς καὶ ἄκομος ᾖ, τοὺς δὲ κομήτας καὶ μυσάττονται. ἐπὶ δὲ τῶν κομητῶν ἀστέρων τοὐναντίον τοὺς κομήτας καλοὺς νομίζουσιν· ἐπεδήμουν γάρ τινες, οἳ καὶ περὶ ἐκείνων διηγοῦντο. καὶ μὴν καὶ γένεια

ἀήρ, ἀέρος, ὁ: the air
ἄκομος, -ον: hairless
ἀνίημι: to send forth, produce
ἀποθλίβω: to press, squeeze out
ἀπουρέω: pass urine
ἀστήρ, -έρος, ὁ: a star
ἀφοδεύω: to discharge excrement
γαστροκνημίη, ἡ: calf
γένειον, τό: a chin, beard
δρόσος, ἡ: dew
ἕδρα, ἡ: the rear
ἐκεῖ: there, in that place
ἐναντίος, -α, -ον: opposite
ἐπιδημέω: to be at home, live
εὐωχέω: to eat abundantly
ᾗπερ: in the same way as

ἰγνύς: the back of the knee
καλός, ὁ: beauty
κομήτης, -ου, ὁ: long-haired
κύλιξ, -ικος, ἡ: a drinking cup
μυσάττομαι: to feel disgust at
νομίζω: to believe, hold as a custom
παῖς, παιδός, ὁ: a boy
παρέχω: to furnish, provide
ποτόν, τό: a drink
σιτίον, -ου, τό: grain, food, provisions
συνουσία, ἡ: intercourse
τετραίνω: to perforate
τρέφω: to nourish
ὑγρός, -ά, -όν: wet, fluid
φαλακρός, -ά, -όν: bald

ἀποθλιβόμενος: pr. part. modifying ἀήρ, "being squeezed"
ἀνιεὶς: pr. part. nom. s. ἀνα-ἵημι, modifying ἀήρ, "producing"
ἀπουροῦσιν: from ἀπο-ουρέω, "they do not urinate"
ἀφοδεύουσιν: "they do not poop"
τέτρηνται: perf. 3 pl. pas. of τετραίνω, "they are perforated"
ᾗπερ ἡμεῖς: "where we are"
ἐν ταῖς ἕδραις: "in their rears"
εἰσι τετρημένοι: periphrastic perf. "they are perforated"
ἤν πού τις...ᾖ: pres. general condition, "if anyone is..."
κομητῶν ἀστέρων: "long-haired stars," i.e., "comets"
τοὐναντίον (τὸ ἐναντίον): "(it is) the opposite"
ἐπεδήμουν: impf. of ἐπι-δημέω, "some traveled"
διηγοῦντο: impf. of διηγέομαι, "they told me"

φύουσιν μικρὸν ὑπὲρ τὰ γόνατα. καὶ ὄνυχας ἐν τοῖς ποσὶν οὐκ ἔχουσιν, ἀλλὰ πάντες εἰσὶν μονοδάκτυλοι. ὑπὲρ δὲ τὰς πυγὰς ἑκάστῳ αὐτῶν κράμβη ἐκπέφυκε μακρὰ ὥσπερ οὐρά, θάλλουσα ἐς ἀεὶ καὶ ὑπτίου ἀναπίπτοντος οὐ κατακλωμένη. [24] ἀπομύττονται δὲ μέλι δριμύτατον· κἀπειδὰν ἢ πονῶσιν ἢ γυμνάζωνται, γάλακτι πᾶν τὸ σῶμα ἱδροῦσιν, ὥστε καὶ τυροὺς ἀπ' αὐτοῦ πήγνυσθαι, ὀλίγον τοῦ μέλιτος ἐπιστάξαντες· ἔλαιον δὲ

ἀεί: always, forever
ἀναπίπτω: to fall back
ἀπομύττω: to have a runny nose
γάλα, -ακτος, τό: milk
γόνυ, τό: the knee
γυμνάζω: to train naked, take exercise
δριμύς, -εῖα, -ύ: sharp, pungent
ἐκφύω: to grow from
ἔλαιον, -ου, τό: olive-oil
ἐπειδάν: whenever
ἐπιστάζω: to let fall in drops, instill
θάλλω: to bloom
ἱδρόω: to sweat, perspire
κατακλάω: to break, snap off

κράμβη, ἡ: cabbage
μέλι, -ιτος, τό: honey
μονοδάκτυλος, -ον: one-fingered
ὄνυξ, -υχος, ὁ: a nail, claw
οὐρά, ἡ: the tail
πήγνυμι: to form together, congeal
πονέω: to work hard, do work
πούς, ποδός, ὁ: a foot
πυγή, -ῆς, ἡ: the rump, buttocks
σῶμα, -ατος, τό: a body
τυρός, ὁ: cheese
ὕπτιος, -α, -ον: backward
φύω: to produce, grow

ὑπὲρ δὲ τὰς πυγὰς: "over the rump"
ἐκπέφυκε: perf. 3 s. of ἐκ-φύω, "has grown out"
ὥσπερ οὐρά: "like a tail"
ἐς ἀεὶ: "forever"
ὑπτίου ἀναπίπτοντος: gen abs. with conditional force, "if falling down on the back"
κατακλωμένη: pr. part. of κατακλάω, "breaking"
κἀπειδὰν ἢ πονῶσιν ἢ γυμνάζωνται: pr. subj. in general temporal clauses, "whenever they work or exercise"
πᾶν τὸ σῶμα: acc. of respect, "the whole body"
ὥστε...πήγνυσθαι: result clause, "so that cheese can be made"
ἐπιστάξαντες: ao. part. act. of ἐπιστάζω, with instrumental force, "by letting drip"

General conditions and temporal clauses

A present general condition has ἐάν (Attic ἤν) + subj. in the protasis; present indicative in the apodosis.
A general or indefinite temporal clause in the present has the same form, with ὅταν or ἐπειδάν (whenever) instead of ἐάν.

> ἐπειδὰν γηράσῃ ὁ ἄνθρωπος, οὐκ ἀποθνήσκει: When(ever) men become old, they do not die.
> ἐὰν γηράσῃ ὁ ἄνθρωπος, οὐκ ἀποθνήσκει: If (ever) men become old, they do not die.

A True Story

ποιοῦνται ἀπὸ τῶν κρομμύων πάνυ λιπαρόν τε καὶ εὐῶδες ὥσπερ μύρον. ἀμπέλους δὲ πολλὰς ἔχουσιν ὑδροφόρους· αἱ γὰρ ῥάγες τῶν βοτρύων εἰσὶν ὥσπερ χάλαζα, καί, ἐμοὶ δοκεῖν, ἐπειδὰν ἐμπεσὼν ἄνεμος διασείσῃ τὰς ἀμπέλους ἐκείνας, τότε πρὸς ἡμᾶς καταπίπτει ἡ χάλαζα διαρραγέντων τῶν βοτρύων. τῇ μέντοι γαστρὶ ὅσα πήρᾳ χρῶνται τιθέντες ἐν αὐτῇ ὅσων δέονται· ἀνοικτὴ γὰρ αὐτοῖς αὕτη καὶ πάλιν κλειστή ἐστιν· ἐντέρων δὲ οὐδὲν ὑπάρχειν αὐτῇ φαίνεται, ἢ τοῦτο μόνον, ὅτι δασεῖα πᾶσα ἔντοσθε καὶ λάσιός ἐστιν, ὥστε καὶ τὰ νεογνά, ἐπειδὰν ῥιγώσῃ, ἐς ταύτην ὑποδύεται.

ἄμπελος, ἡ: a vine
ἄνεμος, ὁ: wind
ἀνοικτός, -ή, -όν: opened
βότρυον, τό: a cluster of grapes
γαστήρ, -ερος, ἡ: the belly
δασύς, -εῖα, -ύ: hairy, shaggy
διαρρήγνυμι: to burst, break apart
διασείω: to shake violently
ἐμπίτνω: fall upon
ἔντερον, τό: an intestine
ἔντοσθε: within, inside
εὐώδης, -ες: sweet-smelling, fragrant
καταπίπτω: to fall or drop down
κλειστός, -ή, -όν: closed

κρόμμυον, -ου, τό: onion
λάσιος, -ος, -ον: furry, woolly
λιπαρός, -ά, -όν: clear, shiny
μύρον, -ου, τό: sweet-oil, myrrh
νεογνός, -ή, -όν: a newborn
πάλιν: again
πήρα, ἡ: a pocket, pouch
ῥάξ, ῥαγός, ἡ: a grape
ῥιγόω: to be cold
τίθημι: to set, put, place
ὑδροφόρος, ον: carrying-producing
ὑπάρχω: to begin, make a beginning
ὑποδύομαι: to plunge in to
χάλαζα, -ης, ἡ: hail

ὑδροφόρους: modifying ἀμπέλους, "water-producing vines"
ἐπειδὰν...διασείσῃ: ao. subj. of διασείω in general temporal clause, "whenever the wind shakes"
ἐμπεσών: ao. part. act. of ἐμ-πίπτω, "falling upon"
διαρραγέντων τῶν βοτρύων: pr. part. in gen. abs., "the bunches bursting"
ὅσα πήρᾳ: "just like a purse"
ἐντέρων οὐδὲν: "nothing of entrails"
ὑπάρχειν αὐτῇ φαίνεται: "appears to be in it"
ἢ τοῦτο μόνον, ὅτι: "except only this, that..."
ὥστε...ὑποδύεται: result clause, "so that they plunge into this"
ἐπειδὰν ῥιγώσῃ: ao. subj. in general clause, "whenever they are cold"

[25] Ἐσθὴς δὲ τοῖς μὲν πλουσίοις ὑαλίνη μαλθακή, τοῖς πένησι δὲ χαλκῆ ὑφαντή· πολύχαλκα γὰρ τὰ ἐκεῖ χωρία, καὶ ἐργάζονται τὸν χαλκὸν ὕδατι ἀποβρέξαντες ὥσπερ τὰ ἔρια. περὶ μέντοι τῶν ὀφθαλμῶν, οἵους ἔχουσιν, ὀκνῶ μὲν εἰπεῖν, μή τίς με νομίσῃ ψεύδεσθαι διὰ τὸ ἄπιστον τοῦ λόγου. ὅμως δὲ καὶ τοῦτο ἐρῶ· τοὺς ὀφθαλμοὺς περιαιρετοὺς ἔχουσι, καὶ ὁ βουλόμενος ἐξελὼν τοὺς αὑτοῦ φυλάττει ἔστ᾽ ἂν δεηθῇ ἰδεῖν· οὕτω δὲ ἐνθέμενος ὁρᾷ· καὶ πολλοὶ τοὺς σφετέρους ἀπολέσαντες παρ᾽ ἄλλων χρησάμενοι ὁρῶσιν. εἰσὶ δ᾽ οἳ καὶ πολλοὺς ἀποθέτους

ἄπιστος, -ον: unbelievable
ἀποβρέχω: to wet
ἀπόθετος, -ον: stored up
ἀπόλλυμι: to destroy, lose
ἐκεῖ: there, in that place
ἐντίθημι: to put in
ἐξαιρέω: to take out
ἐργάζομαι: to work, labor
ἔριον, τό: wool
ἐσθής, -ῆτος, ἡ: dress, clothing
ἔστε: up to the time that, until
λόγος, ὁ: a tale, account
μαλθακός, -ή, -όν: soft
νομίζω: to think
ὀκνέω: to shrink from, hesitate

ὀφθαλμός, ὁ: the eye
πένης, -ητος, ὁ: poor
περιαιρετός, -ή, -όν: removable
πλούσιος, -α, -ον: rich, wealthy, opulent
πολύχαλκος, -ον: abounding in bronze
σφέτερος, -α, -ον: their
ὑάλινος, -η, -ον: of crystal or glass
ὕδωρ, ὕδατος, τό: water
ὑφαντός, ή, -όν: woven, spun
φυλάττω: to guard, keep safe
χάλκεος, -έα, -εον: bronze
χαλκός, ὁ: copper
χωρίον, τό: a place, spot
ψεύδω: to lie

ὑαλίνη μαλθακή: "soft glass"
χαλκῆ ὑφαντή: "spun bronze"
τὰ ἐκεῖ χωρία: the def. article makes the adverb an attributive adjective, "the places there"
ἐργάζονται: "they work it"
ἀποβρέξαντες: ao. part. of ἀποβρέχω with instrumental force, "by soaking"
ὥσπερ τὰ ἔρια: "just like wool"
οἵους ἔχουσιν: "what sort (of eyes) they have"
μή τίς με νομίσῃ: ao. subj. of νομίζω in negtive purpose clause, "lest anyone think"
ἐρῶ: future of λέγω, "I will say"
ὁ βουλόμενος: "he who wishes"
ἐξελών: ao. part. nom. s. of ἐξ-αιρέω, "having removed"
ἔστ᾽ ἂν δεηθῇ: ao. pas. subj. of δέω, indefinite, "until he needs to see" (whenever that may be)
ἐνθέμενος: ao. part. mid. of ἐντίθημι, "having put it in"
ἀπολέσαντες: ao. part. of ἀπο-όλλυμι, "having lost"
χρησάμενοι: ao. part. of χράομαι, "having borrowed"
εἰσὶ δ᾽ οἳ: "the rich are those who..."

ἔχουσιν, οἱ πλούσιοι. τὰ ὦτα δὲ πλατάνων φύλλα ἐστὶν αὐτοῖς πλήν γε τοῖς ἀπὸ τῶν βαλάνων· ἐκεῖνοι γὰρ μόνοι ξύλινα ἔχουσιν. [26] καὶ μὴν καὶ ἄλλο θαῦμα ἐν τοῖς βασιλείοις ἐθεασάμην· κάτοπτρον μέγιστον κεῖται ὑπὲρ φρέατος οὐ πάνυ βαθέος. ἂν μὲν οὖν εἰς τὸ φρέαρ καταβῇ τις, ἀκούει πάντων τῶν παρ' ἡμῖν ἐν τῇ γῇ λεγομένων, ἐὰν δὲ εἰς τὸ κάτοπτρον ἀποβλέψῃ, πάσας μὲν πόλεις, πάντα δὲ ἔθνη ὁρᾷ ὥσπερ ἐφεστὼς ἑκάστοις· τότε καὶ τοὺς οἰκείους ἐγὼ ἐθεασάμην καὶ πᾶσαν τὴν πατρίδα, εἰ δὲ κἀκεῖνοι ἐμὲ ἑώρων, οὐκέτι ἔχω τὸ ἀσφαλὲς εἰπεῖν. ὅστις δὲ ταῦτα μὴ πιστεύει οὕτως ἔχειν, ἄν ποτε καὶ αὐτὸς ἐκεῖσε ἀφίκηται, εἴσεται ὡς ἀληθῆ λέγω.

ἀποβλέπω: to look into
ἀσφαλής, -ές: firm, certain
ἀφικνέομαι: to come to, arrive
βαθύς, -εῖα, -ύ: deep or high
βάλανος, ἡ: an acorn
βασίλειον, τό: a royal dwelling, palace
γῆ, γῆς, ἡ: earth, land
ἔθνος, -εος, τό: a people, country
ἐκεῖσε: thither, to that place
ἐφίστημι: to stand upon or by
θαῦμα, -ατος, τό: a wonder, marvel
θεάομαι: to look at, view, behold
καταβαίνω: to step down, go down

κάτοπτρον, τό: a mirror
κεῖμαι: to be laid, be placed
ξύλινος, -η, -ον: wooden
οἰκεῖος, ὁ: a relative
οὖς, ὠτός, τό: an ear
πάτρη, -ίδος, ἡ: fatherland
πιστεύω: to trust, believe
πλάτανος, ἡ: a plane-tree
πλούσιος, -α, -ον: rich, wealthy
πόλις, -εως, ἡ: a city
φρέαρ, τό: a well
φύλλον, τό: a leaf

πλήν γε τοῖς ἀπὸ τῶν βαλάνων: "except the men (born) from acorns"
ἐθεασάμην: ao. 1 s. of θεάομαι, "I saw"
ἄν...καταβῇ τις: ao. subj. 3 s. of καταβαίνω in pres. general condition, "if anyone goes down"
παρ' ἡμῖν: "among us"
ἐὰν...ἀποβλέψῃ: ao. subj. of ἀποβλέπω in pres. general condition, "if someone looks"
ὥσπερ ἐφεστὼς: perf. part. act. nom. s. of ἐπι-ίστημι, "as if standing next to " + dat.
καὶ τοὺς οἰκείους: "also my household"
ἑώρων: impf. 3 pl. of ὁράω, "I saw"
ἔχω: "I am able" + inf.
ἄν...ἀφίκηται, εἴσεται: fut. more vivid condition, "if he gets there, he will know"
ἀφίκηται: ao. subj. of ἀφικνέομαι
εἴσεται: fut. of οἶδα

Lucian

[27] Τότε δ' οὖν ἀσπασάμενοι τὸν βασιλέα καὶ τοὺς ἀμφ'
αὐτόν, ἐμβάντες ἀνήχθημεν· ἐμοὶ δὲ καὶ δῶρα ἔδωκεν ὁ
Ἐνδυμίων, δύο μὲν τῶν ὑαλίνων χιτώνων, πέντε δὲ χαλκοῦς, καὶ
πανοπλίαν θερμίνην, ἃ πάντα ἐν τῷ κήτει κατέλιπον. συνέπεμψε
δὲ ἡμῖν καὶ Ἱππογύπους χιλίους παραπέμψοντας ἄχρι σταδίων
πεντακοσίων. [28] ἐν δὲ τῷ παράπλῳ πολλὰς μὲν καὶ ἄλλας
χώρας παρημείψαμεν, προσέσχομεν δὲ καὶ τῷ Ἑωσφόρῳ ἄρτι
συνοικιζομένῳ, καὶ ἀποβάντες ὑδρευσάμεθα. ἐμβάντες δὲ εἰς τὸν
ζῳδιακὸν ἐν ἀριστερᾷ παρήειμεν τὸν ἥλιον, ἐν χρῷ τὴν γῆν

ἀμφί: on both sides, around
ἀριστερός: on the left, to port
ἄρτι: just now
ἀσπάζομαι: to welcome, greet, bid
  farewell
ἄχρι: up to (+ gen.)
βασιλεύς, -έως, ὁ: a king, chief
δῶρον, τό: a gift, present
ἐμβαίνω: to embark
Ἐνδυμίων, -ωνος, ὁ: Endymion
Ἑωσφόρος, ὁ: Morning Star
ζῳδιακός, ὁ: the zodiac
θέρμινος, -η, -ον: of lupines
Ἱππόγυποι, οἱ: vulture-cavalry
καταλείπω: to leave behind

πανοπλία, ἡ: a suit of armor
παραμείβω: to pass by
παραπέμπω: to convey, escort
παράπλοος, ὁ: a sailing along, a coasting
  voyage
προσέχω: to put in
συμπέμπω: to send with
συνοικίζω: to colonize
ὑάλινος, -η, -ον: of crystal or glass
ὑδρεύω: to draw water
χάλκεος, -έα, -εον: of bronze, brazen
χίλιοι, -αι: a thousand
χιτών, -ῶνος, ὁ: a tunic
χρώς, ὁ: the surface, edge

---

*Departing from the Moon, they arrive in Lamptown, descending past Cloud-Cuckooland,
finally landing on the sea again.*

ἀσπασάμενοι: ao. part. of ἀσπάζομαι, "having bid farewell"
ἐμβάντες: ao. part. of ἐμβαίνω, "having embarked"
ἀνήχθημεν: ao. pas. 1 pl. ἀνα-άγω, "we put out to sea"
ἔδωκεν: ao. 1 pl. of δίδωμι, "he gave"
ἃ πάντα ἐν τῷ κήτει κατέλιπον: "all of which I left behind in the whale,"
  anticipating an episode to be narrated next
συνέπεμψε: ao. 3 s. of συμπέμπω, "he sent along"
παραπέμψοντας: fut. part. of purpose, "in order to escort"
παρημείψαμεν: ao. 1 pl. of παρὰ-ἀμείβω, "we passed by"
προσέσχομεν: ao. 1 pl. of πρὸσ-έχω, "we put in"
ἄρτι συνοικιζομένῳ: pr. part., "just now being colonized"
ἀποβάντες, ἐμβάντες: ao. part. "having disembarked," "having boarded"
παρήειμεν: impf. of παρὰ-έρχομαι, "we were passing"
ἐν χρῷ "close to the surface"

παραπλέοντες· οὐ γὰρ ἀπέβημεν καίτοι πολλὰ τῶν ἑταίρων
ἐπιθυμούντων, ἀλλ' ὁ ἄνεμος οὐκ ἐφῆκεν. ἐθεώμεθα μέντοι τὴν
χώραν εὐθαλῆ τε καὶ πίονα καὶ εὔυδρον καὶ πολλῶν ἀγαθῶν
μεστήν. ἰδόντες δ' ἡμᾶς οἱ Νεφελοκένταυροι, μισθοφοροῦντες
παρὰ τῷ Φαέθοντι, ἐπέπτησαν ἐπὶ τὴν ναῦν, καὶ μαθόντες
ἐνσπόνδους ἀνεχώρησαν. [29] ἤδη δὲ καὶ οἱ Ἱππόγυποι
ἀπεληλύθεσαν.

Πλεύσαντες δὲ τὴν ἐπιοῦσαν νύκτα καὶ ἡμέραν, περὶ ἑσπέραν
ἀφικόμεθα ἐς τὴν Λυχνόπολιν καλουμένην, ἤδη τὸν κάτω πλοῦν
διώκοντες. ἡ δὲ πόλις αὕτη κεῖται μεταξὺ τοῦ Πλειάδων καὶ

ἀγαθός, -ή, -όν: good
ἀναχωρέω: to go back
ἀπέρχομαι: to go away, depart from
ἀποβαίνω: to step off, disembark
ἀφικνέομαι: to come to, arrive at
διώκω: to pursue
εἶδον: to see
ἔνσπονδος, -ον: included in a treaty
ἐπιθυμέω: to desire
ἑσπέρα, ἡ: evening
εὐθαλής, -ές: blooming, flourishing
εὔυδρος, -ον: well-watered
ἐφίημι: to permit
ἐφίπταμαι: to fly up
θεάομαι: to look on, view, behold
Ἱππόγυποι, οἱ: vulture-cavalry
καίτοι: and indeed
καλέω: to call

κάτω: down, downward
κεῖμαι: to be laid
Λυχνόπολις, ἡ: Lamptown
μανθάνω: to learn
μεστός, -ή, -όν: full, filled
μεταξύ: between + gen.
μισθοφορέω: to receive wages, be in the
    service of
ναῦς, νεώς, ἡ: a ship
Νεφελοκένταυρος, ὁ: a cloud-centaur
παραπλέω: to sail along
πίων, ονος: fertile
Πλειάδες, -ων, αἱ: the Pleiades
    (a constellation)
πλέω: to sail, go by sea
πλόος, ὁ: a sailing, voyage
Φαέθων, ὁ: Phaethon

οὐκ ἐφῆκεν: ao. 3 s. of ἐπι-ίημι, "did not allow"
ἐθεώμεθα: impf. of θεάομαι, "we saw"
τὴν χώραν (sc. οὖσαν): ind. st. after θεάομαι, "that the land was"
ἰδόντες: ao. part. of εἶδον, "having seen"
μισθο-φοροῦντες: pres. part. "being employed for pay"
ἐπέπτησαν: ao. 3 pl. of ἐπι-πέτομαι, "they flew toward"
μαθόντες: ao. part. of μανθάνω, "once they learned"
ἀνεχώρησαν: ao. of ἀναχωρέω, "they retreated"
ἀπεληλύθεσαν: plupf. of ἀπο-ἔρχομαι, "they had left"
τὴν ἐπιοῦσαν νύκτα καὶ ἡμέραν: acc. of duration of time, "for the following night
    and day"
ἀφικόμεθα: ao. of ἀφικνέομαι, "we arrived"
τὸν κάτω πλοῦν: "the downward journey"

τοῦ Ὑάδων ἀέρος, ταπεινοτέρα μέντοι πολὺ τοῦ ζῳδιακοῦ.
ἀποβάντες δὲ ἄνθρωπον μὲν οὐδένα εὕρομεν, λύχνους δὲ πολλοὺς
περιθέοντας καὶ ἐν τῇ ἀγορᾷ καὶ περὶ τὸν λιμένα διατρίβοντας,
τοὺς μὲν μικροὺς καὶ ὥσπερ πένητας, ὀλίγους δὲ τῶν μεγάλων
καὶ δυνατῶν πάνυ λαμπροὺς καὶ περιφανεῖς. οἰκήσεις δὲ αὐτοῖς
καὶ λυχνεῶνες ἰδίᾳ ἑκάστῳ πεποίηντο, καὶ αὐτοὶ ὀνόματα εἶχον,
ὥσπερ οἱ ἄνθρωποι, καὶ φωνὴν προϊεμένων ἠκούομεν, καὶ οὐδὲν
ἡμᾶς ἠδίκουν, ἀλλὰ καὶ ἐπὶ ξένια ἐκάλουν· ἡμεῖς δὲ ὅμως
ἐφοβούμεθα, καὶ οὔτε δειπνῆσαι οὔτε ὑπνῶσαί τις ἡμῶν
ἐτόλμησεν. ἀρχεῖα δὲ αὐτοῖς ἐν μέσῃ τῇ πόλει πεποίηται, ἔνθα ὁ
ἄρχων αὐτῶν διὰ νυκτὸς ὅλης κάθηται ὀνομαστὶ καλῶν ἕκαστον·

ἀγορά, -ᾶς, ἡ: the public square
ἀδικέω: to do wrong, harm
ἀήρ, ἀέρος, ὁ: the air
ἀποβαίνω: to step off, disembark
ἀρχεῖον, τό: the senate-house, town-hall
ἄρχων, -οντος, ὁ: a ruler, chief
δειπνέω: to eat dinner
διατρίβω: to pass time
δυνατός, -ή, -όν: strong, powerful
εὑρίσκω: to find
ζῳδιακός, -ή, -όν: zodiac
ἴδιος, -ον: one's own
κάθημαι: to sit down
καλέω: to call, summon
λαμπρός, -ά, -όν: bright, radiant
λιμήν, -ένος, ὁ: a harbor
λυχνεών, -ῶνος, ὁ: a place to keep lamps in, sconce
λύχνος, ὁ: a lamp

ξένια, τά: hospitality
οἴκησις, -εως, ἡ: a dwelling, habitation
ὀλίγος, -η, -ον: few
ὅλος, -η, -ον: whole, entire
ὄνομα, -ατος, τό: a name
ὀνομαστί: by name
πένης, -ητος, ὁ: a poor man
περιθέω: to run round
περιφαίνομαι: to be visible all round
πόλις, -εως, ἡ: a city
προΐημι: to send out, emit (a sound)
ταπεινός, -ή, -όν: low
τολμάω: to undertake, venture
Ὑάδες, -ων, αἱ: the Hyades (a constellation)
ὑπνόω: to sleep
φοβέομαι: to be afraid
φωνή, ἡ: a sound, utterance

εὕρομεν (=ηὕρομεν): ao. of εὑρίσκω., "we found"
περιθέοντας: pr. part. of περιθέω, "lamps running around"
πεποίηντο: plupf. pas. of ποιέω, "had been made"
εἶχον: impf. of ἔχω, "they have names"
φωνὴν προϊεμένων: pr. part. of προ-ίημι, gen. after ἠκούομεν, "we heard them talking"
ἠδίκουν: impf. of ἀδικέω, "they harmed"
ἐκάλουν: impf. of καλέω, "they summoned"
δειπνῆσαι, ὑπνῶσαι: ao. infinitives after ἐτόλμησεν, "dared to eat, to sleep"
πεποίηται: perf. 3. s. pas. of ποιέω, "was built"
κάθηται: from κατα-ἧμαι, "sits down"

ὃς δ' ἂν μὴ ὑπακούσῃ, καταδικάζεται ἀποθανεῖν ὡς λιπὼν τὴν τάξιν· ὁ δὲ θάνατός ἐστι σβεσθῆναι. παρεστῶτες δὲ ἡμεῖς ἑωρῶμεν τὰ γινόμενα καὶ ἠκούομεν ἅμα τῶν λύχνων ἀπολογουμένων καὶ τὰς αἰτίας λεγόντων δι' ἃς ἐβράδυνον. ἔνθα καὶ τὸν ἡμέτερον λύχνον ἐγνώρισα, καὶ προσειπὼν αὐτὸν περὶ τῶν κατ' οἶκον ἐπυνθανόμην ὅπως ἔχοιεν· ὁ δέ μοι ἅπαντα ἐκεῖνα διηγήσατο. Τὴν μὲν οὖν νύκτα ἐκείνην αὐτοῦ ἐμείναμεν, τῇ δὲ ἐπιούσῃ ἄραντες ἐπλέομεν ἤδη πλησίον τῶν νεφῶν· ἔνθα δὴ καὶ τὴν Νεφελοκοκκυγίαν πόλιν ἰδόντες ἐθαυμάσαμεν, οὐ μέντοι ἐπέβημεν αὐτῆς· οὐ γὰρ εἴα τὸ πνεῦμα. βασιλεύειν μέντοι αὐτῶν

αἴρω: to take up, raise
αἰτία, ἡ: a charge, accusation
ἅμα: at once, at the same time
ἀποθνῄσκω: to die
ἀπολογέομαι: to defend oneself
βασιλεύω: to rule, reign
βραδύνω: to delay, be late
γνωρίζω: to discover, recognize
διηγέομαι: to set out in detail, describe in full
ἐπιβαίνω: to go into, visit
ἡμέτερος, -α, -ον: our
θάνατος, ὁ: death
θαυμάζω: to wonder, marvel
καταδικάζω: to pass judgment against

λείπω: to leave, desert
λύχνος, ὁ: a lamp
μένω: to stay, remain
Νεφελοκοκκυγία, ἡ: Cloudcuckootown
νέφος, -εος, τό: a cloud
οἶκος, ὁ: a house, dwelling
παρίστημι: to make standing
πνεῦμα, -ατος, τό: a blowing, wind
προσεῖπον: to speak to
πυνθάνομαι: to learn
σβέννυμι: to quench, put out
τάξις, -εως, ἡ: a battle line, rank
ὑπακούω: to listen, obey

ὃς ἂν μὴ ὑπακούσῃ: ao. subj. in pr. general condition, "whoever does not obey..."
ὡς λιπὼν τὴν τάξιν: "for deserting"
λιπὼν: ao. part. nom. s. of λείπω
σβεσθῆναι: ao. pas. inf. of σβέννυμι, "to be put out"
παρεστῶτες: perf. part. nom. pl. of περι-ἵστημι, "standing around"
ἑωρῶμεν: impf. of ὁράω, "we saw"
ἐγνώρισα: ao. 1 s. of γνωρίζω, "I recognized"
ὅπως ἔχοιεν: ind. question taking the optative in secondary sequence after ἐπυνθανόμην, "I learned *how things were*"
ἐμείναμεν: ao. of μένω, "we waited"
τῇ δὲ ἐπιούσῃ (sc. ἡμέρᾳ): "on the following day"
ἄραντες: ao. part. of αἴρω, "having set up (the ships)," i.e. "having got underway"
Νεφελοκοκκυγίαν: Cloud-Cuckooland, a utopian fantasy in Aristophanes' *The Birds*.
ἐπέβημεν: ao. of ἐπι-βαίνω, "we disembarked onto"
εἴα: impf. 3 s. of ἐάω, "the wind was not *allowing*"

Lucian

ἐλέγετο Κόρωνος ὁ Κοττυφίωνος. καὶ ἐγὼ ἐμνήσθην
Ἀριστοφάνους τοῦ ποιητοῦ, ἀνδρὸς σοφοῦ καὶ ἀληθοῦς καὶ μάτην
ἐφ᾽ οἷς ἔγραψεν ἀπιστουμένου. τρίτῃ δὲ ἀπὸ ταύτης ἡμέρᾳ καὶ
τὸν ὠκεανὸν ἤδη σαφῶς ἑωρῶμεν, γῆν δὲ οὐδαμοῦ, πλήν γε τῶν
ἐν τῷ ἀέρι· καὶ αὗται δὲ πυρώδεις καὶ ὑπεραυγεῖς ἐφαντάζοντο.
τῇ τετάρτῃ δὲ περὶ μεσημβρίαν μαλακῶς ἐνδιδόντος τοῦ
πνεύματος καὶ συνιζάνοντος ἐπὶ τὴν θάλατταν καθείθημεν. [30]
ὡς δὲ τοῦ ὕδατος ἐψαύσαμεν, θαυμασίως ὑπερηδόμεθα καὶ
ὑπερεχαίρομεν καὶ πᾶσαν ἐκ τῶν παρόντων εὐφροσύνην
ἐποιούμεθα καὶ ἀποβάντες ἐνηχόμεθα· καὶ γὰρ ἔτυχε γαλήνη οὖσα
καὶ εὐσταθοῦν τὸ πέλαγος.

ἀήρ, ἀέρος, ὁ: the air
ἀπιστέω: to disbelieve, distrust
Ἀριστοφάνης, ὁ: Aristophanes
γαλήνη, ἡ: still, calm
ἐνδίδωμι: to give out
εὐσταθέω: to be steady, favorable
εὐφρόσυνος, -η, -ον: in good cheer, merry
θαυμασίως: wonderfully
καθίημι: to set down
μαλακῶς: gently
μάτην: in vain, idly, fruitlessly
μεσημβρία, ἡ: mid-day, noon
μιμνήσκω: to remind
νήχομαι: to swim
οὐδαμοῦ: nowhere
πλήν: except + gen.

πνεῦμα, -ατος, τό: a blowing, wind
ποιητής, -οῦ, ὁ: a maker, poet
πυρώδης, -ες: like fire, fiery
σαφής, -ές: clear, plain
σοφός, -ή, -όν: skilled, wise
συνιζάνω: to sink in, collapse
τέταρτος, -η, -ον: fourth
τρίτος, -η, -ον: the third
τυγχάνω: to happen to (+ part.)
ὕδωρ, ὕδατος, τό: water
ὑπεραυγής, -ές: shining brightly
ὑπερήδομαι: to be happy
ὑπερχαίρω: to rejoice exceedingly at
φαντάζομαι: to appear
ψαύω: to touch (+ gen.)
ὠκεανός, -οῦ, ὁ: the ocean

ἐμνήσθην: ao. pas. 1. s. of μιμνήσκομαι, "I remembered" + gen.
μάτην...ἀπιστουμένου: "undeservedly not believed"
ἐφ᾽ οἷς ἔγραψεν: ao. of γράφω, "for what he wrote"
ἑωρῶμεν: impf. of ὁράω, "we saw"
ἐφαντάζοντο: impf. with inceptive force, "they began to seem fiery"
ἐνδιδόντος τοῦ πνεύματος καὶ συνιζάνοντος: gen. abs., "the wind falling"
καθείθημεν: ao. pas. of κατα-ἵημι, "we were set down"
ἐψαύσαμεν: ao. 1 pl. of ψαύω, "we touched" + gen.
ὑπερηδόμεθα: impf. of ὑπερ-ήδομαι, "we were super-pleased"
ἐποιούμεθα: impf. mid. of ποιέω, "we were making merry"
ἐνηχόμεθα: impf. of νήχομαι, "we went swimming"
οὖσα: pr. part. f. s. after ἔτυχε, "happened to be"
ἔτυχε: ao. of τυγχάνω

A True Story

Ἔοικε δὲ ἀρχὴ κακῶν μειζόνων γίνεσθαι πολλάκις ἡ πρὸς τὸ βέλτιον μεταβολή· καὶ γὰρ ἡμεῖς δύο μόνας ἡμέρας ἐν εὐδίᾳ πλεύσαντες, τῆς τρίτης ὑποφαινούσης πρὸς ἀνίσχοντα τὸν ἥλιον ἄφνω ὁρῶμεν θηρία καὶ κήτη πολλὰ μὲν καὶ ἄλλα, ἓν δὲ μέγιστον ἁπάντων ὅσον σταδίων χιλίων καὶ πεντακοσίων τὸ μέγεθος· ἐπῄει δὲ κεχηνὸς καὶ πρὸ πολλοῦ ταράττον τὴν θάλατταν ἀφρῷ τε περικλυζόμενον καὶ τοὺς ὀδόντας ἐκφαῖνον πολὺ τῶν παρ' ἡμῖν φαλλῶν ὑψηλοτέρους, ὀξεῖς δὲ πάντας ὥσπερ σκόλοπας καὶ λευκοὺς ὥσπερ ἐλεφαντίνους. ἡμεῖς μὲν οὖν τὸ ὕστατον ἀλλήλους προσειπόντες καὶ περιβαλόντες ἐμένομεν· τὸ δὲ ἤδη παρῆν καὶ

ἀνίσχω: to rise up
ἄφνω: suddenly, unawares
ἀφρός, ὁ: foam
βελτίων, -ον: better
ἐκφαίνω: to show, reveal
ἐλεφάντινος, -η, -ον: ivory
εὐδία, ἡ: fair weather
θηρίον, τό: a wild creature
κάκη, ἡ: an evil, ill
κῆτος, -εος, τό: a sea-monster
λευκός, -ή, -όν: bright, shining, white
μένω: to stay, remain
μεταβολή, ἡ: a change, changing
ὀδών, -όντος, ὁ: a tooth
ὀξύς, -εῖα, -ύ: sharp, keen

πεντακόσιοι: five hundred
περιβάλλω: to throw around, embrace
περικλύζομαι: to be washed all round
πλέω: to sail, go by sea
προσλέγω: to address, speak to
σκόλοψ, -οπος, ὁ: a pointed object, hook
ταράττω: to stir, stir up
τρίτος, -η, -ον: the third
ὑποφαίνω: to bring to light, (of the sun) to rise
ὕστατος, -η, -ον: last, final
ὑψηλός, -ή, -όν: high, lofty, tall
φαλλός, ὁ: phallus
χάσκω: to have one's mouth open, gape
χίλιοι, -αι: a thousand

After sailing a few days, they encounter a whale that swallows them whole. They explore the interior of the whale, coming upon a man and his son who farm a portion of land inside.

ἔοικε…γίνεσθαι: "seems to be the beginning"
τῆς τρίτης (sc. ἡμέρας) ὑποφαινούσης: gen. abs., "the third day breaking"
ἀνίσχοντα: pr. part. acc., "the sun rising"
τὸ μέγεθος: acc. of respect, "in length"
ἐπῄει: impf. of ἐπέρχομαι, "he attacked"
κεχηνὸς: perf. part. nom. s. neut. of χάσκω, "with mouth wide open"
ταράττον: pr. part. nom. s. neut., "disturbing the sea"
ἐκφαῖνον: pr. part. nom. s. neut., "showing his teeth"
ὑψηλοτέρους: "teeth more upright than phalluses"
τὸ ὕστατον προσειπόντες: ao. part. of προσ-λέγω, "having said our goodbyes"
περιβαλόντες: ao. part. of περιβάλλω, "having embraced"
παρῆν: impf. 3. s. of παρα-εἰμι, "he was present"

Lucian

ἀναρροφῆσαν ἡμᾶς αὐτῇ νηῒ κατέπιεν. οὐ μέντοι ἔφθη συναράξαι τοῖς ὀδοῦσιν, ἀλλὰ διὰ τῶν ἀραιωμάτων ἡ ναῦς ἐς τὸ ἔσω διεξέπεσεν. [31] ἐπεὶ δὲ ἔνδον ἦμεν, τὸ μὲν πρῶτον σκότος ἦν καὶ οὐδὲν ἑωρῶμεν, ὕστερον δὲ αὐτοῦ ἀναχανόντος εἴδομεν κύτος μέγα καὶ πάντῃ πλατὺ καὶ ὑψηλόν, ἱκανὸν μυριάνδρῳ πόλει ἐνοικεῖν. ἔκειντο δὲ ἐν μέσῳ καὶ μεγάλοι καὶ μικροὶ ἰχθύες καὶ ἄλλα πολλὰ θηρία συγκεκομμένα, καὶ πλοίων ἱστία καὶ ἄγκυραι, καὶ ἀνθρώπων ὀστέα καὶ φορτία, κατὰ μέσον δὲ καὶ γῆ καὶ λόφοι

ἄγκυρα, ἡ: anchor
ἀναρροφέω: to gulp down
ἀναχάσκω: to open the mouth, gape wide
ἀραίωμα: interstice, crevice
γῆ, γῆς, ἡ: earth, land
διεκπίπτω: to slip through, into
εἶδον: to see
ἔνδον: inside, within
ἐνοικέω: to live in, exist in
ἔσω: to the interior
θηρίον, τό: a wild animal, beast
ἱκανός, -ή, -όν: adequate, sufficient
ἱστίον, τό: a sail
ἰχθύς, -ύος, ὁ: a fish
καταπίνω: to gulp or swallow down
κεῖμαι: to be laid, located
κύτος, -εος, τό: a hollow, cavity

λόφος, ὁ: a hill, ridge
μέσος, -η, -ον: middle, in the middle
μυρίανδρος, -ον: containing ten thousand inhabitants
ναῦς, νεώς, ἡ: a ship
ὀδών, -όντος, ὁ: a tooth
ὀστέον, τό: a bone
πάντῃ: on every side
πλατύς, -εῖα, -ύ: wide, broad
πλοῖον, τό: a ship, vessel
πόλις, -εως, ἡ: a city
σκότος, -εος, τό: darkness, gloom
συγκόπτω: to cut up, mangle
συναράσσω: to dash in pieces, shatter
ὑψηλός, -ή, -όν: high, lofty, high-raised
φθάνω: to come or do first or before
φορτίον, τό: a load, burden, cargo

ἀναρροφῆσαν: ao. part. s. neut. of ἀναρροφέω, "with a gulp"
αὐτῇ νηΐ: dat., "ship and all"
κατέπιεν: ao. 3. s of καταπίνω, "swallowed"
οὐ ἔφθη: ao. 3 s. of φθάνω, with ao. inf. συναράξαι, "he did not first shatter"
τοῖς ὀδοῦσιν: dat. of means, "with his teeth"
διεξέπεσεν: ao. 3 s. of δια-εκ-πίπτω, *fell through the spaces*"
ἦμεν: impf. 1 pl. of εἰμι, "we were"
ἑωρῶμεν: impf. 1 pl. of ὁράω, "we were seeing"
αὐτοῦ ἀναχανόντος: ao. part. gen. s. of ἀνα-χάσκω in gen. abs., "with him opening (his mouth)"
ἱκανὸν ἐνοικεῖν: epexegetic infinitive, "a cavity sufficient to dwell in"
συγκεκομμένα: perf. part. nom. pl. neut. of συγκόπτω, *"mangled* beasts"

54

ἦσαν, ἐμοὶ δοκεῖν, ἐκ τῆς ἰλύος ἦν κατέπινε συνιζάνουσα. ὕλη γοῦν ἐπ᾽ αὐτῆς καὶ δένδρα παντοῖα ἐπεφύκει καὶ λάχανα ἐβεβλαστήκει, καὶ ἐῴκει πάντα ἐξειργασμένοις· περίμετρον δὲ τῆς γῆς στάδιοι διακόσιοι καὶ τεσσαράκοντα. ἦν δὲ ἰδεῖν καὶ ὄρνεα θαλάττια, λάρους καὶ ἀλκυόνας, ἐπὶ τῶν δένδρων νεοττεύοντα.

[32] Τότε μὲν οὖν ἐπὶ πολὺ ἐδακρύομεν, ὕστερον δὲ ἀναστήσαντες τοὺς ἑταίρους τὴν μὲν ναῦν ὑπεστηρίξαμεν, αὐτοὶ δὲ τὰ πυρεῖα συντρίψαντες καὶ ἀνακαύσαντες δεῖπνον ἐκ τῶν παρόντων ἐποιούμεθα. παρέκειτο δὲ ἄφθονα καὶ παντοδαπὰ κρέα τῶν ἰχθύων, καὶ ὕδωρ ἔτι τὸ ἐκ τοῦ Ἑωσφόρου εἴχομεν. τῇ

ἀλκυών, -όνος, ἡ: the kingfisher
ἀνακαίω: to light up
ἀνίστημι: to raise up, rouse
ἄφθονος, -ον: plentiful
βλαστάνω: to bud, sprout
δακρύω: to weep, shed tears
δεῖπνον, τό: dinner
δένδρον, τό: a tree
διακόσιοι, -αι, -α: two hundred
ἐξεργάζομαι: to work out, manage
ἑταῖρος, ὁ: a comrade, companion
ἔοικα: to seem
Ἑωσφόρος, ὁ: Morning Star
θαλάττιος, -α, -ον: of the sea
ἰλύς, ύος, ἡ: mud, slime, dirt
ἰχθύς, -ύος, ὁ: a fish
καταπίνω: to gulp down, swallow
κρέας, τό: flesh, meat

λάρος, ὁ: a cormorant, seagull
λάχανον, -ου, τό: vegetables, greens
νεοττεύω: to nest
ὄρνεον, τό: a bird
παντοδαπός, -ή, -όν: of all sorts
παντοῖος, -α, -ον: of all sorts or kinds
παράκειμαι: to lie beside or before
περίμετρον, τό: the perimeter
πυρεῖον, τό: a piece of wood, stick
στάδιον, τό: a stade
συνιζάνω: to sink in, settle down
συντρίβω: to rub together
τεσσαράκοντα: forty
ὕδωρ, ὕδατος, τό: water
ὕλη, ἡ: a forest
ὑποστηρίζω: to underprop, shore up
φύω: to produce, grow

ἐμοὶ δοκεῖ: "it seems to me"
ἦν κατέπινε: impf. of κατα-πίνω, "which he was always swallowing"
συνιζάνουσα: pr. part. nom. s. fem. agreeing with γῆ, "settling"
ἐπεφύκει: plupf. of φύω, "had grown"
ἐβεβλαστήκει: plupf. of βλαστάνω, "had sprouted"
ἐῴκει: plupf. of ἔοικα + dat., "everything *seemed* to have been cultivated"
ἐξειργασμένοις: pf. part. pas. of ἐξεργάζω, "cultivated"
ἦν δὲ ἰδεῖν: "it was possible to see"
νεοττεύοντα: pr. part. nom. pl. neut., "birds *nesting*"
ἀναστήσαντες: ao. part. act. of ἀνα-ίστημι "having roused (our comrades)"
ὑπεστηρίξαμεν: ao. 1 pl. of ὑποστηρίζω, "we shored up"
συντρίψαντες: ao. part. of συντρίβω, "having rubbed together"
εἴχομεν: impf. of ἔχω, "we had"

ἐπιούσῃ δὲ διαναστάντες, εἴ ποτε ἀναχάνοι τὸ κῆτος, ἑωρῶμεν
ἄλλοτε μὲν ὄρη, ἄλλοτε δὲ μόνον τὸν οὐρανόν, πολλάκις δὲ καὶ
νήσους· καὶ γὰρ ᾐσθανόμεθα φερομένου αὐτοῦ ὀξέως πρὸς πᾶν
μέρος τῆς θαλάττης. ἐπεὶ δὲ ἤδη ἐθάδες τῇ διατριβῇ ἐγενόμεθα,
λαβὼν ἑπτὰ τῶν ἑταίρων ἐβάδιζον ἐς τὴν ὕλην περισκοπήσασθαι
τὰ πάντα βουλόμενος. οὔπω δὲ πέντε ὅλους διελθὼν σταδίους
εὗρον ἱερὸν Ποσειδῶνος, ὡς ἐδήλου ἡ ἐπιγραφή, καὶ μετ' οὐ πολὺ
καὶ τάφους πολλοὺς καὶ στήλας ἐπ' αὐτῶν πλησίον τε πηγὴν
ὕδατος διαυγοῦς, ἔτι δὲ καὶ κυνὸς ὑλακὴν ἠκούομεν καὶ καπνὸς
ἐφαίνετο πόρρωθεν καί τινα καὶ ἔπαυλιν εἰκάζομεν.

αἰσθάνομαι: to perceive, to see
ἄλλοτε: at some times, at other times
ἀναχάσκω: to open the mouth, gape wide
βαδίζω: to go slowly, to walk
βούλομαι: to will, wish
δηλόω: to show, exhibit, reveal
διανίσταμαι: to arise
διατριβή, ἡ: a passing of time
διαυγής, -ές: transparent
διέρχομαι: to go through, pass through
ἐθάς, -άδος, ὁ: accustomed to
εἰκάζω: to liken, speculate
ἔπαυλος, ὁ: a farmhouse
ἐπιγραφή, ἡ: an inscription
εὑρίσκω: to find
ἱερόν, τό: a sanctuary
καπνός, ὁ: smoke
κῆτος, -εος, τό: a sea-monster, whale
κύων, ἡ: a dog
λαμβάνω: to take

μέρος, -εος, τό: a part, share
νῆσος, -ου, ἡ: an island
ὅλος, -η, -ον: whole, entire
ὀξέως: swiftly
ὄρος, -εος, τό: a mountain, hill
οὔπω: not yet
οὐρανός, ὁ: heaven
περισκοπέω: to look round
πηγή, ἡ: running waters, streams
πολλάκις: many times, often
πόρρωθεν: from afar
Ποσειδῶν, -ῶνος, ὁ: Poseidon
στήλη, ἡ: a block of stone, marker
τάφος, ὁ: a grave
ὕδωρ, ὕδατος, τό: water
ὑλακή, ἡ: a barking, howling
ὕλη, ἡ: a forest
φαίνομαι: to appear, seem
φέρω: to bear, carry

τῇ ἐπιούσῃ: dat. of time when, "on the next day"
διαναστάντες: ao. part. intrans. of δια-ανα-ἵστημι, "having arisen"
εἴ ποτε ἀναχάνοι: ao. opt. in past general condition, "if ever he opened"
ἑωρῶμεν: impf. "we saw"
ᾐσθανόμεθα: impf. of αἰσθάνομαι, "we would see" + gen.
φερομένου: pr. mid. part. "carrying himself"
περισκοπήσασθαι: ao. inf. of περισκοπέω after βουλόμενος, "wishing to investigate"
διελθὼν: ao. part. of δια-ἔρχομαι, "having gone through"
εὗρον (=ηὗρον): ao. of εὑρίσκω, "I found"
καί τινα καὶ ἔπαυλιν εἰκάζομεν: "and something we supposed to be a farmhouse too"

A True Story

[33] Σπουδῇ οὖν βαδίζοντες ἐφιστάμεθα πρεσβύτῃ καὶ
νεανίσκῳ μάλα προθύμως πρασιάν τινα ἐργαζομένοις καὶ ὕδωρ
ἀπὸ τῆς πηγῆς ἐπ᾽ αὐτὴν διοχετεύουσιν· ἡσθέντες οὖν ἅμα καὶ
φοβηθέντες ἔστημεν· κἀκεῖνοι δὲ ταὐτὸ ἡμῖν ὡς τὸ εἰκὸς παθόντες
ἄναυδοι παρειστήκεσαν· χρόνῳ δὲ ὁ πρεσβύτης ἔφη, «Τίνες ὑμεῖς
ἄρα ἐστέ, ὦ ξένοι; πότερον τῶν ἐναλίων δαιμόνων ἢ ἄνθρωποι
δυστυχεῖς ἡμῖν παραπλήσιοι; καὶ γὰρ ἡμεῖς ἄνθρωποι ὄντες καὶ ἐν
γῇ τραφέντες νῦν θαλάττιοι γεγόναμεν καὶ συννηχόμεθα τῷ
περιέχοντι τούτῳ θηρίῳ, οὐδ᾽ ὃ πάσχομεν ἀκριβῶς εἰδότες·

ἀκριβῶς: exactly, certainly
ἅμα: at once, at the same time
ἄναυδος, -ον: speechless, silent
βαδίζω: to go, walk
γῆ, γῆς, ἡ: earth, land
δαίμων, -ονος, ὁ: divine spirit, god
διοχετεύομαι: to be watered, be irrigated
δυστυχής, -ές: unlucky, unfortunate
ἐνάλιος, -α, -ον: of the sea
ἐργάζομαι: to work, labor
ἐφίστημι: to stand upon, come upon
ἥδομαι: to enjoy, be delighted, take pleasure
θαλάττιος, -α, -ον: of or from the sea
θηρίον, τό: a wild animal, beast
ἵστημι: to stand up
μάλα: very, exceedingly
νεανίσκος, ὁ: a youth, boy

οἶδα: to know
παραπλήσιος, -α, -ον: such as, resembling
παρίστημι: to make to stand, set up
πάσχω: to receive an impression from without, to suffer
πάσχω: to suffer, feel
περιέχω: to encompass, surround
πηγή, ἡ: running waters, streams
πότερος, -α, -ον: which of the two?
πρασιά, ἡ: a garden-plot
πρέσβυς, -εως, ὁ: an old man
πρόθυμος, -ον: ready, willing, eager, zealous
σπουδή, ἡ: haste, speed
συννήχομαι: to swim with
τρέφω: to breed, rear
φοβέομαι: to be afraid
χρόνος, ὁ: time

ἐφιστάμεθα: impf. mid. of ἐπι-ίστημι, "we encountered" + dat.
ἐργαζομένοις, διοχετεύουσιν: pr. part. dat. pl., modifying πρεσβύτῃ καὶ νεανίσκῳ
ἡσθέντες: ao. part. of ἥδομαι, "being overjoyed"
φοβηθέντες: ao. part. pas. of φοβέομαι, "being made afraid"
ἔστημεν: ao. 1 pl. intrans. of ἵστημι, "we stopped"
τὸ αὐτό παθόντες: ao. part. of πάσχω, "having had the same experience"
ὡς τὸ εἰκός: "as is likely" εἰκός is the part. of ἔοικα
παρειστήκεσαν: plupf. 3 pl. of παρα-ίστημι, "they stood"
τραφέντες: ao. part. pas. of τρέφω, "having been reared"
γεγόναμεν: perf. 1 pl. of γίνομαι, "we have become sea creatures"
συννηχόμεθα: pr. 1 pl. of συν-νήχω, "we swim about with" + dat.
περιέχοντι: pr. part. dat. s. of περι-έχω, "which encompasses"
εἰδότες: part. of οἶδα, "knowing"

Lucian

τεθνάναι μὲν γὰρ εἰκάζομεν, ζῆν δὲ πιστεύομεν.» πρὸς ταῦτα ἐγὼ
εἶπον· «Καὶ ἡμεῖς τοι ἄνθρωποι, νεήλυδές μὲν, ὦ πάτερ, αὐτῷ
σκάφει πρῴην καταποθέντες, προήλθομεν δὲ νῦν βουλόμενοι
μαθεῖν τὰ ἐν τῇ ὕλῃ ὡς ἔχει· πολλὴ γάρ τις καὶ λάσιος ἐφαίνετο.
δαίμων δέ τις, ὡς ἔοικεν, ἡμᾶς ἤγαγεν σέ τε ὀψομένους καὶ
εἰσομένους ὅτι μὴ μόνοι ἐν τῷδε καθείργμεθα τῷ θηρίῳ· ἀλλὰ
φράσον γε ἡμῖν τὴν σαυτοῦ τύχην, ὅστις τε ὢν καὶ ὅπως δεῦρο
εἰσῆλθες.» ὁ δὲ οὐ πρότερον ἔφη ἐρεῖν οὐδὲ πεύσεσθαι παρ' ἡμῶν,

---

ἄγω: to lead or carry, to convey, bring
δαίμων, -ονος, ὁ: divine spirit, god
δεῦρο: hither
εἰκάζω: to liken, suppose (+ inf.)
εἰσέρχομαι: to come to, enter into
ζάω: to live
θηρίον, τό: a wild animal, beast
θνήσκω: to die
καταπίνω: to gulp, swallow down
κατείργω: to drive into, shut in
λάσιος, -ος, -ον: shaggy, rough, overgrown
μανθάνω: to learn
μονός: only
νέηλυς, -υδος, ὁ: newly come, a new-comer

ὅπως: how?
ὁράω: to see
ὅστις: who?
πατήρ, ὁ: a father, sir
πιστεύω: to trust, believe
προέρχομαι: to go forward, go on, advance
πρώιος: early
πυνθάνομαι: to learn, enquire
σκάφος, -εος, τό: (the hull of) a ship
τύχη, ἡ: fortune
ὕλη, ἡ: a forest
φαίνομαι: to appear, seem
φράζω: to point out, indicate, show

τεθνάναι: perf. inf. of θνήσκω, "we suppose *that we are dead*"
αὐτῷ σκάφει: dat., "boat and all"
καταποθέντες: ao. part. pas. of κατα-πίνω, "having been swallowed up"
προήλθομεν: ao. of προ-έρχομαι, "we set out"
μαθεῖν: ao. inf. of μανθάνω, "wishing to *learn*"
ὡς ἔχει: ind. question, "how things are"
ἤγαγεν: ao. of ἄγω, "a god *led*"
ὀψομένους: fut. part. of ὁράω, expressing purpose, "in order to see you"
εἰσομένους: fut. part. of οἶδα, expressing purpose, "in order to know"
καθείργμεθα: perf. 1 pl. of κατα-ἐργάζω, "we are shut up"
φράσον: ao. imper. of φράζω, "tell us"
ὅστις τε ὢν καὶ ὅπως δεῦρο εἰσῆλθες: ind. quest., "who you are and how you
   came here"
οὐ πρότερον ἔφη: the negative of φημι means "deny" or "refuse" + inf.
ἐρεῖν: fut. inf. of λέγω
πεύσεσθαι: fut. inf. of πυνθάνομαι, "or to inquire"

πρὶν ξενίων τῶν παρόντων μεταδοῦναι, καὶ λαβὼν ἡμᾶς ἦγεν ἐπὶ
τὴν οἰκίαν - ἐπεποίητο δὲ αὐτάρκη καὶ στιβάδας ἐνῳκοδόμητο
καὶ τὰ ἄλλα ἐξήρτιστο - παραθεὶς δὲ ἡμῖν λάχανά τε καὶ
ἀκρόδρυα καὶ ἰχθῦς, ἔτι δὲ καὶ οἶνον ἐγχέας, ἐπειδὴ ἱκανῶς
ἐκορέσθημεν, ἐπυνθάνετο ἃ πεπόνθοιμεν· κἀγὼ πάντα ἑξῆς
διηγησάμην, τόν τε χειμῶνα καὶ τὰ ἐν τῇ νήσῳ καὶ τὸν ἐν τῷ
ἀέρι πλοῦν, καὶ τὸν πόλεμον, καὶ τὰ ἄλλα μέχρι τῆς εἰς τὸ κῆτος
καταδύσεως.

ἄγω: to lead or carry, to convey, bring
ἀκρόδρυα, τά: fruit-tree produce
αὐτάρκης, -ες: sufficient, independent
διηγέομαι: to set out in detail
ἐγχέω: to pour out
ἐνοικοδομέω: to build in
ἐξαρτίζω: to complete, furnish
ἑξῆς: one after another, in order
ἱκανῶς: sufficiently, enough
ἰχθύς, -ύος, ὁ: a fish
κατάδυσις, -εως, ἡ: a going down into, descent
κῆτος, -εος, τό: a sea-monster, whale
κορέννυμι: to sate, satisfy

λάχανον, -ου, τό: vegetables, greens
μεταδίδωμι: to give part of, give a share of
μέχρι: up to (+ *gen.*)
νῆσος, -ου, ἡ: an island
ξένια, τά: hospitality
οἰκία, ἡ: a building, house, dwelling
οἶνος, ὁ: wine
παρατίθημι: to place beside
πάσχω: to suffer, endure
πόλεμος, ὁ: battle, fight, war
πρίν: before (+ *inf.*)
πυνθάνομαι: to learn by inquiry, enquire
στιβάς, -άδος, ἡ: a bed of straw, bunk
χειμών, -ῶνος, ὁ: a storm

πρὶν + inf.: "before"
μεταδοῦναι: ao. inf. of μετα-δίδωμι, "providing" + gen.
λαβὼν: ao. part. of λαμβάνω, "having taken us"
ἦγεν: impf. of ἄγω, "he led"
ἐπεποίητο: plupf. mid. of ποιέω, "*he had made* it sufficient"
ἐνῳκοδόμητο: plupf. mid. of ἐν-οικοδομέω, "he had built X (acc.) within"
ἐξήρτιστο: plupf. pas. of ἐξ-αρτίζω, "he had furnished"
παραθεὶς: ao. part. act. of παρατίθημι, "having set X (acc.) before Y (dat.)"
ἐγχέας: ao. part. nom. s. of ἐγ-χέω, "having poured out"
ἐκορέσθημεν: ao. pas. of κορέω, "we were sated"
ἃ πεπόνθοιμεν: ind. quest. with opt. in sec. seq. after ἐπυνθάνετο, "he inquired *what we had suffered*"
πεπόνθοιμεν: perf. opt. of πάσχω
διηγησάμην: ao. 1 s. mid. of δια-ηγέομαι, "I narrated"

Lucian

[34] Ὁ δὲ ὑπερθαυμάσας καὶ αὐτὸς ἐν μέρει τὰ καθ' αὑτὸν διεξήει λέγων, «Τὸ μὲν γένος εἰμί, ὦ ξένοι, Κύπριος, ὁρμηθεὶς δὲ κατ' ἐμπορίαν ἀπὸ τῆς πατρίδος μετὰ παιδός, ὃν ὁρᾶτε, καὶ ἄλλων πολλῶν οἰκετῶν ἔπλεον εἰς Ἰταλίαν ποικίλον φόρτον κομίζων ἐπὶ νεὼς μεγάλης, ἣν ἐπὶ στόματι τοῦ κήτους διαλελυμένην ἴσως ἑωράκατε. μέχρι μὲν οὖν Σικελίας εὐτυχῶς διεπλεύσαμεν· ἐκεῖθεν δὲ ἁρπασθέντες ἀνέμῳ σφοδρῷ τριταῖοι ἐς τὸν ὠκεανὸν ἀπηνέχθημεν, ἔνθα τῷ κήτει περιτυχόντες καὶ

ἄνεμος, ὁ: wind
ἀποφέρω: to carry off
ἁρπάζω: to take up, carry off
γένος, -ους, τό: race, kind
διαλύω: to break apart, wreck
διαπλέω: to sail across
διεξέρχομαι: to go through, to recount
ἐκεῖθεν: from that place, thence
ἐμπορία, ἡ: commerce, trade
εὐτυχής, -ές: successful, fortunate
ἴσως: equally, in like manner
Ἰταλία, ἡ: Italy
κῆτος, -εος, τό: a sea-monster, whale
κομίζω: to take care of, bring
Κύπριος, -α, -ον: of Cyprus, Cyprian
μέρος, -εος, τό: a part, share

μέχρι: up to (+ gen.)
ναῦς, νεώς, ἡ: a ship
οἰκέτης, -ου, ὁ: a house-slave, menial
ὁρμάω: to set in motion, set out
παῖς, παιδός, ὁ: a child
πάτρη, ίδος, ἡ: fatherland
περιτυγχάνω: to fall in with (+ dat.)
ποικίλος, -η, -ον: many-colored, spotted
Σικελία, -ου, ἡ: Sicily
στόμα, στόματος, τό: a mouth
σφοδρός, -ά, -όν: excessive, violent
τριταῖος, -α, -ον: on the third day
ὑπερθαυμάζω: to wonder exceedingly
φόρτος, ὁ: a load, a ship's freight or cargo
ὠκεανός, -οῦ, ὁ: the ocean

The man tells his story and gives information about the many other inhabitants of the whale.

ὑπερθαυμάσας: ao. part. of ὑπερθαυμάζω, "being amazed"
τὰ καθ' αὑτὸν: "about his own adventures"
διεξήει: impf. of δια-εκ-έρχομαι, "he began relating"
τὸ γένος: acc. of resp., "by race"
ὁρμηθεὶς: ao. part. nom. s. ὁρμάω, "having set out"
ὃν ὁρᾶτε: "whom you see"
διαλελυμένην: perf. part. acc. s. διαλύω, "wrecked"
ἑωράκατε: perf. 2 pl. of ὁράω, "you have seen"
διεπλεύσαμεν: ao. 1 pl. of διαπλέω, "we sailed"
ἁρπασθέντες: ao. part. pas. of ἁρπάζω, "having been taken"
ἀπηνέχθημεν: ao. pas. 1 pl. of ἀπο-φέρω, "we were carried away"
περιτυχόντες: ao. part. of περιτυγχάνω, "falling in with" + dat.

αὔτανδροι καταποθέντες δύο ἡμεῖς μόνοι τῶν ἄλλων
ἀποθανόντων, ἐσώθημεν. θάψαντες δὲ τοὺς ἑταίρους καὶ ναὸν τῷ
Ποσειδῶνι δειμάμενοι τουτονὶ τὸν βίον ζῶμεν, λάχανα μὲν
κηπεύοντες, ἰχθῦς δὲ σιτούμενοι καὶ ἀκρόδρυα. πολλὴ δέ, ὡς
ὁρᾶτε, ἡ ὕλη, καὶ μὴν καὶ ἀμπέλους ἔχει πολλάς, ἀφ' ὧν ἡδύτατος
οἶνος γεννᾶται· καὶ τὴν πηγὴν δὲ ἴσως εἴδετε καλλίστου καὶ
ψυχροτάτου ὕδατος. εὐνὴν δὲ ἀπὸ τῶν φύλλων ποιούμεθα, καὶ
πῦρ ἄφθονον καίομεν, καὶ ὄρνεα δὲ θηρεύομεν τὰ εἰσπετόμενα,
καὶ ζῶντας ἰχθῦς ἀγρεύομεν ἐξιόντες ἐπὶ τὰ βραγχία τοῦ θηρίου,

---

ἀγρεύω: to catch
ἀκρόδρυα, τά: produce
ἄμπελος, ἡ: a grape vine, tendril
αὔτανδρος, -ον: together with the men, men and all
ἄφθονος, -ον: plentiful
βίος, ὁ: a life
βραγχία, τὰ: the gills
γεννάω: to produce, yield
δέμω: to build
εἶδον: to see
εἰσπέτομαι: to fly in
ἐξέρχομαι: to go into
ἑταῖρος, ὁ: a comrade, companion, mate
εὐνή, ἡ: a bed
ζάω: to live
ἡδύς, -εῖα, -ύ: sweet, pleasant
θάπτω: to bury, honor with funeral rites
θηρεύω: to hunt, go hunting

θηρίον, τό: a wild animal, beast
ἴσως: equally, in like manner
ἰχθύς, -ύος, ὁ: a fish
κάλλιστος, -η, -ον: most beautiful
καταπίνω: to gulp down, swallow
κηπεύω: to grow, raise in a garden
λάχανον, -ου, τό: vegetables, greens
ναός, -ώ, ὁ: the dwelling of a god, a temple
οἶνος, ὁ: wine
ὄρνεον, τό: a bird
πηγή, ἡ: running waters, streams
Ποσειδῶν, -ῶνος, ὁ: Poseidon
πῦρ, πυρός, τό: fire
σιτέομαι: to eat
σῴζω: to save
ὕδωρ, ὕδατος, τό: water
ὕλη, ἡ: a forest
φύλλον, τό: a leaf
ψυχρός, -ά, -όν: cold, chill

κατακποθέντες: ao. pas. of **καταπίνω**, "having swallowed"
τῶν ἄλλων ἀποθανόντων: ao. part. in gen. abs., "the others having died"
ἐσώθημεν: ao. pas. of **σῴζω**, "we were saved"
δειμάμενοι: ao. part. mid. of **δέμω**, "having built"
εἴδετε: ao. 2 pl. of **ὁράω**, "you saw"
εἰσπετόμενα: pr. part. acc. pl. neut. of **εἰσπέτομαι**, "flying around"
ἐξιόντες: pr. part. of **ἐξ-έρχομαι**, "by going into"

Lucian

ἔνθα καὶ λουόμεθα, ὁπόταν ἐπιθυμήσωμεν. καὶ μὴν καὶ λίμνη οὐ
πόρρω ἐστὶν σταδίων εἴκοσι τὴν περίμετρον, ἰχθῦς ἔχουσα
παντοδαπούς, ἐν ᾗ καὶ νηχόμεθα καὶ πλέομεν ἐπὶ σκάφους
μικροῦ, ὃ ἐγὼ ἐναυπηγησάμην. ἔτη δέ ἐστιν ἡμῖν τῆς καταπόσεως
ταῦτα ἑπτὰ καὶ εἴκοσι. [35] καὶ τὰ μὲν ἄλλα ἴσως φέρειν
δυνάμεθα, οἱ δὲ γείτονες ἡμῶν καὶ πάροικοι σφόδρα χαλεποὶ καὶ
βαρεῖς εἰσιν, ἄμικτοί τε ὄντες καὶ ἄγριοι.» «Ἦ γάρ,» ἔφην ἐγώ,
«καὶ ἄλλοι τινές εἰσιν ἐν τῷ κήτει;» «Πολλοὶ μὲν οὖν,» ἔφη, «καὶ
ἄξενοι καὶ τὰς μορφὰς ἀλλόκοτοι· τὰ μὲν γὰρ ἑσπέρια τῆς ὕλης
καὶ οὐραῖα Ταριχᾶνες οἰκοῦσιν, ἔθνος ἐγχελυωπὸν καὶ

ἄγριος, -α, -ον: wild, savage
ἀλλόκοτος, -ον: of unusual form, strange
ἄμικτος, -ον: unmingled, unsociable
ἄξενος, -ον: inhospitable
βαρύς, -εῖα, -ύ: unpleasant, stern
γείτων, -ονος, ὁ: a neighbor
δύναμαι: to be able, capable
ἐγχελυωπός, -όν: eel-eyed
ἔθνος, -εος, τό: a people
ἐπιθυμέω: to desire, wish
ἑσπέριος, -α, -ον: western
ἔτος, -εος, τό: a year
ἴσως: equally, in like manner
ἰχθύς, -ύος, ὁ: a fish
κατάποσις, -εως, ἡ: a gulping down,
   swallowing
κῆτος, -εος, τό: a sea-monster, whale
λίμνη, ἡ: a pool, lake

λούω: to wash, bathe
μορφή, ἡ: form, shape
ναυπηγέω: to build ships
νήχομαι: to swim
ὁπόταν: whenever
οὐραῖος, -α, -ον: toward the tail
παντοδαπός, -ή, -όν: of every kind, of all
   sorts
πάροικος, -ον: dwelling beside or near
περίμετρον, τό: the circumference
πόρρω: further
σκάφος, -εος, τό: (the hull of) a ship, a
   skiff
σφόδρα: very, exceedingly
Ταριχᾶνες, οἱ: Broilers
ὕλη, ἡ: a forest
χαλεπός, -ή, -όν: hard to bear, grievous

λουόμεθα: pr. mid. "we wash ourselves"
ὁπόταν ἐπιθυμήσωμεν: ao. subj. of ἐπιθυμέω in general temporal clause,
  "whenever we wish"
καὶ μὴν καί: "indeed there is even..."
τὴν περίμετρον: "in circumference"
ἐν ᾗ: "in which"
ἐναυπηγησάμην: ao. 1 s. mid. of ναυπηγέομαι, "I built a ship"
τῆς καταπόσεως: gen. of point of origin, "from (the time) of the swallowing"
ἑπτὰ καὶ εἴκοσι: 27 years
ἦ γάρ: "do you mean to tell me that..."
μὲν οὖν: "certainly!"
τὰς μορφάς: acc. of respect, "in forms"
τὰ οὐραῖα: "the tailward parts"

62

καραβοπρόσωπον, μάχιμον καὶ θρασὺ καὶ ὠμοφάγον· τὰ δὲ τῆς
ἑτέρας πλευρᾶς κατὰ τὸν δεξιὸν τοῖχον Τριτωνομένδητες, τὰ μὲν
ἄνω ἀνθρώποις ἐοικότες, τὰ δὲ κάτω τοῖς γαλεώταις, ἧττον
μέντοι ἄδικοί εἰσιν τῶν ἄλλων· τὰ λαιὰ δὲ Καρκινόχειρες καὶ
Θυννοκέφαλοι συμμαχίαν τε καὶ φιλίαν πρὸς ἑαυτοὺς
πεποιημένοι· τὴν δὲ μεσόγαιαν νέμονται Παγουρίδαι καὶ
Ψηττόποδες, γένος μάχιμον καὶ δρομικώτατον· τὰ ἑῷα δέ, τὰ
πρὸς αὐτῷ τῷ στόματι, τὰ πολλὰ μὲν ἔρημά ἐστι, προσκλυζόμενα
τῇ θαλάττῃ· ὅμως δὲ ἐγὼ ταῦτα ἔχω φόρον τοῖς Ψηττόποσιν
ὑποτελῶν ἑκάστου ἔτους ὄστρεια πεντακόσια. [36] τοιαύτη μὲν ἡ

ἄδικος, -ον: unjust, wicked
γαλεώτης, -ου, ὁ: a catfish
γένος, -οῦς, τό: race, kind
δεξιός,- ά, -όν: on the right
δρομικός, -ή, -όν: good at running, swift
ἐρῆμος, -ον: desolate, lonely, solitary
ἔτος, -εος, τό: a year
ἑῷος, -α, -ον: eastern
ἥττων, -ον: less (than + *gen.*)
θάλαττα, ἡ: the sea
θρασύς, -εῖα, -ύ: bold, courageous
Θυννοκέφαλος, ὁ: Codhead
καραβοπρόσωπος, -ον: crab-faced
Καρκινόχειρες, -ων: with crab's claws for
    hands
κάτω: below
λαιός, -ά, -όν: on the left

μάχιμος, -ος, -ον: warlike
μεσογαία, ἡ: the inland parts, interior
νέμω: to hold, inhabit
ὄστρειον, τό: an oyster
Παγουρίδαι, οἱ: Crabmen
πεντακόσιοι, -αι: five hundred
πλευρά, -ᾶς, ἡ: a side
προσκλύζω: to wash with waves
στόμα, στόματος, τό: a mouth
συμμαχία, ἡ: an alliance
τοῖχος, ὁ: a wall
Τριτωνομένδητες, οἱ: Mergoats
ὑποτελέω: to pay tribute to (+ *dat.*)
φιλία, ἡ: friendship
φόρος, ὁ: tribute
Ψηττόποδες, οἱ: Sole-feet
ὠμοφάγος, -ον: eating raw flesh

τὰ δὲ τῆς ἑτέρας πλευρᾶς: "as for those on each side"
κατὰ τὸν δεξιὸν: "on the right"
τὰ λαιὰ: "on the left"
πεποιημένοι: perf. part. mid., "having made to each other"
τὴν δὲ μεσόγαιαν: "in the middle"
τὰ ἑῷα δέ: "the eastern part"
ταῦτα ἔχω: "I inhabit these parts"
ἑκάστου ἔτους: gen. s., "each year"

χώρα ἐστίν· ὑμᾶς δὲ χρὴ ὁρᾶν ὅπως δυνησόμεθα τοσούτοις ἔθνεσι μάχεσθαι καὶ ὅπως βιοτεύσομεν.» «Πόσοι δέ,» ἔφην ἐγώ, «πάντες οὗτοί εἰσιν;» «Πλείους,» ἔφη, «τῶν χιλίων.» «Ὅπλα δὲ τίνα ἐστὶν αὐτοῖς;» «Οὐδέν,» ἔφη, «πλὴν τὰ ὀστᾶ τῶν ἰχθύων.» «Οὐκοῦν,» ἔφην ἐγώ, «ἄριστα ἂν ἔχοι διὰ μάχης ἐλθεῖν αὐτοῖς, ἄτε οὖσιν ἀνόπλοις αὐτούς γε ὡπλισμένους· εἰ γὰρ κρατήσομεν αὐτῶν, ἀδεῶς τὸν λοιπὸν βίον οἰκήσομεν.»

ἀδεής, -ές: without fear, fearless
ἄνοπλος, -ον: without weapons
ἄριστος: best
βίος, ὁ: life
βιοτεύω: to live
δύναμαι: to be able
ἔθνος, -εος, τό: a people
ἰχθῦς, -ύος, ὁ: a fish
κρατέω: to be strong, mighty, powerful
λοιπός, -ή, -όν: remaining, the rest

μάχη, ἡ: battle, fight, combat
οἰκέω: to inhabit, occupy
ὁπλίζω: to arm
ὅπλον, τό: weapon
ὀστέον, τό: bone
οὐκοῦν: therefore, then, accordingly
πλείων, -ον: more
πόσος, -η, -ον: how many
χίλιος: a thousand
χώρα, ἡ: land, space

ὅπως δυνησόμεθα...βιοτεύσομεν: fut. indicatives in object clause after ὁρᾶν "to see how we will be able..."

οὐδέν πλὴν: "nothing except..."

οὐκοῦν: anticipating agreement to the proposal

ἄριστα ἂν ἔχοι: potential optative, "it would be best"

ἄτε οὖσιν: ἄτε + participle, indicating the ground for the proposal, "inasmuch as they are unarmed"

αὐτούς ὡπλισμένους: pf. part. acc. subj. of ἐλθεῖν, "that we who are armed go"

εἰ κρατήσομεν...: future emotional using the future indicative in the protasis, "if we shall prevail"

Ἔδοξε ταῦτα, καὶ ἀπελθόντες ἐπὶ ναῦν παρεσκευαζόμεθα. αἰτία δὲ τοῦ πολέμου ἔμελλεν ἔσεσθαι τοῦ φόρου ἡ οὐκ ἀπόδοσις, ἤδη τῆς προθεσμίας ἐνεστώσης. καὶ δὴ οἱ μὲν ἔπεμπον ἀπαιτοῦντες τὸν δασμόν· ὁ δὲ ὑπεροπτικῶς ἀποκρινάμενος ἀπεδίωξε τοὺς ἀγγέλους. πρῶτοι οὖν οἱ Ψηττόποδες καὶ οἱ Παγουρίδαι χαλεπαίνοντες τῷ Σκινθάρῳ - τοῦτο γὰρ ἐκαλεῖτο - μετὰ πολλοῦ θορύβου ἐπήεσαν. [37] ἡμεῖς δὲ τὴν ἔφοδον ὑποπτεύοντες ἐξοπλισάμενοι ἀνεμένομεν, λόχον τινὰ προτάξαντες ἀνδρῶν πέντε καὶ εἴκοσι. προείρητο δὲ τοῖς ἐν τῇ ἐνέδρᾳ, ἐπειδὰν

ἄγγελος, ὁ: a messenger, envoy
αἰτία, ἡ: a cause
ἀναμένω: to wait for, await
ἀπαιτέω: to demand back, demand
ἀπέρχομαι: to go away, depart from
ἀποδιώκω: to chase away
ἀπόδοσις, -εως, ἡ: a payment
ἀποκρίνω: to answer
δασμός, ὁ: a sharing of spoil
ἐνέδρα, ἡ: a lying in wait, ambush
ἐνίστημι: to put, set, place in
ἐξοπλίζω: to arm completely
ἐπέρχομαι: to attack
ἔφοδος, ἡ: an approach, attack
θόρυβος, ὁ: a noise, uproar, clamor

καλέω: to call
λόχος, ὁ: an ambush
παρασκευάζω: to get ready, prepare
πέμπω: to send, dispatch
πόλεμος, ὁ: battle, fight, war
προερέω: to say beforehand
προθέσμιος: appointed
προτάσσω: to place or post in front
Σκίνθαρος, ὁ: Scintharus
ὑπεροπτικός, -ή, -όν: contemptuous, disdainful
ὑποπτεύω: to suspect, anticipate
φόρος, ὁ: that which is brought in, tribute
χαλεπαίνω: to be angry at (+ dat.)
Ψηττόποδες, οἱ: Sole-foot

They decide to join forces and revolt from the masters who demand tribute. They defeat the enemy and dwell in the whale, living a life of ease.

ἔδοξε ταῦτα: "these things seemed agreeable"

ἀπελθόντες: ao. part. of ἀπέρχομαι, "having departed"

ἔμελλεν ἔσεσθαι: fut. inf. of εἰμι, "was to be"

ἡ οὐκ ἀπόδοσις: "the non-payment"

τῆς προθεσμίας (sc. ἡμέρας) **ἐνεστώσης**: gen. abs., "the appointed day having arrived"

ἐνεστώσης: perf. act. part. of ἐν-ίστημι

καὶ δὴ: introducing a climax, "finally..."

ὁ δὲ: "but he"

ἀπεδίωξε: ao. of ἀπο-διώκω, "he drove off"

ἐπήεσαν: impf. of ἐπέρχομαι, "they attacked"

ἀνεμένομεν: impf. of ἀνα-μένω, "we were waiting"

προτάξαντες: ao. part. of προ-τάσσω, "having stationed"

προείρητο: plupf. 3 s. pas. of προ-λέγω, used impersonally, "it had been directed"

Lucian

ἴδωσι παρεληλυθότας τοὺς πολεμίους, ἐπανίστασθαι· καὶ οὕτως ἐποίησαν. ἐπαναστάντες γὰρ κατόπιν ἔκοπτον αὐτούς, καὶ ἡμεῖς δὲ αὐτοὶ πέντε καὶ εἴκοσι τὸν ἀριθμὸν ὄντες - καὶ γὰρ ὁ Σκίνθαρος καὶ ὁ παῖς αὐτοῦ συνεστρατεύοντο - ὑπηντιάζομεν, καὶ συμμίξαντες θυμῷ καὶ ῥώμῃ διεκινδυνεύομεν. τέλος δὲ τροπὴν αὐτῶν ποιησάμενοι κατεδιώξαμεν ἄχρι πρὸς τοὺς φωλεούς. ἀπέθανον δὲ τῶν μὲν πολεμίων ἑβδομήκοντα καὶ ἑκατόν, ἡμῶν δὲ εἷς ὁ κυβερνήτης, τρίγλης πλευρᾷ διαπαρεὶς τὸ μετάφρενον. [38] ἐκείνην μὲν οὖν τὴν ἡμέραν καὶ τὴν νύκτα ἐπηυλισάμεθα

ἀποθνήσκω: to die
ἀριθμός: number
ἄχρι: all the way
διακινδυνεύω: to hazard all
διαπαρίημι: to pierce through
ἑβδομήκοντα: seventy
ἑκατόν: a hundred
ἐπανίστημι: to fall upon
ἐπαυλίζομαι: to encamp on the field
θυμός, ὁ: the soul, emotion
καταδιώκω: to pursue closely
κατόπιν: from behind
κόπτω: to strike
κυβερνήτης, -ου, ὁ: pilot

μετάφρενον, τό: the part behind the midriff
παῖς, παιδός, ὁ: a child
παρέρχομαι: to go by, to pass by
πλευρά, -ᾶς, ἡ: a rib
ῥώμη, ἡ: bodily strength, strength, might
Σκίνθαρος, ὁ: Scintharus
συμμίγνυμι: to mix together
συστρατεύω: to join in an expedition
τέλος, -εος, τό: finally
τρίγλη, ἡ: the red mullet
τροπή, ἡ: a turning, flight
ὑπαντιάζω: to encounter
φωλεός, ὁ: den

ἐπειδὰν ἴδωσι: general temporal clause, "whenever they saw"
ἴδωσι: ao. subj. of εἶδον
παρεληλυθότας: perf. part. acc. pl. of παρα-ἔρχομαι, "once they had passed by"
ἐπανίστασθαι: pres. inf. of ἐπι-ανα-ἵστημι in ind. command after προείρητο: "to fall upon them"
ἐπαναστάντες: ao. part. of ἐπι-ανα-ἵστημι, "having fallen upon"
καὶ γὰρ...καὶ: "since both he and his son...."
ὑπηντιάζομεν: impf. of ὑπο-ἀντιάζω, "we met them head on"
συμμίξαντες: ao. part. of συμμίγνυμι, "having engaged"
κατεδιώξαμεν ao. of κατα-διώκω, "we routed"
ἀπέθανον: ao. of ἀποθνήσκω, "170 died"
διαπαρεὶς: ao. part. nom. s. of δια-παρα-ἵημι, "having been run through"
ἐπηυλισάμεθα: ao. of ἐπι-αὐλίζω, "we bivouacked"

τῇ μάχῃ καὶ τρόπαιον ἐστήσαμεν ῥάχιν ξηρὰν δελφῖνος
ἀναπήξαντες. τῇ ὑστεραίᾳ δὲ καὶ οἱ ἄλλοι αἰσθόμενοι παρῆσαν,
τὸ μὲν δεξιὸν κέρας ἔχοντες οἱ Ταριχᾶνες - ἡγεῖτο δὲ αὐτῶν
Πήλαμος - τὸ δὲ εὐώνυμον οἱ Θυννοκέφαλοι, τὸ μέσον δὲ οἱ
Καρκινόχειρες· οἱ γὰρ Τριτωνομένδητες τὴν ἡσυχίαν ἦγον
οὐδετέροις συμμαχεῖν προαιρούμενοι. ἡμεῖς δὲ προαπαντήσαντες
αὐτοῖς παρὰ τὸ Ποσειδώνιον συνεμίξαμεν πολλῇ βοῇ χρώμενοι,
ἀντήχει δὲ τὸ κύτος ὥσπερ τὰ σπήλαια. τρεψάμενοι δὲ αὐτούς,
ἅτε γυμνῆτας ὄντας, καὶ καταδιώξαντες ἐς τὴν ὕλην τὸ λοιπὸν
ἐπεκρατοῦμεν τῆς γῆς. [39] καὶ μετ' οὐ πολὺ κήρυκας

ἄγω: to lead, do
αἰσθάνομαι: to perceive
ἀναπήγνυμι: to transfix, impale
ἀντηχέω: to echo
βοή, ἡ: a loud cry, shout
γῆ, γῆς, ἡ: earth
γυμνής, -ῆτος, ὁ: a light-armed
    footsoldier, slinger
δεξιός, -ά, -όν: right
ἐπικρατέω: to rule over
εὐώνυμος, -α, -ον: left
ἡσυχία, ἡ: quiet
θυννοκέφαλος, ὁ: tunny-headed
καρκινόχειρες, -ων: with crab' s claws for
    hands
καταδιώκω: to pursue closely
κέρας, τό: horn, flank of an army
κῆρυξ, -υκος, ὁ: a herald
κύτος, -εος, τό: a hollow
λοιπός, -ή, -όν: remaining, the rest

μάχη, ἡ: battle
ξηρός, -ά, -όν: dry
οὐδέτερος, -α, -ον: neither of the two
πάρειμι: to be present
Πήλαμος: Young Tunny
Ποσειδώνιον, τό: Temple of Poseidon
προαιρέω: to choose
προαπαντάω: to go forth to meet
ῥάχις, -εως, ὁ: the lower part of the back
σπήλαιον, τό: a grotto, cave
συμμαχέω: to be an ally (+ dat.)
συμμίγνυμι: to mix together
Ταριχᾶνες, οἱ: Broilers
τρέπω: to turn or direct
Τριτωνομένδητες, οἱ: Mergoats
τρόπαιον, τό: a trophy
ὕλη, ἡ: a forest
ὑστεραῖος, -α, -ον: on the next day

τῇ μάχῃ: "on the battlefield"
ἐστήσαμεν: ao. act. of ἵστημι, "we set up"
ἀναπήξαντες: ao. part. of ἀνα-πήγνυμι, instrumental, "by impaling"
αἰσθόμενοι: ao. part. of αἰσθάνομαι, "having heard of"
τὴν ἡσυχίαν ἦγον: "they were staying out of the action"
προαπαντήσαντες: ao. part. of προ-απο-αντέω, "having gone out to meet them"
συνεμίξαμεν: ao. 1 pl. of συμμίγνυμι, "we engaged them"
ἀντήχει: impf. of ἀντ-ηχέω, "was resounding"
ἅτε γυμνῆτας ὄντας: ἅτε + participle giving the cause of action, "because they
    were light-armed"
ἐπεκρατοῦμεν: impf. of ἐπι-κρατέω, "we ruled over" + gen.
μετ' οὐ πολὺ: "after not much (time)," i.e., "soon"

Lucian

ἀποστείλαντες νεκρούς τε ἀνῃροῦντο καὶ περὶ φιλίας διελέγοντο·
ἡμῖν δὲ οὐκ ἐδόκει σπένδεσθαι, ἀλλὰ τῇ ὑστεραίᾳ χωρήσαντες ἐπ'
αὐτοὺς πάντας ἄρδην ἐξεκόψαμεν πλὴν τῶν Τριτωνομενδήτων.
οὗτοι δέ ὡς εἶδον τὰ γινόμενα, διαδράντες ἐκ τῶν βραγχίων
ἀφῆκαν αὐτοὺς εἰς τὴν θάλατταν. ἡμεῖς δὲ τὴν χώραν ἐπελθόντες
ἔρημον ἤδη οὖσαν τῶν πολεμίων τὸ λοιπὸν ἀδεῶς κατῳκοῦμεν,
τὰ πολλὰ γυμνασίοις τε καὶ κυνηγεσίοις χρώμενοι καὶ
ἀμπελουργοῦντες καὶ τὸν καρπὸν συγκομιζόμενοι τὸν ἐκ τῶν
δένδρων, καὶ ὅλως ἐῴκειμεν τοῖς ἐν δεσμωτηρίῳ μεγάλῳ καὶ
ἀφύκτῳ τρυφῶσι καὶ λελυμένοις.

ἀδεής, -ές: without fear
ἀμπελουργέω: to dress vines
ἀναιρέω: to take up, raise
ἀποστέλλω: to send out
ἄρδην: wholly
ἀφίημι: to send forth, discharge
ἄφυκτος, -ον: from which none escape
βραγχιον, τό: a gill
γυμνάσιον, τό: bodily exercises
δένδρον, τό: a tree
δεσμωτήριον, τό: a prison
διαδιδράσκω: to run off, get away, escape
διαλέγομαι: to discourse
ἐκκόπτω: to cut out, knock out
ἐπέρχομαι: to go upon
ἐρῆμος, -ον: desolate, lonely, solitary

θάλαττα, ἡ: the sea
καρπός, ὁ: fruit
κυνηγέσιον, τό: a pack of hunting hounds
λύω: to loose, free
νεκρός, ὁ: corpse
οἰκέω: inhabit
πλήν: except (+ gen.)
σπένδω: to make peace
συγκομίζω: to gather
Τριτωνομένδητες, οἱ: Mergoats
τρυφάω: to live luxuriously
ὑστεραῖος, -α, -ον: on the day after
φιλία, ἡ: friendship
χώρα, ἡ: space, land
χωρέω: to advance

ἀποστείλαντες: ao. part. of ἀποστέλλω, "having sent"
ἀνῃροῦντο: impf. of ἀνα-αιρέω, "they were seeking back"
χωρήσαντες: ao. part. of χωρέω, "having marched"
ἐξεκόψαμεν: ao. of ἐκκόπτω, "we exterminated"
διαδράντες: ao. part. of δια-διδράσκω, "having run out through"
αὐτοὺς ἀφῆκαν: ao. of ἀφίημι, "they threw themselves"
ἐπελθόντες: ao. part. of ἐπι-ἔρχομαι, "having occupied"
κατῳκοῦμεν: impf. of κατα-οἰκέω, "we began dwelling"
ἀμπελουργοῦντες: pr. part. of ἀμπελουργέω, "tending vines"
καὶ ὅλως: "and generally"
ἐῴκειμεν plupf. of ἐοίκα, "we resembled" + dat.
τρυφῶσι: pr. part. dat. pl. of τρυφάω after ἐῴκειμεν, "those living luxuriously"
λελυμένοις: perf. part. dat. pl. λύω, "those having been freed"

68

A True Story

Ἐνιαυτὸν μὲν οὖν καὶ μῆνας ὀκτὼ τοῦτον διήγομεν τὸν τρόπον. [40] τῷ δ᾽ ἐνάτῳ μηνὶ πέμπτῃ ἱσταμένου, περὶ τὴν δευτέραν τοῦ στόματος ἄνοιξιν - ἅπαξ γὰρ δὴ τοῦτο κατὰ τὴν ὥραν ἑκάστην ἐποίει τὸ κῆτος, ὥστε ἡμᾶς πρὸς τὰς ἀνοίξεις τεκμαίρεσθαι τὰς ὥρας - περὶ οὖν τὴν δευτέραν, ὥσπερ ἔφην, ἄνοιξιν, ἄφνω βοή τε πολλὴ καὶ θόρυβος ἠκούετο καὶ ὥσπερ κελεύσματα καὶ εἰρεσίαι· ταραχθέντες οὖν ἀνειρπύσαμεν ἐπ᾽ αὐτὸ τὸ στόμα τοῦ θηρίου καὶ στάντες ἐνδοτέρω τῶν ὀδόντων καθεωρῶμεν ἁπάντων ὧν ἐγὼ εἶδον θεαμάτων παραδοξότατον,

---

ἀνερπύζω: to creep up
ἄνοιξις, -εως, ἡ: an opening
ἅπαξ: once
ἅπας: all, the whole
ἄφνω: suddenly, unawares
βοή, ἡ: a loud cry, shout
δεύτερος, -α, -ον: second
διάγω: to carry over, live
εἰρεσία, ἡ: rowing
ἔνατος, -η, -ον: ninth
ἐνδοτέρω: quite within
ἐνιαυτός, ὁ: year
θέαμα, -ατος, τό: a sight, spectacle
θηρίον, τό: a wild animal, beast

θόρυβος, ὁ: a noise, uproar
ἵστημι: to stand up
κελεύσμα, -ατος, τό: a road, path, way
κῆτος, -εος, τό: a sea-monster, whale
μείς, μηνός, ὁ: a month
ὀδών, -όντος, ὁ: a tooth
ὀκτώ: eight
παράδοξος, -ον: incredible, paradoxical
πέμπτος, -η, -ον: the fifth
στόμα, στόματος, τό: a mouth
ταράσσω: to stir, trouble
τεκμαίρομαι: to estimate
τρόπος, ὁ: a manner
ὥρα, ἡ: period of time

From inside the whale they see an incredible sea battle with islands as ships.

πέμπτῃ ἱσταμένου (sc. **μηνός**): "on the fifth day from the (month) beginning"
ἱσταμένου: pr. part. mid. gen. s. of **ἵστημι**
ὥστε ἡμᾶς τεκμαίρεσθαι: result clause, "so that we could mark time by the openings"
ἠκούετο: impf. pas. of **ἀκούω**, "were being heard"
ὥσπερ κελεύσματα: "sounds like commands"
ταραχθέντες: ao. part. of **ταράττω**, "becoming excited"
ἀνειρπύσαμεν: ao. of **ἀνα-ἐρπύζω**, "we crept up"
στάντες: ao. intr. part. of **ἵστημι**, "standing"
καθεωρῶμεν: impf. of **κατα-ὀράω**, "we began observing"
ἁπάντων ὧν: "of all the things I saw," the relative pronoun is "attracted" into the case of its antecedent, producing **ὧν** instead of the expected **οὕς**

69

ἄνδρας μεγάλους, ὅσον ἡμισταδιαίους τὰς ἡλικίας, ἐπὶ νήσων
μεγάλων προσπλέοντας ὥσπερ ἐπὶ τριήρων. οἶδα μὲν οὖν
ἀπίστοις ἐοικότα ἱστορήσων, λέξω δὲ ὅμως. νῆσοι ἦσαν ἐπιμήκεις
μέν, οὐ πάνυ δὲ ὑψηλαί, ὅσον ἑκατὸν σταδίων ἑκάστη τὸ
περίμετρον· ἐπὶ δὲ αὐτῶν ἔπλεον τῶν ἀνδρῶν ἐκείνων ἀμφὶ τοὺς
εἴκοσι καὶ ἑκατόν· τούτων δὲ οἱ μὲν παρ' ἑκάτερα τῆς νήσου
καθήμενοι ἐφεξῆς ἐκωπηλάτουν κυπαρίττοις μεγάλαις
αὐτοκλάδοις καὶ αὐτοκόμοις ὥσπερ ἐρετμοῖς, κατόπιν δὲ ἐπὶ τῆς
πρύμνης, ὡς ἐδόκει, κυβερνήτης ἐπὶ λόφου ὑψηλοῦ εἱστήκει
χάλκεον ἔχων πηδάλιον πεντασταδιαῖον τὸ μῆκος· ἐπὶ δὲ

ἄπιστος, -ον: unbelievable
αὐτόκλαδος, -ον: branches and all
αὐτόκομος, -ον: shaggy
ἑκάτερος: each of two
ἑκατόν: a hundred
ἔοικα: it seems to be (+ dat.)
ἐπιμήκης, -ες: longish, oblong
ἐρετμόν, τό: an oar
ἐφεξῆς: in order
ἡλικία, ἡ: stature
ἡμισταδιαῖος, -α, -ον: of half a stadium
ἵστημι: to stand up
ἱστορέω: to inquire into, relate
κάθημαι: to be seated
κατόπιν: behind, after
κυβερνήτης, -ου, ὁ: a steersman, pilot

κυπάριττος, ἡ: a cypress
κωπηλατέω: to pull an oar
λόφος, ὁ: crest
μῆκος, -εος: length
νῆσος, -ου, ἡ: an island
οἶδα: to know
ὅμως: all the same, nevertheless, still
πεντασταδίος, -ον: of five stades
περίμετρον, τό: the circumference
πηδάλιον, -ου, τό: a rudder or an oar used
    for steering
προσπλέω: to sail towards or against
πρύμνα, -ης, ἡ: the stern, poop
τριήρης, -εος, ἡ: a trireme
ὑψηλός, -ή, -όν: high, lofty, high-raised
χάλκεος, -έα, -εον: of copper or bronze

προσπλέοντας: pr. part of προσ-πλέω, "sailing forth"
οἶδα...ἱστορήσων: ind. statement, "I know that I am about to relate"
ἐοικότα: pf. part. n. pl. acc., *things that seem* unbelievable"
ἱστορήσων: fut. part. nom. s.
μὲν οὖν... λέξω δὲ ὅμως: "even though...nevertheless I shall say"
οἱ μὲν παρ' ἑκάτερα: "some on the sides"
καθήμενοι: pr. part. of κατα-ῆμαι, "sitting"
ἐκωπηλάτουν impf. of κωπηλατέω, "were rowing"
αὐτοκλάδοις: = κλάδοις αὐτοίς, "with branches and all"
αὐτοκόμοις: = κόμοις αὐτοίς "with leaves and all"
εἱστήκει: plupf. of (ἵστημι), "he had set himself up and was standing"
τὸ μῆκος: acc. of respect, "in length"

τῆς πρώρας ὅσον τετταράκοντα ὡπλισμένοι αὐτῶν ἐμάχοντο, πάντα ἐοικότες ἀνθρώποις πλὴν τῆς κόμης· αὕτη δὲ πῦρ ἦν καὶ ἐκάετο, ὥστε οὐδὲ κορύθων ἐδέοντο. ἀντὶ δὲ ἱστίων ὁ ἄνεμος ἐμπίπτων τῇ ὕλῃ, πολλῇ οὔσῃ ἐν ἑκάστῃ, ἐκόλπου τε ταύτην καὶ ἔφερε τὴν νῆσον ᾗ ἐθέλοι ὁ κυβερνήτης· κελευστὴς δὲ ἐφειστήκει αὐτοῖς, καὶ πρὸς τὴν εἰρεσίαν ὀξέως ἐκινοῦντο ὥσπερ τὰ μακρὰ τῶν πλοίων.

[41] Τὸ μὲν οὖν πρῶτον δύο ἢ τρεῖς ἑωρῶμεν, ὕστερον δὲ ἐφάνησαν ὅσον ἑξακόσιοι, καὶ διαστάντες ἐπολέμουν καὶ ἐναυμάχουν. πολλαὶ μὲν οὖν ἀντίπρωροι συνηράσσοντο ἀλλήλαις,

---

ἄνεμος, ὁ: wind
ἀντίπρωρος, -ον: with the prow opposed
δέομαι: to need (+ *gen.*)
διίστημι: to set apart
ἐθέλω: to will, wish
εἰρεσία, ἡ: rowing
ἐμπίπτω: fall upon
ἑξακόσιοι, -αι, -α: six hundred
ἔοικα: to seem to be (+ *dat.*)
ἐφίστημι: to stand on (+ *dat.*)
ἱστίον, τό: a sail
καίω: to kindle, burn
κελευστής, -οῦ, ὁ: the boatswain
κινέω: to set in motion, to move
κολπόω: to form into a swelling fold
κόμη, ἡ: the hair

κόρυθος, ὁ: a helmet, helm, casque
κυβερνήτης, -ου, ὁ: a steersman, helmsman, pilot
ναυμαχέω: engage in a naval battle
νῆσος, -ου, ἡ: an island
ὀξύς, -εῖα, -ύ: sharp, keen
ὁπλίζω: to arm
πλοῖον, τό: a ship, vessel
πολεμόω: to make hostile, make an enemy
πρῶρα, ἡ: a prow, bow
πῦρ, πυρός, τό: fire
συναράσσω: to dash together, dash in pieces
τετταράκοντα: forty
ὕλη, ἡ: a forest

ὡπλισμένοι: perf. part. of ὁπλίζω, "having armed themselves"
καὶ ἐκάετο: "and it was burning"
ὥστε οὐδὲ κορύθων ἐδέοντο: result clause with indicative indicating actual result, "so they didn't need hemets"
ἐν ἑκάστῃ (sc. νήσῳ): "on each island"
ἐκόλπου ταύτην: impf. of κολπόω, "was filling this (i.e., forest) like a sail"
ᾗ ἐθέλοι: general relative clause with optative in secondary sequence, "wherever he wished"
ἐφειστήκει: plupf. of ἐπι-ίστημι, "he had set himself up and was standing over them"
ἐκινοῦντο: impf. of κινέω, "they were moving"
ὥσπερ τὰ μακρὰ τῶν πλοίων: "like war galleys"
ἑωρῶμεν: impf. of ὁράω, "we saw"
ἐφάνησαν: ao. pas. 3 pl. of φαίνομαι, "appeared"
διαστάντες: ao. part. of δια-ίστημι, "opposed to each other"
συνηράσσοντο: impf. of συν-αράσσω, "dashed together"

πολλαὶ δὲ καὶ ἐμβληθεῖσαι κατεδύοντο, αἱ δὲ συμπλεκόμεναι
καρτερῶς διηγωνίζοντο καὶ οὐ ῥαδίως ἀπελύοντο· οἱ γὰρ ἐπὶ τῆς
πρῴρας τεταγμένοι πᾶσαν ἐπεδείκνυντο προθυμίαν ἐπιβαίνοντες
καὶ ἀναιροῦντες· ἐζώγρει δὲ οὐδείς. ἀντὶ δὲ χειρῶν σιδηρῶν
πολύποδας μεγάλους ἐκδεδεμένους ἀλλήλοις ἐπερρίπτουν, οἱ δὲ
περιπλεκόμενοι τῇ ὕλῃ κατεῖχον τὴν νῆσον. ἔβαλλον μέντοι καὶ
ἐτίτρωσκον ὀστρείοις τε ἀμαξοπληθέσι καὶ σπόγγοις πλεθριαίοις.
[42] ἡγεῖτο δὲ τῶν μὲν Αἰολοκένταυρος, τῶν δὲ Θαλασσοπότης·

Αἰολοκένταυρος, ὁ: " Gleaming Centaur"
ἀμαξοπληθής, -ές: large enough to fill a
  wagon
ἀναιρέω: to take up, raise
ἀπολύω: to loose from
βάλλω: to throw
διαγωνίζομαι: to contend, struggle or
  fight against
ἐκδέω: to fasten to or on
ἐμβάλλω: to throw in, ram
ἐπιβαίνω: to go upon
ἐπιδείκνυμι: to exhibit as a specimen
ἐπιρριπτέω: to throw, cast at
ζωγρέω: to take alive, take captive
ἡγέομαι: to go before, lead the way
Θαλασσοπότης, ὁ: " Sea-drinker"
καρτερός, -ά, -όν: strong
καταδύω: to go down, sink, set
κατέχω: to hold fast

νῆσος, -ου, ἡ: an island
ὄστρειον, τό: an oyster
περιπλέκω: to twine or enfold round
πλεθριαῖος, -α, -ον: broad or long
πολύπους, -ποδος: octopus
προθυμία, ἡ: readiness, willingness
πρῷρα, ἡ: the forepart of a ship, prow,
  bow
ῥᾴδιος, -α, -ον: easy, ready
σιδήρεος, -η, -ον: made of iron or steel,
  iron
σπόγγος, ὁ: a sponge
συμμαχέω: to be an ally
συμπλέκω: to twine or plait together
τάσσω: to arrange, put in order
τιτρώσκω: to wound
ὕλη, ἡ: a forest
χείρ, χειρός, ἡ: a hand

ἐμβληθεῖσαι: ao. part. pas. of ἐν-βάλλω, "having been rammed"
συμπλεκόμεναι: "grappling"
διηγωνίζοντο: impf. mid. of δια-αγωνίζομαι, "were battling each other"
τεταγμένοι: perf. part. mid/pas. of τάσσω, "those stationed"
ἀντὶ χειρῶν σιδηρῶν: "instead of iron hands" (i.e. grappling hooks)
πολύποδας μεγάλους: "giant octopuses"
ἐκδεδεμένους: perf. part. of ἐκ-δέω, "having been attached to"
ἐπερρίπτουν: impf. of ἐπιρρίπτω, "they were throwing at"
ἐτίτρωσκον: impf., "they were wounding"
ἀμαξοπληθέσι: dat. pl., "that would fill a wagon"
σπόγγοις πλεθριαίοις: "with hundred-foot sponges"
τῶν μὲν...τῶν δὲ: gen. after ἡγεῖτο, "A. was leading these, Th. was leading those"

καὶ μάχη αὐτοῖς ἐγεγένητο, ὡς ἐδόκει, λείας ἕνεκα· ἐλέγετο γὰρ ὁ
Θαλασσοπότης πολλὰς ἀγέλας δελφίνων τοῦ Αἰολοκενταύρου
ἐληλακέναι, ὡς ἦν ἀκούειν ἐπικαλούντων ἀλλήλοις καὶ τὰ
ὀνόματα τῶν βασιλέων ἐπιβωμένων. τέλος δὲ νικῶσιν οἱ τοῦ
Αἰολοκενταύρου καὶ νήσους τῶν πολεμίων καταδύουσιν ἀμφὶ τὰς
πεντήκοντα καὶ ἑκατόν· καὶ ἄλλας τρεῖς λαμβάνουσιν αὐτοῖς
ἀνδράσιν· αἱ δὲ λοιπαὶ πρύμναν κρουσάμεναι ἔφευγον. οἱ δὲ μέχρι
τινὸς διώξαντες, ἐπειδὴ ἑσπέρα ἦν, τραπόμενοι πρὸς τὰ ναυάγια
τῶν πλείστων ἐπεκράτησαν καὶ τὰ ἑαυτῶν ἀνείλοντο· καὶ γὰρ

ἀγέλη, ἡ: a herd
Αἰολοκένταυρος, ὁ: " Gleaming Centaur"
ἀναιρέω: to take up, raise
ἀνήρ, ἀνδρός, ὁ: a man
βασιλεύς, -έως, ὁ: a king, chief
δελφίς, -ῖνος, ὁ: a dolphin
διώκω: to pursue
ἑκατόν: a hundred
ἐλαύνω: to drive
ἕνεκα: on account of + gen.
ἐπιβοάω: to call upon or to, cry out to
ἐπικαλέω: to call upon
ἐπικρατέω: to rule over
ἑσπέρα, ἡ: evening
Θαλασσοπότης, ὁ: " Sea-drinker"
καταδύω: to go down, sink, set

κρούω: to strike, smite
λαμβάνω: to take
λεία, ἡ: booty, plunder
λοιπός, -ή, -όν: remaining, the rest
μάχη, ἡ: battle, fight, combat
μέχρι: up to (+ gen.)
ναυάγιον, τό: a piece of wreck
νῆσος, -ου, ἡ: an island
νικάω: to conquer, prevail, vanquish
ὄνομα, -ατος, τό: a name
πεντήκοντα: fifty
πλεῖστος, -η, -ον: most, largest
πρύμνα, -ης, ἡ: the stern, poop
τέλος: finally
τρέπω: to turn
φεύγω: to flee

ἐγεγένητο: plupf. of γίγνομαι, "had come about"
ὡς ἐδόκει: "so it seemed"
λείας ἕνεκα: "because of piracy"
δελφίνων: stealing dolphins instead of herds of cattle, a common event in myth
    and history
ἐληλακέναι: perf. inf. of ἐλαύνω in ind. statement after ἐλέγετο, "was said *to have*
    driven off"
ὡς ἦν: "since it was possible," explaining the source of his knowledge
ἐπικαλούντων, ἐπιβωμένων: pr. part. gen. pl. after ἀκούειν, "to hear *them calling*
    and shouting"
αὐτοῖς ἀνδράσιν: "men and all"
πρύμναν κρουσάμεναι: dat. pl. ao. part., instrumental, "by back watering"
μέχρι τινὸς: "for an indefinite time"
διώξαντες: ao. part. of διώκω, "having chased"
ἐπεκράτησαν: ao. 3 pl. of ἐπι-κρατέω, "they took possession of" + dat.
τὰ (sc. νέκρα) ἑαυτῶν: "their dead"
ἀνείλοντο: ao. 3 pl. of ἀναιρέω, "they picked up"

Lucian

ἐκείνων κατέδυσαν νῆσοι οὐκ ἐλάττους τῶν ὀγδοήκοντα. ἔστησαν
δὲ καὶ τρόπαιον τῆς νησομαχίας ἐπὶ τῇ κεφαλῇ τοῦ κήτους μίαν
τῶν πολεμίων νῆσον ἀνασταυρώσαντες. ἐκείνην μὲν οὖν τὴν
νύκτα περὶ τὸ θηρίον ηὐλίσαντο ἐξάψαντες αὐτοῦ τὰ ἀπόγεια καὶ
ἐπ᾽ ἀγκυρῶν πλησίον ὁρμισάμενοι· καὶ γὰρ ἀγκύραις ἐχρῶντο
μεγάλαις ὑαλίναις καρτεραῖς. τῇ ὑστεραίᾳ δὲ θύσαντες ἐπὶ τοῦ
κήτους καὶ τοὺς οἰκείους θάψαντες ἐπ᾽ αὐτοῦ ἀπέπλεον ἡδόμενοι
καὶ ὥσπερ παιᾶνας ᾄδοντες. ταῦτα μὲν τὰ κατὰ τὴν νησομαχίαν
γενόμενα.

ἄγκυρα, ἡ: anchor
ἀείδω: to sing
ἀνασταυρόω: to impale
ἀπόγειος, -α, -ον: from land
ἀποπλέω: to sail away, sail off
αὐλίζομαι: to camp
ἐλάττων, -ον: smaller, less
ἐξάπτω: to fasten from
ἥδομαι: to enjoy, take pleasure
θάπτω: to pay the last dues to a corpse
θηρίον, τό: a wild animal, beast
θύω: to sacrifice
καρτερός, -ά, -όν: strong
καταδύω: to go down, sink

κεφαλή, ἡ: the head
κῆτος, -εος, τό: a sea-monster, whale
νησομαχία, ἡ: an island-fight
νῆσος, -ου, ἡ: an island
ὀγδοήκοντα: eighty
οἰκεῖος, ὁ: a relative
ὁρμίζω: to moor, anchor
παιάν, -ᾶνος, ὁ: a victory song
τρόπαιον, τό: a trophy
ὑάλινος, -η, -ον: of crystal or glass
ὑστεραῖος, -α, -ον: on the day after
χράομαι: to use (+ dat.)
ὥσπερ: in the manner of

ἔστησαν: ao. 3 pl. of ἵστημι, "they set up"
ἀνασταυρώσαντες: ao. part. of ἀνασταυρόω, used instrumentally, "by impaling
   one of the islands on the head of the whale"
ἐξάψαντες: ao. part. of ἐξάπτω, "having attached X (acc.) from Y (gen.)"
τὰ ἀπόγεια: "shore ropes"
θάψαντες: ao. part. of θάπτω, "having buried"
ὥσπερ παιᾶνας: "some sort of victory songs"
ᾄδοντες: pr. part. of ᾄδω, "singing"
γενόμενα: ao. part. of γίνομαι, "the events"

74

Λουκιανοῦ

Ἀληθῆ Διηγήματα:

βίβλος Β΄

Lucian's

A True Story:

Book 2

A True Story

Ἀληθῆ Διηγήματα: Β′

[1] Τὸ δὲ ἀπὸ τούτου μηκέτι φέρων ἐγὼ τὴν ἐν τῷ κήτει δίαιταν ἀχθόμενός τε τῇ μονῇ μηχανήν τινα ἐζήτουν, δι' ἧς ἂν ἐξελθεῖν γένοιτο· καὶ τὸ μὲν πρῶτον ἔδοξεν ἡμῖν διορύξασι κατὰ τὸν δεξιὸν τοῖχον ἀποδρᾶναι, καὶ ἀρξάμενοι διεκόπτομεν· ἐπειδὴ δὲ προελθόντες ὅσον πέντε σταδίους οὐδὲν ἠνύομεν, τοῦ μὲν ὀρύγματος ἐπαυσάμεθα, τὴν δὲ ὕλην καῦσαι διέγνωμεν· οὕτω γὰρ ἂν τὸ κῆτος ἀποθανεῖν· εἰ δὲ τοῦτο γένοιτο, ῥᾳδία ἔμελλεν ἡμῖν ἔσεσθαι ἡ ἔξοδος. ἀρξάμενοι οὖν ἀπὸ τῶν οὐραίων ἐκαίομεν, καὶ

ἀνύω: to effect, accomplish, complete
ἀποδιδράσκω: to run away or off, escape
ἀποθνήσκω: to die
ἄρχω: to begin
ἄχθομαι: to be vexed
δεξιός, -ά, -όν: right
διαγινώσκω: to distinguish, discern, resolve
δίαιτα, ἡ: a way of living, mode of life
διακόπτω: to cut in two, cut through
διορύσσω: to dig through or across
ἐξέρχομαι: to go or come out of
ἔξοδος, -ον: promoting the passage

ζητέω: to seek, seek for
καίω: to kindle, burn
κῆτος, -εος, τό: a sea-monster, whale
μηκέτι: no more, no longer
μηχανή: an instrument, device
μονή, ἡ: a staying, abiding
ὄρυγμα, -ατος, τό: a trench, ditch, moat
ὅσον: some, approximately
οὐραῖος, ὁ: the tail-end
παύομαι: to cease
προέρχομαι: to go forward, go on, advance
τοῖχος, ὁ: the wall of a house or court
ὕλη, ἡ: a forest

Tiring of life in the whale, the men escape. After passing the bodies from the Island battle, they come upon a frozen portion of the sea, then the islands of Cheese and Cork.

Τὸ δὲ ἀπὸ τούτου: "the (period of time) from this point"

μηκέτι φέρων...δίαιταν: "no longer able to endure the life"

δι' ἧς: "through which," antecedent is μηχανήν

ἂν γένοιτο: potential opt., "it might be possible" + inf.

ἐξελθεῖν: ao. inf. of ἐξέρχομαι, "to exit"

τὸ μὲν πρῶτον: "while at first"

διορύξασι: ao. part. dat. pl. of δια-ορύσσω, modifying ἡμῖν, "by tunneling"

ἀποδρᾶναι: ao. inf. of ἀποδιδράσκω, with ἔδοξεν, "to escape"

προελθόντες: ao. part. of προ-έρχομαι, "having advanced"

ἠνύομεν: impf. of ἀνύω, "we were accomplishing"

διέγνωμεν: ao. of διαγινώσκω, "we resolved" + inf.

ἂν...ἀποθανεῖν: ao. inf. of ἀποθνήσκω, representing a potential optative in implied ind. st. "reasoning *that he would die*"

εἰ...γένοιτο: ao. opt. of γίνομαι, past general cond. "if (ever) this happened..."

ἔμελλεν ἔσεσθαι, "then escape *would have been*...."

ἀπὸ τῶν οὐραίων: "from the tail-end"

Lucian

ἡμέρας μὲν ἑπτὰ καὶ ἴσας νύκτας ἀναισθήτως εἶχε τοῦ καύματος, ὀγδόῃ δὲ καὶ ἐνάτῃ συνίεμεν αὐτοῦ νοσοῦντος· ἀργότερον γοῦν ἀνέχασκεν, καὶ εἴ ποτε ἀναχάνοι, ταχὺ συνέμυεν. δεκάτῃ δὲ καὶ ἑνδεκάτῃ τέλεον ἀπενεκροῦτο καὶ δυσῶδες ἦν· τῇ δωδεκάτῃ δὲ μόλις ἐνενοήσαμεν ὡς, εἰ μή τις χανόντος αὐτοῦ ὑποστηρίξειεν τοὺς γομφίους, ὥστε μηκέτι συγκλεῖσαι, κινδυνεύσομεν κατακλεισθέντες ἐν νεκρῷ αὐτῷ ἀπολέσθαι. οὕτω δὴ μεγάλοις

ἀναίσθητος, -ον: insensate, unfeeling
ἀναχάσκω: to open the mouth, gape wide
ἀπόλλυμι: to destroy utterly, kill, slay
ἀργότερος: more sluggish
γομφίος, ὁ: a grinder tooth
δέκατος, -η, -ον: tenth
δυσώδης, -ες: ill-smelling
δωδέκατος, -η, -ον: twelfth
ἔνατος, -η, -ον: ninth
ἑνδέκατος, -η, -ον: eleventh
ἐννοέω: to consider, reflect
ἡμέρα, ἡ: day
κατακλείω: to shut in, enclose

καῦμα, -ατος, τό: burning heat
κινδυνεύω: to run the risk
μόλις: little by little
νεκρός, ὁ: corpse
νοσέω: to be sick, ill, to ail
ὄγδοος, -η, -ον: eighth
συγκλείω: to shut or coop up, enclose
συμμύω: to be shut up, to close, be closed
συνίημι: to bring or set together
ταχύς, -εῖα, -ύ: quick, swift, fleet
ὑποστηρίζω: to underprop, sustain
χάσκω: open

ἀναισθήτως εἶχε: "he was insensible to" + gen.
συνίεμεν: impf. of συν-ίημι, "we began observing"
αὐτοῦ νοσοῦντος: gen. after συνίεμεν, "that he was ill"
ἀνέχασκεν impf. of ἀναχάσκω, "he was yawning"
εἴ ποτε ἀναχάνοι: ao. opt. of ἀναχάσκω, past general cond., "if ever he yawned"
ἀπενεκροῦτο: impf. of ἀπο-νεκρέω, "he began dying"
ἐνενοήσαμεν: ao. of ἐν-νοέω, "we perceived"
ὡς...κινδυνεύσομεν: ind. st. after ἐνενοήσαμεν and also the apodosis of a future more vivid condition, "that we would run the risk"
εἰ μή τις...ὑποστηρίξειεν: ao. opt., protasis of a future more vivid condition changed from subjunctive to the optative in ind. st. after ἐνενοήσαμεν, "we perceived that unless someone shored up his jaws..."
χανόντος αὐτοῦ: ao. part. of χάσκω, gen. abs., "as he opened his mouth"
ὥστε μηκέτι συγκλεῖσαι: ao. inf. of συν-κλείω, result clause with inf. showing intended result, "so that he could no longer close his mouth"
κινδυνεύσομεν...ἀπολέσθαι: ao. inf. of ἀπόλλυμι, with κινδυνεύσομεν, "we would run the risk of dying"
κατακλεισθέντες: ao. part. pas. of κατακλείω, instrumental, "by being closed in"

78

δοκοῖς τὸ στόμα διερείσαντες τὴν ναῦν ἐπεσκευάζομεν ὕδωρ τε ὡς ἔνι πλεῖστον ἐμβαλλόμενοι καὶ τἆλλα ἐπιτήδεια· κυβερνήσειν δὲ ἔμελλεν ὁ Σκίνθαρος.

διερείδω: to prop up
δοκός, ἡ: a bearing-beam
ἐμβάλλω: to throw in, put in
ἐπισκευάζω: to get ready, to equip, fit out
ἐπιτήδειος, -α, -ον: made for an end or purpose

κυβερνάω: to act as pilot or helmsman
πλεῖστος, -η, -ον: most, largest
Σκίνθαρος, ὁ: Scintharus
στόμα, στόματος, τό: a mouth
ὕδωρ, ὕδατος, τό: water

διερείσαντες: ao. part. of **διερείδω**, "having propped apart"
ὡς ἔνι πλεῖστον: "as much as possible," **ἔνι** = **ἔνεστι** "it is possible"
τἆλλα = **τὰ ἄλλα**: "*the other* supplies"
κυβερνήσειν: future inf. with **ἔμελλεν**, "would be the pilot." Skintharos replaces the first pilot who was one of the casualties.

The verb **ἵστημι** has the following stems, which should be compared to **δίδωμι**:

> strong aorist stem: **στη**
>
> reduplicated present stem: **ἵστη** (from **σι-στη**) with loss of initial **σ**.
>
> reduplicated perfect stem: **ἕστη** (from **σε-στη**) with loss of initial **σ**.

An **ἰ**- before the stem is a sure sign of the present system, present indicative (**ἵστημι**), imperfect (**ἵστην**), infinitive (**ἵσταναι**), etc. Prefixes, such as **κατά**, will have aspirated versions of their final consonant (**καθίστημι**).

An **ἑ**- (rough breathing) before the stem is a sure sign of the perfect system: perf. (**ἕστηκα**), plupf. (**εἱστήκει**), inf. (**ἑστάναι**), optative (**ἑσταίην**), etc. Compare **ἐφ-ειστήκει**

An **ἐ**- (smooth breathing) before the stem (**ἔστην**) is a sure sign of the aorist indicative, again visible in compounds (**κατέστην**). There is, however, both a strong aorist (**ἔστην**) and a weak aorist (**ἔστησα**), which have different meanings. Non-indicative forms of the aorist have no vowel before the stem: **στήσαντες**, **στάντες**, **σταίην**, **στῆναι**, etc. Cf. **καταστήσαντες**, **ἐπιστάντες**, **ἀποσταίην**, **καταστῆναι**. The future (**στήσω**) is also based on this stem.

The basic meaning of the verb, "to set up," has many figurative uses. Particularly unusual are the transitive and intransitive uses of the verb, distinguished by form only in the aorist, the weak aorist being transitive, the strong aorist intransitive. However, the 3. pl. form **ἔστησαν** can be either transitive (they set up something) or intransitive (they stood). The perfect can mean "I have set myself up, and therefore am standing." So also, the pluperfect **εἱστήκει** means "he had set himself up, and therefore was standing."

Time and Aspect: The Indicative

The term "tense" (from the French word for "time") is a little misleading, since time is only one factor in the Greek verb system. The forms of the indicative tenses are a combination of time and aspect, the latter indicating the character of the action, of which there are three: continuous action, completed action, and simple action. So, for example, there are three time-aspect combinations in the past:

Time-Aspect	Form	Translation	Traditional Name
past continuous action	ἐπαυόμην	"I was ceasing"	imperfect tense
past simple action	ἐπαυσάμην	"I ceased"	aorist tense
past completed action	ἐπεπαύμην	"I had ceased"	pluperfect tense

The traditional names for these "tenses" are also sometimes misleading. In the examples above, the names "imperfect" and "aorist" refer to aspect only. However, the name "present tense" refers only to time. Even worse are terms like "present optative" and "present subjunctive," both of which are timeless "tenses." It is too late to change this nomenclature now, but it is important to be aware of the true differences among various verb forms, particularly since the morphology of the Greek verb is based on the three aspect stems, underlined for the verb παύομαι in the example above.

The imperfect tense can have many meanings, but the idea of incompleteness is essential, in contrast to the perfect tenses, which indicate that an action is completed, especially when it produces a new state of affairs. Compare the following:

> ἐπαυόμην: I was ceasing, I began ceasing, I was trying to cease (but did he ever cease?)
> ἐπεπαύμην: I had ceased (and was no longer doing it)
> πέπαυμαι: I have ceased (and am no longer doing it)

The most important difference among the past tenses is between the aorist and imperfect aspects. With the aorist tense an event is regarded as a single fact in the past, and corresponds to the simple past tense in English. The imperfect tense indicates continuous or repeated action in the past, or some part of an action.

1. In passages where multiple verbs occur, the imperfect will often be used to describe ongoing background actions that provide a context for an aorist action, or preliminary actions that lead up to an action described with an aorist: "the moon was shining, the birds were singing, *a shot rang out*." But the aorist will also be used to describe a sequence of simple actions: "I went home, undressed, turned on the TV and the phone rang."

Here is an example from *VH* 2.4 where three imperfect tenses set the stage for an aorist:

> Μετ' ὀλίγον δὲ πολλαὶ νῆσοι ἐφαίνοντο ... καὶ πῦρ πολὺ ἀπ'
> αὐτῶν ἀνεκαίετο ... ἤδη δὲ πλησίον ἦμεν, καὶ θαυμαστή τις αὔρα
> περιέπνευσεν ἡμᾶς.

After a while many islands *began appearing* ... and from them a great fire *was burning* ... and we *were* already near, when a wonderful breeze *fell upon* us.

In this selection from *VH* 2.2, a combination of aorist indicatives and participles relate a series of actions:

> ... ἔπειτα βορέου σφοδροῦ <u>πνεύσαντος</u> μέγα κρύος <u>ἐγένετο</u>, καὶ ἀπ' αὐτοῦ πᾶν <u>ἐπάγη</u> τὸ πέλαγος ... φέρειν οὐ δυνάμενοι τοιόνδε τι <u>ἐπενοήσαμεν</u>. <u>σκάψαντες</u> γὰρ ἐν τῷ ὕδατι σπήλαιον μέγιστον ἐν τούτῳ <u>ἐμείναμεν</u> ἡμέρας τριάκοντα, πῦρ ἀνακαίοντες καὶ σιτούμενοι τοὺς ἰχθῦς:

... next the wind *blew* strongly, and a great frost *arose*, and the whole sea *was frozen solid* ... and unable to bear it, we *came up with a plan*. We *dug* a cave in the water and *remained* in it for 30 days, all the while lighting fires and eating fish.

2. The imperfect can be used to indicate that an action started and continued indefinitely: **ἔκλαιον** "I started crying (and kept on crying)." But the aorist can indicate the point at which a simple action began, especially if it means entering into a state: **ἐβασίλευσα** "I became king."

In this selection from *VH* 2.1, an aorist participle marks the point at which an action began, but the imperfects that follow indicate the beginning of a process or repeated action.

> <u>ἀρξάμενοι</u> οὖν ἀπὸ τῶν οὐραίων <u>ἐκαίομεν</u>, καὶ ἡμέρας μὲν ἑπτὰ καὶ ἴσας νύκτας <u>ἀναισθήτως</u> <u>εἶχε</u> τοῦ καύματος, ὀγδόῃ δὲ καὶ ἐνάτῃ <u>συνίεμεν</u> αὐτοῦ νοσοῦντος· ἀργότερον γοῦν <u>ἀνέχασκεν</u> καὶ εἴ ποτε ἀναχάνοι ταχὺ <u>συνέμυεν</u>. δεκάτῃ δὲ καὶ ἑνδεκάτῃ τέλεον <u>ἀπενεκροῦτο</u> καὶ δυσῶδες <u>ἦν</u>.

And so *making a start* from the tail, we *began burning* (the whale), and *he wasn't feeling* the heat for seven days and nights, and on the 8th and 9th day, *we began observing* that he was becoming ill; indeed *he started yawning* more sluggishly, and every time he yawned, *he would close his mouth* quickly. On the 10th and 11th day he actually *started dying* and *was beginning to stink*.

3. The imperfect can indicate customary or repeated action: "I usually do this" or "I used to do this." But the aorist can express a general truth: **παθὼν δέ τε νήπιος <u>ἔγνω</u>**, "the fool *learns* by experience."

Note the imperfects indicating customary action in VH 2.45

> ἄλλοι δὲ μετὰ τούτους ἐπιφελλῶν καθήμενοι ζεύξαντες δύο δελφῖνας <u>ἤλαυνόν</u> τε καὶ <u>ἡνιόχουν</u>· οἱ δὲ προϊόντες <u>ἐπεσύροντο</u> τοὺς φελλούς. οὗτοι ἡμᾶς οὔτε <u>ἠδίκουν</u> οὔτε ἔφευγον, ἀλλ' <u>ἤλαυνον</u> ἀδεῶς τε καὶ εἰρηνικῶς.

Others behind these were sitting on corks, and having yoked two dolphins, *they would drive and charioteer*: And as they advanced *they would drag along* the corks. These *would neither harm us nor flee*, but *they would drive by* pleasantly and peacefully.

[2] Τῇ δὲ ἐπιούσῃ τὸ μὲν ἤδη τεθνήκει, ἡμεῖς δὲ ἀνελκύσαντες τὸ πλοῖον καὶ διὰ τῶν ἀραιωμάτων διαγαγόντες καὶ ἐκ τῶν ὀδόντων ἐξάψαντες ἠρέμα καθήκαμεν ἐς τὴν θάλατταν· ἐπαναβάντες δὲ ἐπὶ τὰ νῶτα καὶ θύσαντες τῷ Ποσειδῶνι αὐτοῦ παρὰ τὸ τρόπαιον ἡμέρας τε τρεῖς ἐπαυλισάμενοι - νηνεμία γὰρ ἦν - τῇ τετάρτῃ ἀπεπλεύσαμεν. ἔνθα δὴ πολλοῖς τῶν ἐκ τῆς ναυμαχίας νεκροῖς ἀπηντῶμεν καὶ προσωκέλλομεν, καὶ τὰ σώματα καταμετροῦντες ἐθαυμάζομεν. καὶ ἡμέρας μέν τινας ἐπλέομεν εὐκράτῳ ἀέρι χρώμενοι, ἔπειτα βορέου σφοδροῦ πνεύσαντος μέγα κρύος ἐγένετο, καὶ ὑπ' αὐτοῦ πᾶν ἐπάγη

ἀήρ, ἀέρος, ὁ: the air
ἀνέλκω: to draw up
ἀπαντάω: to meet
ἀποπλέω: to sail away, sail off
ἀραίωμα, -ατος, τό: interstice, crevice
βορέας, -ου, ὁ: north wind
διάγω: to carry over or across
ἐξάπτω: to fasten from
ἐπαναβαίνω: to get up on, mount
ἐπαυλίζομαι: to encamp on the field
εὔκρατος, -ον: well-mixed, temperate
ἠρέμα: gently, softly
θαυμάζω: to wonder, marvel
θνήσκω: to die, be dying
θύω: to sacrifice
καθίημι: to send down, let fall
καταμετρέω: to measure out to

κρύος, -εος, τό: icy cold, chill, frost
ναυμαχία, ἡ: a sea-fight
νεκρός, ὁ: corpse
νηνεμία, ἡ: stillness in the air, a calm
νῶτον, τό: the back
ὀδών, -όντος, ὁ: a tooth
πήγνυμι: to make fast
πλοῖον, τό: a ship, vessel
πνέω: to blow
Ποσειδῶν, -ῶνος, ὁ: Poseidon
προσοκέλλω: to run on to (+ dat.)
σφοδρός, ά, όν: violent, excessive
σῶμα, -ατος, τό: a body
τέταρτος, -η, -ον: fourth
τρόπαιον, τό: a trophy
χράομαι: to use, enjoy (+ dat.)

τῇ δὲ ἐπιούσῃ (sc. ἡμέρᾳ): "on the next day"
τὸ μέν: "while the whale..."
ἐτεθνήκει: plupf. of θνήσκω, "had died"
ἀνελκύσαντες: ao. part of ἀνακλύζω, "having dragged"
διαγαγόντες: ao. part. of δια-άγω, "having carried through"
ἐξάψαντες: ao. part. of ἐξάπτω, "having tied"
καθήκαμεν: perf. of κατα-ίημι, "we were lowered"
ἐπαναβάντες; ao. part. of ἐπι-ανα-βαίνω, "having gotten up on"
ἀπηντῶμεν: impf. of ἀπο-αντάω, "we encountered" + dat.
προσωκέλλομεν: impf. of προσ-οκέλλω, "we ran (a ship) onto" + dat.
εὐκράτῳ ἀέρι χρώμενοι: "using a moderate breeze"
πνεύσαντος: ao. part. gen. s. of πνέω, gen. abs. "north wind having blown"
ἐγένετο: ao. of γίνομαι, "arose"
ἐπάγη: ao. pas. of πήγνυμι, "was made fast"

Indirect statement after verbs of saying:

Verbs of saying can take the accusative + infinitive construction (see p. 85), but also can take ὅτι or ὡς + the indicative. In this construction ὅτι or ὡς is just like the English word "that." The only changes from direct speech are changes to the person and number of the verb and subject.

Direct speech: "I am coming"

                                            ἔρχομαι

Indirect speech: I say that I am coming.

                                            λέγω ὅτι ἔρχομαι.

                                            He said that he was coming.

                                            εἶπε ὅτι ἔρχεται.

ἐνενοήσαμεν ὡς κινδυνεύσομεν: "we perceived that we would run the risk of..."

Indirect questions are introduced by the direct or indirect form of interrogative words and follow the same rules as indirect speech introduced by ὅτι + the indicative.

Direct question   "Where is the fool going?"

                                            ποῖ ὁ μῶρος βαίνει;

Indirect question   He asked where the fool was going.

                                            ἤρετο ὅποι ὁ μῶρος βαίνει.

μαθεῖν τί τὸ τέλος ἐστὶν τοῦ ὠκεανοῦ: "to know what the end of the ocean is"

μαθεῖν ὡς ἔχει: "to learn how things are"

ἠρώτων τί ἐποιήσατο: "I asked why he had made"

Note that in English the tense of the verb in indirect discourse or question changes depending on the tense of the main verb, but that in Greek the verb in indirect discourse retains the tense of the original statement or question. Compare the translations of ὅτι ἔρχομαι and ὅτι ἔρχεται in the examples above.

The tenses of the direct statement or question can also be changed to the corresponding tense of the optative in secondary sequence. See p. 22.

τὸ πέλαγος, οὐκ ἐπιπολῆς μόνον, ἀλλὰ καὶ ἐς βάθος ὅσον ἕξ
ὀργυιάς, ὥστε καὶ ἀποβάντας διαθεῖν ἐπὶ τοῦ κρυστάλλου.
ἐπιμένοντος δὲ τοῦ πνεύματος φέρειν οὐ δυνάμενοι τοιόνδε τι
ἐπενοήσαμεν - ὁ δὲ τὴν γνώμην ἀποφηνάμενος ἦν ὁ Σκίνθαρος -
σκάψαντες γὰρ ἐν τῷ ὕδατι σπήλαιον μέγιστον ἐν τούτῳ
ἐμείναμεν ἡμέρας τριάκοντα, πῦρ ἀνακαίοντες καὶ σιτούμενοι
τοὺς ἰχθῦς· εὑρίσκομεν δὲ αὐτοὺς ἀνορύττοντες. ἐπεὶ δὲ ἤδη
ἐπέλειπε τὰ ἐπιτήδεια, προελθόντες καὶ τὴν ναῦν πεπηγυῖαν
ἀνασπάσαντες καὶ πετάσαντες τὴν ὀθόνην ἐσυρόμεθα ὥσπερ

ἀνακαίω: to light up
ἀνασπάω: to draw up, pull up
ἀνορύττω: to dig up
ἀποφαίνω: to show forth, display, produce
βάθος: depth or height
γνώμη, ἡ: a means of knowing, a mark, token
διαθέω: to run about
δύναμαι: to be able, capable, strong enough
ἕξ: six
ἐπιλείπω: to leave behind
ἐπιμένω: to stay on, tarry
ἐπινοέω: to think on or of, contrive
ἐπιπολή, ἡ: a surface
ἐπιτήδειος, -α, -ον: made for an end or purpose
εὑρίσκω: to find
ἰχθῦς, -ύος, ὁ: a fish

κρύσταλλος, ὁ: ice
μένω: to stay, remain
ὀθόνη, ἡ: a sail, sail-cloth
ὄργυια, -ᾶς, ἡ: a fathom
πέλαγος, -εος, τό: the sea
πετάννυμι: to spread out
πήγνυμι: to make fast
πνεῦμα, -ατος, τό: a blowing
προέρχομαι: to go forward, go on, advance
πῦρ, πυρός, τό: fire
σιτέομαι: to take food, eat
σκάπτω: to dig, delve
Σκίνθαρος, ὁ: Scintharus
σπήλαιον, τό: a grotto, cave, cavern
σύρω: to draw, drag
τοιόσδε: such a
τριάκοντα: thirty
ὕδωρ, ὕδατος, τό: water
ὥσπερ: just as if, even as

οὐκ ἐπιπολῆς μόνον: "not just the surface"
ὥστε...διαθεῖν: pr. inf. of δια-θέω, result clause, "so that we could even run about"
ἐπιμένοντος δὲ τοῦ πνεύματος: gen. abs., "the wind holding"
ἐπενοήσαμεν: ao. of ἐπι-νοέω, "we devised"
ὁ ἀποφηνάμενος: ao. part. of ἀποφαίνομαι, "the one who proposed"
σκάψαντες: ao. part. of σκάπτω, "having dug"
ἐμείναμεν: ao. of μένω, "we remained"
ἀνορύττοντες: pr. part. of ἀπορύττω, used instrumentally, "by digging"
ἐπέλειπε: impf. of ἐπι-λείπω, "began running out"
προελθόντες: ao. of προ-ἔρχομαι, "having advanced"
πεπηγυῖαν: perf. part. acc. s. of πήγνυμι modifying ναῦν, "frozen"
ἀνασπάσαντες: ao. part. of ἀνασπάω, "having pulled up (onto shore)"
πετάσαντες: ao. part. of πετάννυμι, "having spread out"

πλέοντες λείως καὶ προσηνῶς ἐπὶ τοῦ πάγου διολισθάνοντες.
ἡμέρᾳ δὲ πέμπτῃ ἀλέα τε ἦν ἤδη καὶ ὁ πάγος ἐλύετο καὶ ὕδωρ
πάντα αὖθις ἐγίνετο.

[3] Πλεύσαντες οὖν ὅσον τριακοσίους σταδίους νήσῳ μικρᾷ
καὶ ἐρήμῃ προσηνέχθημεν, ἀφ' ἧς ὕδωρ λαβόντες - ἐπελελοίπει
γὰρ ἤδη - καὶ δύο ταύρους ἀγρίους κατατοξεύσαντες
ἀπεπλεύσαμεν. οἱ δὲ ταῦροι οὗτοι τὰ κέρατα οὐκ ἐπὶ τῆς κεφαλῆς
εἶχον, ἀλλ' ὑπὸ τοῖς ὀφθαλμοῖς, ὥσπερ ὁ Μῶμος ἠξίου. μετ' οὐ
πολὺ δὲ εἰς πέλαγος ἐμβαίνομεν, οὐχ ὕδατος, ἀλλὰ γάλακτος· καὶ
νῆσος ἐν αὐτῷ ἐφαίνετο λευκὴ πλήρης ἀμπέλων. ἦν δὲ ἡ νῆσος

ἀγριός: wild or savage
ἀλέα, ἡ: an escape
ἄμπελος, ἡ: a vine, tendril
ἀξιόω: to think or deem worthy of
ἀποπλέω: to sail away, sail off
γάλα, -ακτος, τό: milk
διολισθάνω: to slip through, glide
ἐμβαίνω: to step in, enter
ἐπιλείπω: to leave behind
ἐρῆμος, -ον: desolate, lonely, solitary
ἔχω: to have, to hold
ἡμέρα, ἡ: day
κατατοξεύω: to strike down with arrows
κέρας, τό: the horn of an animal
κεφαλή, ἡ: the head
λεῖος, -α, -ον: smooth, plain
λευκός, -ή, -όν: light, white

λύω: to loose
μικρός, -ά, -όν: small
νῆσος, -ου, ἡ: an island
ὅσον: approximately
ὀφθαλμός, ὁ: the eye
πάγος, ὁ: that which is fixed, ice
πέλαγος, -εος, τό: the sea
πέμπτος, -η, -ον: the fifth
πλέω: to sail, go by sea
πλήρης, -ες: full of (+ gen.)
προσηνής, -ές: soft, gentle, kindly
προσφέρω: to bring to, put in (a ship)
στάδιον, τό: a stade
ταῦρος, ὁ: a bull
τριακόσιοι, -αι, -α: three hundred
ὕδωρ, ὕδατος, τό: water
φαίνομαι: to appear

διολισθάνοντες: pr. part. of διολισθάνω, "gliding"
ἐλύετο: impf. pas. of λύω, "melted"
προσηνέχθημεν: ao. pas. of προσφέρω, "we advanced upon" + dat.
λαβόντες: ao. part. of λαμβάνω, "having taken water"
ἐπελελοίπει: plupf. of ἐπι-λείπω, "it had run out"
κατατοξεύσαντες: ao. part. of κατα-τοξεύω, "having slain with arrows"
ὥσπερ ὁ Μῶμος ἠξίου: impf. of ἀξιόω, "just as Momus used to think worthy."
  Momus is a personification of mockery. He mocked Poseidon's invention of the
  bull because of the position of the horns.
ὕδατος, ἀλλὰ γάλακτος: gen. of material, "a sea not *of water*, but *of milk*"

Lucian

τυρὸς μέγιστος συμπεπηγώς, ὡς ὕστερον ἐμφαγόντες ἐμάθομεν,
σταδίων εἴκοσι πέντε τὸ περίμετρον· αἱ δὲ ἄμπελοι βοτρύων
πλήρεις, οὐ μέντοι οἶνον, ἀλλὰ γάλα ἐξ αὐτῶν ἀποθλίβοντες
ἐπίνομεν. ἱερὸν δὲ ἐν μέσῃ τῇ νήσῳ ἀνῳκοδόμητο Γαλατείας τῆς
Νηρηΐδος, ὡς ἐδήλου τὸ ἐπίγραμμα. ὅσον δ' οὖν χρόνον ἐκεῖ
ἐμείναμεν, ὄψον μὲν ἡμῖν καὶ σιτίον ἡ γῆ ὑπῆρχεν, ποτὸν δὲ τὸ
γάλα τὸ ἐκ τῶν βοτρύων. βασιλεύειν δὲ τῶν χωρίων τούτων
ἐλέγετο Τυρὼ ἡ Σαλμωνέως, μετὰ τὴν ἐντεῦθεν ἀπαλλαγὴν
ταύτην παρὰ τοῦ Ποσειδῶνος λαβοῦσα τὴν τιμήν.

ἄμπελος, ἡ: a vine, tendril
ἀνοικοδομέω: to build up
ἀπαλλαγή, ἡ: deliverance, departure
ἀποθλίβω: to press upon, press, squeeze out
βασιλεύω: to be king, to rule, reign
βότρυον, τό: cluster of grapes
γάλα, -ακτος, τό: milk
Γαλάτεια, ἡ: Galatea ("Milky-white")
γῆ, γῆς, ἡ: earth
δηλόω: to make visible, show, exhibit
ἐκεῖ: there, in that place
ἐντεῦθεν: from there
ἐπίγραμμα, -ατος, τό: an inscription
μανθάνω: to learn
μένω: to stay at home, remain

Νηρηΐς, -ίδος, ἡ: a daughter of Nereus, a Nereid
οἶνος, ὁ: wine
ὄψον, τό: cooked food
περίμετρον, τό: the circumference
πλήρης, -ες: filled, full of (+ gen.)
Ποσειδῶν, -ῶνος, ὁ: Poseidon
ποτόν, τό: a drink
σιτίον, -ου, τό: grain, food, provisions
συμπήγνυμι: to congeal
τιμή, ἡ: honor
τυρός, ὁ: cheese
Τυρώ, ἡ: Tyro ("Cheese")
ὑπάρχω: to already exist, consist
ὕστερος, -α, -ον: later, afterward
χωρίον, τό: a place, spot

συμπεπηγώς: perf. part. nom. s. of συν-πήγνυμι, "curdled"
ἐμφαγόντες: ao. part. of ἐν-ἐσθίω, with instrumental force, "by eating our fill"
ἐμάθομεν: ao. of μανθάνω, "we learned"
οὐ μέντοι...ἀλλὰ: "certainly not wine, but rather"
ἀποθλίβοντες: pr. part. of ἀποθλίβω, "squeezing out"
ἐπίνομεν: impf. of πίνω, "we began drinking"
ἀνῳκοδόμητο: plupf. of ἀνα-οἰκοδομέω, "had been constructed"
Γαλατείας τῆς Νηρηΐδος: a nymph wooed by the Cyclops
ἐμείναμεν: ao. of μένω, "we stayed"
ὄψον: acc. of respect, "food for cooking"
ὑπῆρχεν: impf. of ὑπάρχω, "consisted"
βασιλεύειν...ἐλέγετο: "is said to be queen"
Τυρὼ ἡ Σαλμωνέως: Tyro, the daughter of Salmoneus, was loved by Enipeus and Poseidon
μετὰ τὴν ἐντεῦθεν ἀπαλλαγὴν: "after her departure from there" (home or life)
λαβοῦσα: ao. part. nom. f. s. of λαμβάνω, "having received"

A True Story

[4] Μείναντες δὲ ἡμέρας ἐν τῇ νήσῳ πέντε, τῇ ἕκτῃ ἐξωρμήσαμεν, αὔρας μέν τινος παραπεμπούσης, λειοκύμονος δὲ οὔσης τῆς θαλάττης· ὀγδόῃ δὲ ἡμέρᾳ πλέοντες οὐκέτι διὰ τοῦ γάλακτος, ἀλλ' ἤδη ἐν ἀλμυρῷ καὶ κυανέῳ ὕδατι, καθορῶμεν ἀνθρώπους πολλοὺς ἐπὶ τοῦ πελάγους διαθέοντας, ἅπαντα ἡμῖν προσεοικότας, καὶ τὰ σώματα καὶ τὰ μεγέθη, πλὴν τῶν ποδῶν

ἀλμυρός, -ά, -όν: salt, briny
αὔρα, ἡ: air in motion, a breeze
γάλα, -ακτος, τό: milk
διαθέω: to run about
ἕκτος, -η, -ον: sixth
ἐξορμέω: to put out of harbor
ἡμέρα, ἡ: day
καθοράω: to look down
κυάνεος, -α, -ον: dark-blue, glossy-blue
λειοκύμων, -ονος: having low waves
μέγεθος, -εος, τό: magnitude, size, height

μένω: to stay at home, stay where one is, not stir
ὄγδοος, -η, -ον: eighth
παραπέμπω: to convey past or through
πλέω: to sail, go by sea
πλήν: except + *gen.*
πούς, ποδός, ὁ: a foot
προσέοικα: to be like, resemble + *dat.*
σῶμα, -ατος, τό: a body
ὕδωρ, ὕδατος, τό: water

μείναντες: ao. part. of **μένω**, "having stayed"
ἐξωρμήσαμεν: ao. of **ἐξορμάω**, "we shoved off"
αὔρας...παραπεμπούσης: gen. abs., "with a breeze propelling us"
λειοκύμονος δὲ οὔσης τῆς θαλάττης: gen. abs., "the sea being gently moving"
διαθέοντας: pr. part. of **δια-θέω**, "we saw men *running over*"
προσεοικότας: perf. part. of **προσ-έοικα**, "similar to us"
καὶ τὰ σώματα καὶ τὰ μεγέθη: accusatives of respect, "in body and size"

Indirect statement after verbs of thinking and believing:

In this construction the finite verb of direct speech is changed to an infinitive of the same tense of the direct speech. The subject of the verb in direct speech becomes accusative *unless the subject of the indirect speech is the same as the subject of the main verb.* In that case the subject will be nominative if expressed. This construction can also be used with verbs of saying.

Direct speech:	"He is coming"
	ἔρχεται
Indirect speech:	She thinks that he is coming.
	νομίζει αὐτὸν ἔρχεσθαι.
	but
	He thinks he (himself) is coming
	νομίζει (αὐτὸς) ἔρχεσθαι

ἐνόμιζον λήσειν: "they thought that they would escape the notice of"
φασὶν Φαέθοντα πυρπολῆσαι: "they say that Phaethon had him burned"
ἔλεγον ἐπείγεσθαι: "they said that they were hastening"

μόνων· ταῦτα γὰρ φέλλινα εἶχον, ἀφ' οὗ δή, οἶμαι, καὶ ἐκαλοῦντο Φελλόποδες. ἐθαυμάσαμεν οὖν ἰδόντες οὐ βαπτιζομένους, ἀλλὰ ὑπερέχοντας τῶν κυμάτων καὶ ἀδεῶς ὁδοιποροῦντας. οἱ δὲ καὶ προσῆεσαν καὶ ἠσπάζοντο ἡμᾶς Ἑλληνικῇ φωνῇ· ἔλεγον δὲ καὶ εἰς Φελλὼ τὴν αὑτῶν πατρίδα ἐπείγεσθαι. μέχρι μὲν οὖν τινος συνωδοιπόρουν ἡμῖν παραθέοντες, εἶτα ἀποτραπόμενοι τῆς ὁδοῦ ἐβάδιζον εὔπλοιαν ἡμῖν ἐπευξάμενοι.

ἀδεής, -ές: without fear, fearless
ἀποτρέπω: to turn
ἀσπάζομαι: to welcome, greet, bid farewell
βαδίζω: to go slowly
βαπτίζω: to dip in or under water
εἶτα: then, next
Ἑλληνικός, -ή, -όν: Hellenic, Greek
ἐπείγω: to hasten
ἐπεύχομαι: to pray, wish for
εὔπλοια, ἡ: a fair voyage
θαυμάζω: to wonder, marvel
καλέω: to call
κῦμα, -ατος, τό: a wave

μέχρι: up to (+ gen.)
μονός: only
ὁδοιπορέω: to travel, make one's way
ὁδός, ἡ: a way, path, track, road, highway
οἴομαι: to suppose, think, deem, imagine
παραθέω: to run beside or alongside
πατρίς, -ίδος, ἡ: fatherland
συνοδοιπορέω: to travel together
ὑπερέχω: to hold or stay over
φέλλινος, -η, -ον: made of cork
Φελλόπους, ὁ: Cork-foot
Φελλώ, -οῦς, ἡ: Cork-land
φωνή, ἡ: a sound, voice

ταῦτα: acc. of respect, "they had corks *for these*"
ἀφ' οὗ δή, οἶμαι, καὶ: "from which very thing, I suppose, also..."
ἰδόντες: ao. part. from ὁράω, "seeing"
ὑπερέχοντας: pr. part. of ὑπερ-έρχομαι, "staying over" + gen.
ὁδοιποροῦντας: pr. part. of ὁδοι-πορέω, "making their way"
προσῆεσαν: impf. of προσ-έρχομαι, "they approached"
ἔλεγον...ἐπείγεσθαι: ind. st., "they said they were hastening"
μέχρι μὲν οὖν τινος: "and so up to a certain point"
ἀποτραπόμενοι: ao. part of ἀποτρέπω, "*having turned from*" + gen.

A True Story

Μετ᾽ ὀλίγον δὲ πολλαὶ νῆσοι ἐφαίνοντο, πλησίον μὲν ἐξ
ἀριστερῶν ἡ Φελλώ, ἐς ἣν ἐκεῖνοι ἔσπευδον, πόλις ἐπὶ μεγάλου
καὶ στρογγύλου φελλοῦ κατοικουμένη· πόρρωθεν δὲ καὶ μᾶλλον ἐν
δεξιᾷ πέντε μέγισται καὶ ὑψηλόταται, καὶ πῦρ πολὺ ἀπ᾽ αὐτῶν
ἀνεκαίετο, κατὰ δὲ τὴν πρῷραν μία πλατεῖα καὶ ταπεινή,
σταδίους ἀπέχουσα οὐκ ἐλάττους πεντακοσίων. [5] ἤδη δὲ
πλησίον ἦμεν, καὶ θαυμαστή τις αὔρα περιέπνευσεν ἡμᾶς, ἡδεῖα
καὶ εὐώδης, οἵαν φησὶν ὁ συγγραφεὺς Ἡρόδοτος ἀπόζειν τῆς
εὐδαίμονος Ἀραβίας. οἷον γὰρ ἀπὸ ῥόδων καὶ ναρκίσσων καὶ

ἀνακαίω: to light up
ἀπέχω: to be away from
ἀπόζω: to smell of
Ἀραβία, ἡ: Arabia
ἀριστερός: left, on the left
αὔρα, ἡ: air in motion, a breeze
δεξιά, ἡ: the right hand
εἷς, μία, ἕν: one
ἐλάττων: smaller, less (+ gen.)
εὐδαίμων, -ον: blessed
εὐώδης, -ες: sweet-smelling, fragrant
ἡδύς, -εῖα, -ύ: sweet, pleasant
Ἡρόδοτος, ὁ: Herodotus
θαυμαστός, -ή, -όν: wondrous, wonderful
κατοικέω: to dwell in
νάρκισσος, ὁ: the narcissus
ὀλίγος, -η, -ον: few, little, small

πεντακόσιοι, -αι: five hundred
περιπνέω: to breathe over or on
πλατύς, -εῖα, -ύ: wide, broad
πόλις, -εως, ἡ: a city
πόρρωθεν: from afar
πρῷρα, ἡ: the forepart of a ship, prow,
bow
πῦρ, πυρός, τό: fire
ῥόδον, τό: the rose
σπεύδω: to hasten, quicken
στάδιον, τό: a stade
στρογγύλος: round, spherical
συγγραφεύς, -έως, ὁ: an historian
ταπεινός, -ή, -όν: low
ὑψηλός, -ή, -όν: high, lofty, high-raised
φελλός, ὁ: the cork-tree
Φελλώ, -οῦς, ἡ: Cork-land

Beyond the island of Cork the men catch the scent of the Island of the Blessed.
ἐς ἣν: "to which"
κατοικουμένη: pr. part. of κατα-οικέω, "being inhabited"
κατὰ δὲ τὴν πρῷραν: "straight ahead"
ἀπέχουσα: pr. part. of ἀπο-ἔχω, "being away"
περιέπνευσεν: ao. of περι-πνέω, "blew upon"
οἵαν φησὶν: "such as the one Herodotus claims"
ἀπόζειν: pr. inf. of ἀπο-όζω, "to give a scent from" + gen.
τῆς εὐδαίμονος Ἀραβίας: "from blessed Arabia," the southern part of the
peninsula that typically receives more rainfall.

Lucian

ὑακίνθων καὶ κρίνων καὶ ἴων, ἔτι δὲ μυρρίνης καὶ δάφνης καὶ
ἀμπελάνθης, τοιοῦτον ἡμῖν τὸ ἡδὺ προσέβαλλεν. ἡσθέντες δὲ τῇ
ὀσμῇ καὶ χρηστὰ ἐκ μακρῶν πόνων ἐλπίσαντες κατ' ὀλίγον ἤδη
πλησίον τῆς νήσου ἐγινόμεθα. ἔνθα δὴ καὶ καθεωρῶμεν λιμένας τε
πολλοὺς περὶ πᾶσαν ἀκλύστους καὶ μεγάλους, ποταμούς τε
διαυγεῖς ἐξιέντας ἠρέμα εἰς τὴν θάλατταν, ἔτι δὲ λειμῶνας καὶ
ὕλας καὶ ὄρνεα μουσικά, τὰ μὲν ἐπὶ τῶν ἠϊόνων ᾄδοντα, πολλὰ δὲ
καὶ ἐπὶ τῶν κλάδων· ἀήρ τε κοῦφος καὶ εὔπνους περιεκέχυτο τὴν
χώραν· καὶ αὖραι δέ τινες ἡδεῖαι πνέουσαι ἠρέμα τὴν ὕλην

ἀείδω: to sing
ἀήρ, ἀέρος, ὁ: the air
ἄκλυστος, -ον: unwashed by waves
ἀμπελάνθη, ἡ: flower of the wild vine
αὔρα, ἡ: air in motion, a breeze
δάφνη, ἡ: the laurel
διαυγής, -ές: transparent
ἐλπίζω: to hope for, look for, expect
ἐξίημι: to send out, empty
εὔπνους: breathing well, sweet-smelling
ἥδομαι: to please, delight
ἡδύς, -εῖα, -ύ: sweet, pleasant
ἠιών, -όνος, ἡ: a shore, beach
ἠρέμα: stilly, quietly, gently, softly
ἴον, -ου, τό: the violet
καθοράω: to look down over, see
κλάδος, -ου, ὁ: a young shoot, branch

κοῦφος, -η, -ον: light, nimble
κρίνον, -ου, τό: a lily
λειμών, -ῶνος, ὁ: a meadow
λιμήν, -ένος, ὁ: a harbor, haven
μουσικός, -ή, -όν: of or for music, musical
μυρρίνη, ἡ: a branch or wreath of myrtle
ὄρνεον, τό: a bird
ὀσμή, ἡ: a smell, scent, odor
περιχέω: to pour round or over
πνέω: to blow
πόνος, ὁ: work
ποταμός, ὁ: a river, stream
προσβάλλω: to strike against (+ dat.)
ὑάκινθος, ὁ, ἡ: a hyacinth (flower)
ὕλη, ἡ: a forest
χρηστός, -ή, -όν: useful, good of its kind
χώρα, ἡ: land, space

τοιοῦτον τὸ ἡδύ: "such was the sweetness"
ἡσθέντες: ao. pas. part. of ἥδομαι, "having been delighted by" + dat.
ἐλπίσαντες: ao. part of ἐλπίζω, "having been put in hope for" + acc.
πλησίον ἐγινόμεθα: impf. of γίνομαι, "we drew near to" + gen.
καθεωρῶμεν: impf. of κατα-όράω, "we saw"
ἐξιέντας: pr. part. of ἐξέρχομαι, "emptying"
ᾄδοντα: pr. part. nom. pl. n. agreeing with ὄρνεα, "singing"
περιεκέχυτο: plupf. of περι-χέω, "was poured around"
πνέουσαι: pr. part. nom. f. pl. of πνέω, "blowing"

διεσάλευον, ὥστε καὶ ἀπὸ τῶν κλάδων κινουμένων τερπνὰ καὶ συνεχῆ μέλη ἀπεσυρίζετο, ἐοικότα τοῖς ἐπ' ἐρημίας αὐλήμασι τῶν πλαγίων αὐλῶν. καὶ μὴν καὶ βοὴ σύμμικτος ἠκούετο ἄθρους, οὐ θορυβώδης, ἀλλ' οἷα γένοιτ' ἂν ἐν συμποσίῳ, τῶν μὲν αὐλούντων, τῶν δὲ ἐπᾳδόντων, ἐνίων δὲ κροτούντων πρὸς αὐλὸν ἢ κιθάραν. [6] τούτοις ἅπασι κηλούμενοι κατήχθημεν, ὁρμίσαντες δὲ τὴν ναῦν ἀπεβαίνομεν, τὸν Σκίνθαρον ἐν αὐτῇ καὶ δύο τῶν ἑταίρων ἀπολιπόντες. προϊόντες δὲ διὰ λειμῶνος εὐανθοῦς ἐντυγχάνομεν

ἄθρους, -ουν: in crowds, collective
ἅπας: all, the whole
ἀποβαίνω: to step off, disembark
ἀπολείπω: to leave over or behind
ἀποσυρίζω: to whistle aloud
αὐλέω: to play on the flute
αὔλημα, -ατος, τό: music for the flute
αὐλός, ὁ: flute
βοή, ἡ: a loud cry, shout
διασαλεύω: to shake violently
ἔνιοι, -αι, -α: some
ἐντυγχάνω: to light upon, fall in with, meet with (+ dat.)
ἔοικα: it resembles (+ dat.)
ἐπᾳδω: to sing to or in accompaniment
ἐρημία, ἡ: a solitude, desert, wilderness
ἑταῖρος, ὁ: a comrade, companion, mate
εὐανθής, -ές: blooming, budding
θορυβώδης, -ες: noisy, uproarious, turbulent

κατάγω: to lead to shore
κηλέω: to charm, enchant, fascinate
κιθάρα, ἡ: guitar
κινέω: to set in motion, to move
κλάδος, -ου, ὁ: a young shoot, branch
κροτέω: to make to rattle
λειμών, -ῶνος, ὁ: a meadow
μέλος, -εος, τό: a song
ὁρμίζω: bring into harbor
πλάγιος, -ος, -ον: placed sideways, slanting, aslant
Σκίνθαρος, ὁ: Scintharus
σύμμικτος, -ον: commingled, promiscuous
συμπόσιον, τό: a drinking-party, symposium
συνεχής, -ές: continuous
τερπνός, -ή, -όν: delightsome, delightful, pleasant, agreeable, glad

---

διεσάλευον: impf. of **διασαλεύω**, "caused to move"
ὥστε...ἀπεσυρίζετο: result clause, "so that they were whistling"
ἀπεσυρίζετο: impf. of **ἀπο-συρίζω**
τοῖς αὐλήμασι: dat. pl. after **ἐοικότα**, "like *the flutings*"
τῶν πλαγίων αὐλῶν: "transverse-flutes" or "Pan-pipes"
καὶ μὴν καὶ: "and indeed also"
ἠκούετο: impf. pas. of **ἀκούω**, "a shot *was heard*"
ἀλλ' οἷα: "but such as"
γένοιτο ἂν: potential opt. of **γίνομαι**, "might occur"
τῶν μὲν...τῶν δὲ...ἐνίων δὲ: gen. abs., "*some* playing, *some* singing, *others* beating time"
κατήχθημεν: ao. pas. of **κατα-άγω**, "we put in"
ἀπολιπόντες: ao. part. of **ἀπο-λείπω**, "having left behind"
προϊόντες: pr. part. of **προ-έρχομαι**, "advancing"

τοῖς φρουροῖς καὶ περιπόλοις, οἱ δὲ δήσαντες ἡμᾶς ῥοδίνοις
στεφάνοις - οὗτος γὰρ μέγιστος παρ' αὐτοῖς δεσμός ἐστιν -
ἀνῆγον ὡς τὸν ἄρχοντα, παρ' ὧν δὴ καθ' ὁδὸν ἠκούσαμεν ὡς ἡ
μὲν νῆσος εἴη τῶν Μακάρων προσαγορευομένη, ἄρχοι δὲ ὁ Κρὴς
Ῥαδάμανθυς. καὶ δὴ ἀναχθέντες ὡς αὐτὸν ἐν τάξει τῶν
δικαζομένων ἔστημεν τέταρτοι. [7] ἦν δὲ ἡ μὲν πρώτη δίκη περὶ
Αἴαντος τοῦ Τελαμῶνος, εἴτε χρὴ αὐτὸν συνεῖναι τοῖς ἥρωσιν εἴτε
καὶ μή· κατηγορεῖτο δὲ αὐτοῦ ὅτι μεμήνοι καὶ ἑαυτὸν ἀπεκτόνοι.

Αἴας, -αντος, ὁ: Ajax
ἀποκτείνω: to kill, slay
ἄρχω: to rule
ἄρχων, -οντος, ὁ: a ruler, commander,
   chief, captain
δεσμός, ὁ: a bond, shackle
δικάζω: to judge, to give judgment on
δίκη, ἡ: a case
εἴτε: whether
ἥρως, ὁ: a hero, warrior
ἵστημι: to make to stand
κατηγορέω: to accuse (+ gen.)

Κρής, -ης, ὁ: a Cretan
μαίνομαι: to rage, be furious
μακάρος, -α, -ον: blessed
ὁδός, ἡ: a way, path, track, road, highway
περίπολος, ὁ: a patrol
προσαγορεύω: to name, call
ῥόδινος, -η, -ον: made of or from roses
στέφανος, ὁ: a garland
τάξις, -εως, ἡ: an arranging
τέταρτος, -η, -ον: fourth
φρουρός, ὁ: a watcher, guard

δήσαντες: ao. part. of δέω, "having bound us"

ἀνῆγον: impf. of ἀνα-άγω, "they led us"

ὡς τὸν ἄρχοντα: "to the king"

παρ' ὧν: "from whom" (i.e., the guards)

ὡς ἡ μὲν νῆσος εἴη...ἄρχοι δὲ: ind. st. after ἠκούσαμεν, with the optative (εἴη,
   ἄρχοι) in secondary sequence, "that this island is... that Radamathus rules"

ὁ Κρής Ῥαδάμανθυς: Rhadamanthys is represented judging disputes among the
   dead by Homer, as does Lucian here

ἀναχθέντες: ao. part. pas. of ἀνα-άγω, "having been led"

ἐν τάξει τῶν δικαζομένων: "in the line of those waiting judgment"

ἔστημεν: ao. intrans. of ἵστημι, "we were placed"

Αἴαντος τοῦ Τελαμῶνος: Telamonion Ajax (vs. the Locrian Ajax) is a great hero of
   the Iliad. Odysseus is awarded the armor of Achilles after his death, and Ajax,
   enraged, kills himself. The story of his madness and death is told in Sophocles'
   play, Ajax.

εἴτε χρὴ: ind. quest., "whether it was permitted"

αὐτὸν συνεῖναι: pr. inf. of συν-ειμι after χρὴ, "that he join with" + dat.

κατηγορεῖτο: impf. pas. of κατα-αγορέω, "it was alleged against him that..."
   followed by ind. st., with perf. indicatives changed to perf. optatives in secondary
   sequence

μεμήνοι: perf. opt. of μηνίω, "that he went mad"

ἀπεκτόνοι: perf. opt. of ἀποκτείνω, "that he had killed"

τέλος δὲ πολλῶν ῥηθέντων ἔγνω ὁ Ῥαδάμανθυς, νῦν μὲν αὐτὸν
πιόμενον τοῦ ἐλλεβόρου παραδοθῆναι Ἱπποκράτει τῷ Κῴῳ
ἰατρῷ, ὕστερον δὲ σωφρονήσαντα μετέχειν τοῦ συμποσίου.
[8] δευτέρα δὲ ἦν κρίσις ἐρωτική, Θησέως καὶ Μενελάου περὶ τῆς
Ἑλένης διαγωνιζομένων, ποτέρῳ χρὴ αὐτὴν συνοικεῖν. καὶ ὁ
Ῥαδάμανθυς ἐδίκασε Μενελάῳ συνεῖναι αὐτὴν ἅτε καὶ τοσαῦτα
πονήσαντι καὶ κινδυνεύσαντι τοῦ γάμου ἕνεκα· καὶ γὰρ αὖ τῷ

γάμος: a wedding, wedding-feast
γινώσκω: to know, realize, decide
δεύτερος, -α, -ον: second
διαγωνίζομαι: to contend, struggle or
  fight against
δικάζω: to judge, to give judgment on
ἐλλέβορος, ὁ: hellebore, poison
ἕνεκα: on account of + gen.
ἐρωτικός, -ή, -όν: amatory
ἰατρός, ὁ: one who heals, physician
κινδυνεύω: take the risk, do a daring thing
κρίσις, -εως, ἡ: a separating, decision
Κῷος, -α, -ον: from the island Cos, Coan

μετέχω: to partake of, enjoy a share of (+
  gen.)
παραδίδωμι: to give or hand over to
  another, transmit
πίνω: to drink
πονέω: to work hard, do work, suffer toil
πότερος, -α, -ον: whether of the two?
συμπόσιον, τό: a drinking-party,
  symposium
συνοικέω: to dwell with (+ dat.)
σωφρονέω: to be sound of mind
τέλος: finally

πολλῶν ῥηθέντων (ao. pas. of **λέγω**): gen. abs., "many things having been said"
ἔγνω: ao. of **γινώσκω**, taking acc. + inf. form of ind. st. expressing judgment
πιόμενον: fut. part. acc. s. of **πίνω** modifying **αὐτὸν**, expressing purpose, "in order
  for him to drink..."
ἐλλεβόρου: Hellebore was a drug used to treat madness.
παραδοθῆναι: ao. inf. pas. of **παραδίδωμι**, "that he should be handed over to" + dat.
Ἱπποκράτει: Hippocrates of Kos, 5th c. physician
σωφρονήσαντα μετέχειν: ind. st., "that, after having regained his senses, he
  share"
Θησέως: Theseus is the greatest of the Attic heroes, a legendary king who, like
  Heracles, rids the world of monsters. He had sought Helen as a wife before she
  was awarded to Menelaus. Another story has Theseus and Pirithous abducting
  Helen.
Μενελάου: Brother of Agamemnon, who was awarded Helen as a wife. The
  abduction of Helen by Paris was the cause of the Trojan War.
διαγωνιζομένων: gen. abs., "with Theseus and Menelaus contending"
ποτέρῳ χρὴ αὐτὴν συνοικεῖν: ind. quest., "with which of the two it was necessary
  for her to live...."
συνεῖναι αὐτὴν: ind. st. after **ἐδίκασε**, "that she should live with"
ἅτε + part: "on the ground that..."
πονήσαντι: ao. part. dat. s. of **πονέω**, causal, modifying **Μενελάῳ**, "that he had
  undergone"
καὶ γὰρ αὖ: "and furthermore"

ἅτε and ὡς + participle expressing cause

Both of these particles can express the reasons an action was carried out, but with ἅτε the participle states the cause on the authority of the speaker or writer, whereas with ὡς the participle indicates an alleged or supposed intention which does not implicate the speaker or writer.

Compare:

> ὁ Ῥαδάμανθυς ἐδίκασε Μενελάῳ συνεῖναι αὐτὴν *ἅτε καὶ τοσαῦτα πονήσαντι καὶ κινδυνεύσαντι* τοῦ γάμου ἕνεκα.

> Rhadamanthus decided that she (Helen) should live with Menelaus *on the grounds that he had labored so much and run such risks* for the marriage.

> ὁ Ῥαδάμανθυς ἐδίκασε Μενελάῳ συνεῖναι αὐτὴν *ὡς καὶ τοσαῦτα πονήσαντι καὶ κινδυνεύσαντι* τοῦ γάμου ἕνεκα

> Rhadamanthus decided that she (Helen) should live with Menelaus *because, as Rhadamanthus explained, Menelaus had labored so much and run such risks* for the marriage.

In this second version, the implication would be that this may not be the real reason for Rhadamanthus' judgment.

In either construction, the case of the participle will agree with the agent of the action in the sentence. Note how the following changes to the case of the participle change the meaning of these sentences:

> ὁ Ῥαδάμανθυς ἐδίκασε Μενελάῳ συνεῖναι αὐτὴν *ἅτε καὶ τοσαῦτα πονήσας καὶ κινδυνεύσας* τοῦ γάμου ἕνεκα

> Rhadamanthus decided that she should live with Menelaus *on the grounds that he (Rhadamanthus) had labored so much and run such risks* for the marriage.

> ὁ Ῥαδάμανθυς ἐδίκασε Μενελάῳ συνεῖναι αὐτὴν *ἅτε καὶ τοσαῦτα πονήσασαν καὶ κινδυνεύσασαν* τοῦ γάμου ἕνεκα

> Rhadamanthus decided that she should live with Menelaus *on the grounds that she (i.e. Helen) had labored so much and run such risks* for the marriage.

Here are some other examples of ἅτε and ὡς + participle from *A True Story*:

> ἄριστα ἂν ἔχοι διὰ μάχης ἐλθεῖν *αὐτοῖς, ἅτε οὖσιν ἀνόπλοις,* αὐτούς γε ὡπλισμένους.

> It would be best for these who are armed to attack in battle *them, since they are unarmed.*

> κρίσιν ἐδεδοίκεσαν, *ἅτε καὶ τὸ κριτήριον αὐτοὶ ἀνῃρηκότες.*

> They *feared* his judgment, *because they had disputed the criterion.*

> οἳ δὴ καὶ προσῇεσαν καὶ ἠσπάζοντο *ὡς ἂν καὶ συνήθεις ὑπάρχοντες*

> These in fact approached and greeted us *as though they were acquaintances* (but they *really* were not).

Θησεῖ καὶ ἄλλας εἶναι γυναῖκας, τήν τε Ἀμαζόνα καὶ τὰς τοῦ Μίνωος θυγατέρας. [9] τρίτη δ᾽ ἐδικάσθη περὶ προεδρίας Ἀλεξάνδρῳ τε τῷ Φιλίππου καὶ Ἀννίβᾳ τῷ Καρχηδονίῳ, καὶ ἔδοξε προέχειν ὁ Ἀλέξανδρος, καὶ θρόνος αὐτῷ ἐτέθη παρὰ Κῦρον τὸν Πέρσην τὸν πρότερον. [10] τέταρτοι δὲ ἡμεῖς προσήχθημεν· καὶ ὁ μὲν ἤρετο τί παθόντες ἔτι ζῶντες ἱεροῦ χωρίου ἐπιβαίημεν· ἡμεῖς δὲ πάντα ἑξῆς διηγησάμεθα. οὕτω δὴ μεταστησάμενος ἡμᾶς

Ἀμαζών, -όνος, ἡ: an Amazon
γυνή, -αικός, ἡ: a woman, wife
διηγέομαι: to set out in detail, narrate
δικάζω: to judge, to give judgment on
ἑξῆς: in order, in a row
ἐπιβαίνω: to go upon
ἐρωτάω: to ask, enquire
ζάω: to live
θρόνος, ὁ: a seat, chair
θυγάτηρ, ἡ: a daughter
ἱερός, -ά, -όν: sacred
Καρχηδόνιος, -α, -ον: Carthaginian
Κῦρος, ὁ: Cyrus

μεθίστημι: to set aside, change places
πάσχω: to experience, to suffer
Πέρσης, -ου, ὁ: a Persian
προεδρία, ἡ: the privilege of the front seats
προέχω: to hold before, prefer
προσάγω: to bring to or forth
πρότερος: first
τέταρτος, -η, -ον: fourth
τίθημι: to set, put, place
τρίτος, -η, -ον: the third
χωρίον, τό: a place, spot

εἶναι γυναῖκας: continuation of ind. st. after ἐδίκασε, "that there were wives"

τήν Ἀμαζόνα: The Amazon is Hippolyte or Antiope, both of whom Theseus was said to have abducted and made his wife. After bearing a son, Hippolytus, Hippolyte or Antiope was cast aside for Phaedra, the daughter of Minos.

τὰς τοῦ Μίνωος θυγατέρας: the daughters of Minos are Phaedra and Ariadne, the latter abandoned on an island after having helped Theseus defeat the Minotaur; the former Theseus' wife who fell in love with her stepson, Hippolytus.

ἐδικάσθη: ao. pas. of δικάζω, "was judged"

προεδρίας: gen. s., "precedence," lit. "front seats"

Ἀλεξάνδρῳ τῷ Φιλίππου: Alexander the Great (356 – 323), the Macedonian general who conquered the Persian Empire.

Ἀννίβᾳ τῷ Καρχηδονίῳ: Hannibal (248–183), the Carthaginian general who led his people against Rome in the second Punic War.

Κῦρον τὸν πρότερον: "the first Cyrus," 576-530 BCE

ἔδοξε προέχειν: "seemed to be superior"

ἐτέθη: ao. pas. of τίθημι, "was placed"

προσήχθημεν: ao. pas. of προσ-άγω, "we were brought forth"

ἤρετο...ἐπιβαίημεν: ao. opt. of ἐπι-βαίνω, ind. quest. with opt. in sec. seq.

τί παθόντες: ao. pas. of πάσχω, "having experienced what?"

διηγησάμεθα: ao. of δια-ηγέομαι, "we narrated"

οὕτω δὴ: "next, as you would expect"

μεταστησάμενος: ao. part. trans. of μετα-ἵστημι, "setting us aside"

ἐπὶ πολὺν χρόνον ἐσκέπτετο καὶ τοῖς συνέδροις ἐκοινοῦτο περὶ
ἡμῶν. συνήδρευον δὲ ἄλλοι τε πολλοὶ καὶ Ἀριστείδης ὁ δίκαιος ὁ
Ἀθηναῖος. ὡς δὲ ἔδοξεν αὐτῷ, ἀπεφήναντο, τῆς μὲν
φιλοπραγμοσύνης καὶ τῆς ἀποδημίας, ἐπειδὰν ἀποθάνωμεν,
δοῦναι τὰς εὐθύνας, τὸ δὲ νῦν ῥητὸν χρόνον μείναντας ἐν τῇ νήσῳ
καὶ συνδιαιτηθέντας τοῖς ἥρωσιν ἀπελθεῖν. ἔταξαν δὲ καὶ τὴν
προθεσμίαν τῆς ἐπιδημίας μὴ πλέον μηνῶν ἑπτά.

Ἀθηναῖος, -α, -ον: Athenian
ἀπέρχομαι: to go away, depart from
ἀποδημία, ἡ: a being from home, a going
    abroad
ἀποθνῄσκω: to die
ἀποφαίνω: to display, produce, resolve
δίδωμι: to give, pay (a penalty)
δίκαιος: just, well-ordered
ἐπειδάν: whenever (+ subj.)
ἐπιδημία, ἡ: a stay in a place
ἑπτά: seven
εὔθυνα, ἡ: a setting straight, penalty
ἥρως, ὁ: a hero, warrior

κοινόω: to make common, communicate
μείς, μήνος, ὁ: a month
πλέων, -ον: more (than + gen.)
προθέσμια: fore-appointed time
ῥητός, ἡ, -όν: stated, specified
σκέπτομαι: to look about, look carefully
συνδιαιτάομαι: to dwell with (+ dat.)
συνεδρεύω: to sit together, sit in council
σύνεδρος, -ον: councilor
τάσσω: to arrange, determine
φιλοπραγμοσύνη, ἡ: meddlesomeness
χρόνος, ὁ: time

συνήδρευον: impf. 3 pl. of συν-εδρεύω, "sat in council with him"

ἄλλοι τε πολλοὶ καὶ: "many others, but especially..."

Ἀριστείδης ὁ δίκαιος: Aristides the Just (530 - 468 B.C), whose legendary fairness is
    recounted by Plutarch.

ὡς δὲ ἔδοξεν αὐτῷ: "how it seemed good to him"

ἀπεφήναντο: ao. of ἀπο-φαίνω, "they resolved"

τῆς μὲν φιλοπραγμοσύνης καὶ τῆς ἀποδημίας: gen. indicating the grounds of
    the sentence, "for the charge of..."

ἐπειδὰν ἀποθάνωμεν: subj. of ἀποθνῄσκω, indefinite temporal clause, "whenever
    we die"

δοῦναι: ao. inf. of δίδωμι, ind. st. after ἀπεφήναντο, "they resolved *that we pay a
    penalty*"

τὸ δὲ νῦν: "but for the present"

ῥητὸν χρόνον: acc. of duration, "for a specified time"

μείναντας...συνδιαιτηθέντας: ao. part. acc. pl. modifying the subject of ἀπελθεῖν,

ἀπελθεῖν: ao. inf. of ἀπο-έρχομαι, continuation of ind. st. after ἀπεφήναντο, "that
    we depart"

ἔταξαν: ao. of τάσσω, "they determined"

[11] Τοὐντεῦθεν αὐτομάτων ἡμῖν τῶν στεφάνων περιρρυέντων ἐλελύμεθα καὶ εἰς τὴν πόλιν ἠγόμεθα καὶ εἰς τὸ τῶν Μακάρων συμπόσιον. αὕτη μὲν οὖν ἡ πόλις πᾶσα χρυσῆ, τὸ δὲ τεῖχος περίκειται σμαράγδινον· πύλαι δέ εἰσιν ἑπτά, πᾶσαι μονόξυλοι κινναμώμινοι· τὸ μέντοι ἔδαφος τῆς πόλεως καὶ ἡ ἐντὸς τοῦ τείχους γῆ ἐλεφαντίνη· ναοὶ δὲ πάντων θεῶν βηρύλλου λίθου ᾠκοδομημένοι, καὶ βωμοὶ ἐν αὐτοῖς μέγιστοι μονόλιθοι ἀμεθύστινοι, ἐφ' ὧν ποιοῦσι τὰς ἑκατόμβας. περὶ δὲ τὴν πόλιν ῥεῖ ποταμὸς μύρου τοῦ καλλίστου, τὸ πλάτος πήχεων ἑκατὸν

ἄγω: to lead or carry, to convey, bring
ἀμεθύστινος, -η, -ον: of amethyst
αὐτόματος: acting of one' s own will, of oneself
βήρυλλος, ἡ: gem of sea-green color, beryl
βωμός, ὁ: any raised platform, an altar
γῆ, γῆς, ἡ: earth
ἔδαφος, -εος, τό: a bottom, foundation
ἑκατόμβη, ἡ: an offering of a hundred oxen
ἑκατόν: a hundred
ἐλεφάντινος, -η, -ον: ivory
ἐντεῦθεν: hence or thence
ἐντός: within, inside
ἑπτά: seven
θεός, ὁ: a god
κινναμώμινος, -η, -ον: prepared from or with cinnamon
λίθος, -ου, ὁ: a stone
λύω: to loose
μακάρος, -α, -ον: blessed

μονόλιθος, -ον: made out of one stone
μονόξυλος, -ον: made from a solid trunk
μύρον, -ου, τό: sweet-oil, unguent, balsam
ναός, -ώ, ὁ: the dwelling of a god, a temple
οἰκοδομέω: to build a house
περίκειμαι: to lie round about
περιρρέω: to flow round
πῆχυς, ὁ: a cubit
πλάτος, τό: breadth, width
πόλις, -εως, ἡ: a city
ποταμός, ὁ: a river, stream
πύλη, ἡ: a gate
ῥέω: to flow, run, stream, gush
σμαράγδινος, -η, -ον: emerald
στέφανος, ὁ: a garland
συμπόσιον, τό: a drinking-party, symposium
τεῖχος, -εος, τό: a wall
χρύσεος, -η, -ον: golden, of gold

They observe the marvelous lifestyle of those on the Isle of the Blessed, their beautiful city, their habits, their food, etc.

τοὐντεῦθεν (= τὸ ἐντεῦθεν): "thereupon"
στεφάνων περιρρυέντων: ao. part. in gen. abs., "the garlands having fallen off"
ἐλελύμεθα: plupf. pas. of λύω, "we were released"
περίκειται: "is placed around"
ᾠκοδομημένοι: perf. part. of οἰκοδομέω, "having been built"
ἐφ' ὧν ποιοῦσι: "upon which they make"
πήχεων ἑκατὸν βασιλικῶν: "100 royal cubits"

βασιλικῶν, βάθος δὲ [πέντε] ὥστε νεῖν εὐμαρῶς. λουτρὰ δέ ἐστιν αὐτοῖς οἶκοι μεγάλοι ὑάλινοι, τῷ κινναμώμῳ ἐγκαιόμενοι· ἀντὶ μέντοι τοῦ ὕδατος ἐν ταῖς πυέλοις δρόσος θερμὴ ἔστιν. [12] ἐσθῆτι δὲ χρῶνται ἀραχνίοις λεπτοῖς, πορφυροῖς. αὐτοὶ δὲ σώματα μὲν οὐκ ἔχουσιν, ἀλλ' ἀναφεῖς καὶ ἄσαρκοί εἰσιν, μορφὴν δὲ καὶ ἰδέαν μόνην ἐμφαίνουσιν, καὶ ἀσώματοι ὄντες ὅμως συνεστᾶσιν καὶ κινοῦνται καὶ φρονοῦσι καὶ φωνὴν ἀφιᾶσιν, καὶ ὅλως ἔοικε γυμνή τις ἡ ψυχὴ αὐτῶν περιπολεῖν τὴν τοῦ σώματος

ἀναφής, -ές: not to be touched, impalpable
ἀράχνιον, τό: a spider's web
ἄσαρκος, -ον: without flesh, lean
ἀσώματος, -ον: incorporeal
ἀφίημι: to send forth, discharge
βάθος: depth or height
βασιλικός, -ή, -όν: royal, kingly
γυμνός, -ή, -όν: naked, unclad
δρόσος, ἡ: dew
ἐγκαίω: to burn or heat in
ἐμφαίνω: exhibit
ἔοικα: it seemed good
ἐσθής, -ῆτος, ἡ: dress, clothing, raiment
εὐμαρής, -ές: easy, convenient, without trouble
θερμός, -ή, -όν: hot, warm
ἰδέα, ἡ: form
κινέω: to set in motion, to move

κιννάμωμον, τό: cinnamon
λεπτός, -ή, -όν: fine
λουτρόν, τό: a bath, bathing place
μορφή, ἡ: shape
νέω: to swim
οἶκος, ὁ: a house, abode, dwelling
ὅλως: wholly, generally
περιπολέω: to go around or about
πορφύρεος: purple
πύελος, ἡ: an oblong trough
συνίστημι: to subsist
σῶμα, -ατος, τό: a body
ὑάλινος, -η, -ον: of crystal or glass
ὕδωρ, ὕδατος, τό: water
φρονέω: to think, to have understanding
φωνή, ἡ: a sound, tone
χράομαι: to use (+ dat.)
ψυχή, ἡ: spirit

βάθος δὲ πέντε: acc. of respect, "five in depth"
ὥστε νεῖν: result clause, "so one can swim"
αὐτοὶ δὲ: "as for themselves"
ἀναφεῖς: nom. pl. masc. (ἀν-άφη), "untouchable"
ἐμφαίνουσιν: "they manifest"
καὶ ἀσώματοι ὄντες ὅμως: concessive, "and although being bodiless, still...."
συνεστᾶσιν: perf. of συν-ἵστημι, "they subsist"
φωνὴν ἀφιᾶσιν: pr. of ἀφ-ἵημι, "they speak"
καὶ ὅλως: "and generally"
τὴν...ὁμοιότητα: "the resemblance of" + gen.

ὁμοιότητα περικειμένη· εἰ γοῦν μὴ ἅψαιτό τις, οὐκ ἂν ἐξελέγξειε
μὴ εἶναι σῶμα τὸ ὁρώμενον· εἰσὶ γὰρ ὥσπερ σκιαὶ ὀρθαί, οὐ
μέλαιναι. γηράσκει δὲ οὐδείς, ἀλλ᾽ ἐφ᾽ ἧς ἂν ἡλικίας ἔλθῃ
παραμένει. οὐ μὴν οὐδὲ νὺξ παρ᾽ αὐτοῖς γίνεται, οὐδὲ ἡμέρα πάνυ
λαμπρά· καθάπερ δὲ τὸ λυκαυγὲς ἤδη πρὸς ἔω, μηδέπω
ἀνατείλαντος ἡλίου, τοιοῦτο φῶς ἐπέχει τὴν γῆν. καὶ μέντοι καὶ
ὥραν μίαν ἴσασιν τοῦ ἔτους· αἰεὶ γὰρ παρ᾽ αὐτοῖς ἔαρ ἐστὶ καὶ εἷς
ἄνεμος πνεῖ παρ᾽ αὐτοῖς ὁ ζέφυρος. [13] ἡ δὲ χώρα πᾶσι μὲν

αἰεί: always, for ever
ἀνατέλλω: to make to rise up
ἄνεμος, ὁ: wind
ἅπτω: to touch
γῆ, γῆς, ἡ: earth
γηράσκω: to grow old, become old
γοῦν: at any rate, any way
ἔαρ, τό: spring
ἐξελέγχω: refute
ἐπιχέω: to pour over
ἔτος, -εος, τό: a year
ἔως, ἔω, ἡ: daybreak, dawn
ζέφυρος, ὁ: Zephyrus, the west wind
ἡλικία, ἡ: time of life, age
ἥλιος, ὁ: the sun
ἡμέρα, ἡ: day
λαμπρός, -ά, -όν: bright, brilliant, radiant

λυκαυγής, -ές: of or at twilight
μέλας, μέλαινα, μέλαν: black
μηδέπω: nor as yet, not as yet
νύξ, νυκτός, ἡ: night
οἶδα: to know
ὁμοιότης, -ητος, ἡ: likeness, resemblance
ὁράω: to see
ὀρθός, -ή, -όν: genuine, upright
παραμένω: to stay beside or near, stand by
περίκειμαι: to lie round about
πνέω: to blow
σκιά, -ᾶς, ἡ: a shadow
σῶμα, -ατος, τό: a body
φῶς, φωτός, τό: light
χώρα, ἡ: a place, space
ὥρα, ἡ: a period, season

περικειμένη: pr. part. nom. s. modifying ψυχὴ, "having put about itself"
εἰ μὴ ἅψαιτό τις: future less vivid cond., "unless someone were to touch"
ἅψαιτό: ao. opt. of ἅπτω
ἐξελέγξειε: ao. opt. of ἐξελέγχω, "he would not refute"
μὴ εἶναι: ind. st. after ἐξελέγξειε, "that what they were seeing was not a body"
ἐφ᾽ ἧς ἂν ἡλικίας ἔλθῃ (ao. subj.): indefinite temporal clause "at whatever age he arrives"
οὐ μὴν οὐδὲ: "there is not even"
μηδέπω ἀνατείλαντος ἡλίου: gen. abs., "sun not yet risen"
ἀνατείλαντος: ao. part. of ἀνατέλλω
ἴσασιν: pr. 3 pl. of οἶδα, "they know"
καὶ μέντοι: "and what's more"

ἄνθεσιν, πᾶσι δὲ φυτοῖς ἡμέροις τε καὶ σκιεροῖς τέθληλεν· αἱ μὲν γὰρ ἄμπελοι δωδεκάφοροί εἰσιν καὶ κατὰ μῆνα ἕκαστον καρποφοροῦσιν· τὰς δὲ ῥοιὰς καὶ τὰς μηλέας καὶ τὴν ἄλλην ὀπώραν ἔλεγον εἶναι τρισκαιδεκάφορον· ἑνὸς γὰρ μηνὸς τοῦ παρ' αὐτοῖς Μινῴου δὶς καρποφορεῖν· ἀντὶ δὲ πυροῦ οἱ στάχυες ἄρτον ἕτοιμον ἐπ' ἄκρων φύουσιν ὥσπερ μύκητας. πηγαὶ δὲ περὶ τὴν πόλιν ὕδατος μὲν πέντε καὶ ἑξήκοντα καὶ τριακόσιαι, μέλιτος δὲ ἄλλαι τοσαῦται, μύρου δὲ πεντακόσιαι, μικρότεραι μέντοι αὗται, καὶ ποταμοὶ γάλακτος ἑπτὰ καὶ οἴνου ὀκτώ.

ἄκρον, -ον, τό: the highest or furthest point
ἄμπελος, ἡ: a vine, tendril
ἄνθος, ὁ: a blossom, flower
ἄρτος, ὁ: a cake or loaf of wheat-bread
γάλα, -ακτος, τό: milk
δίς: twice, doubly
δωδεκάφοροι: bearing fruit 12 times a year
ἑξήκοντα: sixty
ἑπτά: seven
ἕτοῖμος, -ον: at hand, ready, prepared
ἥμερος, -α, -ον: tame, tamed, reclaimed
θάλλω: to bloom
καρποφορέω: to bear fruit
μείς, μήνος, ὁ: a month
μέλι, -ιτος, τό: honey
μηλέα, ἡ: an apple-tree
μικρός, -ά, -όν: small

μύκης, -ητος, ὁ: a mushroom
μύρον, -ου, τό: unguent, balsam
Μινῴιος, -α, -ον: of Minos, legendary king of Crete
οἶνος, ὁ: wine
ὀκτώ: eight
ὀπώρα, ἡ: a fruit tree
πεντακόσιοι, -αι: five hundred
πηγή, ἡ: running waters, streams
πόλις, -εως, ἡ: a city
ποταμός, ὁ: a river, stream
πυρός, ὁ: wheat
ῥοιά, ἡ: mulberry
σκιερός, -ά, -όν: shady, giving shade
στάχυς, -υος, ὁ: an ear of corn
τριακόσιοι, -αι, -α: three hundred
ὕδωρ, ὕδατος, τό: water
φυτόν, τό: a plant, tree
φύω: to bring forth, produce, put forth

ἡμέροις τε καὶ σκιεροῖς: "both cultivated and shady." There is a pun here as though ἡμέροις means "sunny."
τέθληλεν: perf. of θάλλω, "has bloomed with" + dat.
εἶναι τρισκαιδεκάφορον: ind. st. after ἔλεγον, "that they bore fruit 13 times a year"
τοῦ παρ' αὐτοῖς Μινῴου: gen. of time, "in the month called Minoan among them"
δὶς καρποφορεῖν: inf. continues ind. st., "that they bear fruit twice"
ὥσπερ μύκητας: "like mushrooms"
ἄλλαι τοσαῦται: "same number of other (rivers)"

A True Story

[14] Τὸ δὲ συμπόσιον ἔξω τῆς πόλεως πεποίηνται ἐν τῷ Ἠλυσίῳ καλουμένῳ πεδίῳ· λειμὼν δέ ἐστιν κάλλιστος καὶ περὶ αὐτὸν ὕλη παντοία πυκνή, ἐπισκιάζουσα τοὺς κατακειμένους. καὶ στρωμνὴν μὲν ἐκ τῶν ἀνθῶν ὑποβέβληνται, διακονοῦνται δὲ καὶ παραφέρουσιν ἕκαστα οἱ ἄνεμοι πλήν γε τοῦ οἰνοχοεῖν· τούτου γὰρ οὐδὲν δέονται, ἀλλ' ἔστι δένδρα περὶ τὸ συμπόσιον ὑάλινα μεγάλα τῆς διαυγεστάτης ὑάλου, καὶ καρπός ἐστι τῶν δένδρων τούτων ποτήρια παντοῖα καὶ τὰς κατασκευὰς καὶ τὰ μεγέθη. ἐπειδὰν οὖν παρίῃ τις ἐς τὸ συμπόσιον, τρυγήσας ἓν ἢ καὶ δύο τῶν ἐκπωμάτων παρατίθεται, τὰ δὲ αὐτίκα οἴνου πλήρη γίνεται.

ἄνεμος, ὁ: wind
ἄνθος, ὁ: a blossom, flower
δένδρον, τό: a tree
δέομαι: to need (+ gen.)
διακονέω: to minister, serve, do service
διαυγής, -ές: transparent
ἔκπωμα, -ατος, τό: a drinking-cup, beaker
ἔξω: outside of + gen.
ἐπισκιάζω: to throw a shade upon
Ἠλύσιος, -α, -ον: Elysian
καλέω: to call, summon
καρπός, ὁ: fruit
κατάκειμαι: to lie down, lie outstretched
κατασκευή, ἡ: preparation
λειμών, -ῶνος, ὁ: a meadow
οἶνος, ὁ: wine
οἰνοχοέω: to pour out wine for drinking
παντοῖος, -α, -ον: of all sorts or kinds, manifold

παντοῖος, -α, -ον: of all sorts or kinds, manifold
παρατίθημι: to place beside
παραφέρω: to bring to
πεδίον, τό: a plain, flat
πλήν: except + gen.
πλήρης, -ές: filled, full
πόλις, -εως, ἡ: a city
ποτήριον, τό: a drinking-cup, wine-cup
πυκνός, -ή, -όν: close, compact
στρωμνή, ἡ: a bed spread or prepared
συμπόσιον, τό: a drinking-party, symposium
τρυγάω: to gather in
ὑάλινος, -η, -ον: of crystal or glass
ὕαλος, ἡ: a clear, transparent stone
ὕλη, ἡ: a forest
ὑποβάλλω: to throw, put or lay under

τὸ συμπόσιον: acc. of resp., "as for their symposium"
πεποίηνται: perf. mid./pas. of ποιέω, "they are prepared"
ἐπισκιάζουσα: pr. part., "casting shade on"
ὑποβέβληνται: perf. mid. of ὑποβάλλω, "they have laid down under (themselves)"
πλήν γε τοῦ οἰνοχοεῖν: articular infinitive, "except, of course, for pouring wine"
καὶ τὰς κατασκευὰς καὶ τὰ μεγέθη: accusatives of respect, "both in style and size"
ἐπειδὰν οὖν παρίῃ τις: pr. subj. of παρα-έρχομαι, general temporal clause, "whenever someone comes along"
τρυγήσας: ao, part. nom. s. of τρυγάω, "having plucked"
ἐν ἢ καὶ δύο: "one or even two"
παρατίθεται: pr. mid. of παρα-τίθημι, "sets beside him"
πλήρη γίνεται: "become full of" + gen.

οὕτω μὲν πίνουσιν, ἀντὶ δὲ τῶν στεφάνων αἱ ἀηδόνες καὶ τὰ ἄλλα τὰ μουσικὰ ὄρνεα ἐκ τῶν πλησίον λειμώνων τοῖς στόμασιν ἀνθολογοῦντα κατανίφει αὐτοὺς μετ᾽ ᾠδῆς ὑπερπετόμενα. καὶ μὴν καὶ μυρίζονται ὧδε· νεφέλαι πυκναὶ ἀνασπάσασαι μύρον ἐκ τῶν πηγῶν καὶ τοῦ ποταμοῦ καὶ ἐπιστᾶσαι ὑπὲρ τὸ συμπόσιον ἠρέμα τῶν ἀνέμων ὑποθλιβόντων ὕουσι λεπτὸν ὥσπερ δρόσον.

[15] Ἐπὶ δὲ τῷ δείπνῳ μουσικῇ τε καὶ ᾠδαῖς σχολάζουσιν· ᾄδεται δὲ αὐτοῖς τὰ Ὁμήρου ἔπη μάλιστα· καὶ αὐτὸς δὲ πάρεστι

ᾄδω: to sing
ἀηδών, -όνος, ὁ: a nightingale
ἀνασπάω: to draw up, pull up
ἄνεμος, ὁ: wind
ἀνθολογέω: to gather flowers
δεῖπνον, τό: the principal meal
δρόσος, ἡ: dew
ἐπιστάζω: let fall in drops upon or into
ἔπος, -εος: a word, an epic
ἠρέμα: stilly, quietly, gently, softly
κατανίφω: to cover with snow
λειμών, -ῶνος, ὁ: a meadow
λεπτός, -ή, -όν: a small amount, lightly
μουσικός, -ή, -όν: musical
μυρίζω: to rub with ointment or unguent
μύρον, -ου, τό: sweet-oil, balsam
νεφέλη, ἡ: a cloud

Ὅμηρος, -ου, ὁ: Homer
ὄρνεον, τό: a bird
πηγή, ἡ: running waters, streams
πίνω: to drink
ποταμός, ὁ: a river, stream
πυκνός, -ή, -όν: close, compact
στέφανος, ὁ: a garland
στόμα, στόματος, τό: a mouth
συμπόσιον, τό: a drinking-party,
   symposium
σχολάζω: to have leisure for (+ dat.)
ὑπερπέτομαι: to fly over
ὑποθλίβω: to press under or gently
ὕω: to send rain, to rain
ὧδε: in the following way
ᾠδή, ἡ: a song, lay, ode

ἀνθολογοῦντα: pr. part. nom. pl. n. of ἀνθολογέω, modifying ὄρνεα, "gathering flowers"
κατανίφει: "let them fall like snow"
ὑπερπετόμενα: pr. part. nom. pl. n. of ὑπερπέτομαι, modifying ὄρνεα, "flying around"
καὶ μὴν καὶ: indicating a climax, "moreover"
ἀνασπάσασαι: ao. part. nom. pl. f. of ἀνασπάω, "having drawn up"
ἐπιστᾶσαι: ao. part. intrans. nom. pl. f. of ἐφίστημι, "having stood over"
τῶν ἀνέμων ὑποθλιβόντων: gen. abs., "the winds pressing gently"
ὕουσι: pr. of ὕω, "they rain"
ᾄδεται: pr. of ᾄδω, "are recited"
τὰ Ὁμήρου ἔπη: "the Homeric epics"
καὶ αὐτὸς: "and he himself" (i.e. Homer)

καὶ συνευωχεῖται αὐτοῖς ὑπὲρ τὸν Ὀδυσσέα κατακείμενος. οἱ μὲν οὖν χοροὶ ἐκ παίδων εἰσὶν καὶ παρθένων· ἐξάρχουσι δὲ καὶ συνάδουσιν Εὔνομός τε ὁ Λοκρὸς καὶ Ἀρίων ὁ Λέσβιος καὶ Ἀνακρέων καὶ Στησίχορος· καὶ γὰρ τοῦτον παρ' αὐτοῖς ἐθεασάμην, ἤδη τῆς Ἑλένης αὐτῷ διηλλαγμένης. ἐπειδὰν δὲ οὗτοι παύσωνται ᾄδοντες, δεύτερος χορὸς παρέρχεται ἐκ κύκνων καὶ χελιδόνων καὶ ἀηδόνων. ἐπειδὰν δὲ καὶ οὗτοι ᾄσωσιν, τότε ἤδη πᾶσα ἡ ὕλη ἐπαυλεῖ τῶν ἀνέμων καταρχόντων. [16] μέγιστον δὲ

ᾄδω: to sing
ἀηδών, -όνος, ὁ: the nightingale
ἄνεμος, ὁ: wind
δεύτερος, -α, -ον: second
διαλλάσσω: to forgive
ἐξάρχω: to make a beginning
ἐπαυλέω: to accompany on the flute
θεάομαι: to look on, gaze at, view, behold
κατάκειμαι: to lie down, lie outstretched
κατάρχω: to lead the way
κύκνος, ὁ: a swan

Ὀδυσσεύς, -έως, ὁ: Odysseus
παῖς, παιδός, ὁ: a child
παρέρχομαι: to go by, come forward
παρθένος, ἡ: a maiden, virgin, girl
παύομαι: to cease (+ part.)
συνᾴδω: to sing with or together
συνευωχέομαι: to feast together
ὕλη, ἡ: a forest
χελιδών, -όνος, ὁ: the swallow
χορός, ὁ: a chorus

συνευωχεῖται: impf. of συν-εὐ-οίχομαι, "shares the revelry"
ὑπὲρ...κατακείμενος: "being seated higher than..."
ἐξάρχουσι δὲ καὶ συνάδουσιν: "lead the dancing and singing"
Εὔνομός ὁ Λοκρὸς: Eunomus of Lokri, in southern Italy, was a renowned harp-player.
Ἀρίων ὁ Λέσβιος: a poet credited with inventing the dithyramb. His story is told by Herodotus in *Histories* 1.23.
Ἀνακρέων Anacreon of Teos (570 – 488) was a lyric poet known for his drinking songs.
Στησίχορος: Stesichorus or Himera (640 - 555) was the first great poet of the Greek west, writing lyrical poems on epic subjects.
διηλλαγμένης: perf. part. gen. s. of διαλλάσσω, gen. abs, "Helen *already having forgiven him.*" Steisichorus lost his sight after lampooning Helen, recovering it only after writing a retraction ("palinode").
ἐπειδὰν...παύσωνται: ao. subj. in general temporal clause, "whenever they cease" + part.
ἐπειδὰν...ᾄσωσιν (ao. subj of ᾄδω): general temporal clause, "whenever they sing"
ἐπαυλεῖ: "accompanies on the flute"
τῶν ἀνέμων καταρχόντων: gen. abs. "with the winds leading the way"

Lucian

δὴ πρὸς εὐφροσύνην ἐκεῖνο ἔχουσιν· πηγαί εἰσι δύο παρὰ τὸ
συμπόσιον, ἡ μὲν γέλωτος, ἡ δὲ ἡδονῆς· ἐκ τούτων ἑκατέρας
πάντες ἐν ἀρχῇ τῆς εὐωχίας πίνουσιν καὶ τὸ λοιπὸν ἡδόμενοι καὶ
γελῶντες διάγουσιν.

ἀρχή, ἡ: a beginning
γελάω: to laugh
γέλως, ὁ: laughter
διάγω: to pass time
ἑκάτερος: each of two, either, each singly
εὐφροσύνη, ἡ: mirth, merriment
εὐωχία, ἡ: good cheer, feasting

ἥδομαι: to delight, take pleasure
ἡδονή, ἡ: delight, enjoyment, pleasure
πηγή, ἡ: running waters, streams
πίνω: to drink
συμπόσιον, τό: a drinking-party, symposium

ἐκεῖνο ἔχουσιν: *"they consider this the greatest"*
ἡδόμενοι καὶ γελῶντες: part. nom. pl. complementing διάγουσιν, "they pass time
enjoying and laughing"

αὐτός again:

1. Besides the uses of **αὐτός** indicated above (p. 5), this word also combines
   with pronouns to form reflexive pronouns:
   ἐμ-αυτόν, ἐμ-αυτήν: myself, myself
   σε-αυτόν, σε-αυτήν: yourself; also σαυτόν, σαυτήν
   ἑ-αυτόν, ἑ-αυτήν: himself, herself

   Similarly in the plural:
   ἡμᾶς αὐτούς; ὑμᾶς αὐτούς; ἑ-αυτούς
   The only difficulty is that the third person forms based on the pronoun ἑ-
   often coalesce with the first syllable of **αὐτον**, producing a crasis that looks
   like the simple form of **αὐτόν**, except for the breathing mark:
   ἑ-αυτόν -- αὑτόν
   ἑ-αυτήν -- αὑτήν
   ἑ-αυτούς -- αὑτούς

2. The definite article can also contract with **αὐτός**:
   ὁ αὐτός -- αὑτός
   ἡ αὐτή -- αὑτή:
   τὸ αὐτό -- ταὐτό
   These all mean "the same." Distinguish from τοῦτο "this one" and ταῦτα
   "these ones"

3. Note also the idiomatic use of the dative case when used with a noun:
   αὐτοῖς ἀνδράσι: men *and all* (i.e. with *even the men*)
   αὐτῷ σκάφει: "boat *and all*"
   αὐτῇ νηΐ: "ship *and all*"

[17] Βούλομαι δὲ εἰπεῖν καὶ τῶν ἐπισήμων οὕστινας παρ᾽
αὐτοῖς ἐθεασάμην· πάντας μὲν τοὺς ἡμιθέους καὶ τοὺς ἐπὶ Ἴλιον
στρατεύσαντας πλήν γε δὴ τοῦ Λοκροῦ Αἴαντος, ἐκεῖνον δὲ μόνον
ἔφασκον ἐν τῷ τῶν ἀσεβῶν χώρῳ κολάζεσθαι, βαρβάρων δὲ
Κύρους τε ἀμφοτέρους καὶ τὸν Σκύθην Ἀνάχαρσιν καὶ τὸν Θρᾷκα
Ζάμολξιν καὶ Νομᾶν τὸν Ἰταλιώτην, καὶ μὴν καὶ Λυκοῦργον τὸν
Λακεδαιμόνιον καὶ Φωκίωνα καὶ Τέλλον τοὺς Ἀθηναίους, καὶ τοὺς

Ἀθηναῖος, -α, -ον: Athenian
ἀμφότερος, -α, -ον: both of two
ἀσεβής, -ές: godless, unholy, profane
βάρβαρος, -ον: barbarous
βούλομαι: to will, wish (+ inf.)
εἶπον: to speak, say (from λέγω)
ἐπίσημος, -ον: famous, notable
ἡμίθεος, ὁ: a half-god, demigod
θεάομαι: to look on, gaze at, view, behold
Θρᾷξ, Θρᾳκός, ὁ: a Thracian
Ἴλιος, -ου, ὁ: Ilium or Troy

Ἰταλιώτης, -ου, ὁ: an Italian
κολάζω: to punish
Κῦρος, ὁ: Cyrus
Λακεδαιμόνιος, -α, -ον: Spartan
πλήν: except + gen.
Σκύθης, -ου, ὁ: a Scythian
σοφός, -ή, -όν: wise
στρατεύω: to serve in war
φάσκω: to say, affirm, assert
χῶρος, ὁ: ground, place

The narrator now names many of the famous souls he saw there: heroes, barbarians, Greeks, and finally philosophers.

ἐπισήμων (sc. ἀνθρώπων): "to speak of the famous men"

οὕστινας: acc. pl. relative pronoun, "whom"

πλήν γε δὴ: "except, of course..."

τοῦ Λοκροῦ Αἴαντος: the Locrian Aias (vs. Telamonion Aias) was guilty of an outrage against Athena and punished by her on his way home from the Trojan War.

ἐκεῖνον ἔφασκον κολάζεσθαι: ind. st. "they claimed that he was being punished"

βαρβάρων: gen. pl. "of the Barbarians"

Κύρους ἀμφοτέρους: "both Cyruses." i.e. Cyrus the Great d. 535 and Cyrus the Younger d. 401.

τὸν Σκύθην Ἀνάχαρσιν: Anacharsis, a 6th century Scythian who visited Athens. Lucian wrote a dialogue about him.

τὸν Θρᾷκα Ζάμολξιν: Zalmoxis the Thracian was a legendary social and religious reformer, whose story is told in Herodotus, Histories 4.95-6

Νομᾶν τὸν Ἰταλιώτην: Numa was the legendary second king of Rome from 715-673, famous as a law-giver. Plutarch wrote a biography of him.

Λυκοῦργον τὸν Λακεδαιμόνιον: Lycurgus the Spartan (ca. 800–730), was the famous law-giver who established the Spartan military regime. One of Plutarch's parallel lives compared Lycurgus and Numa.

Φωκίωνα καὶ Τέλλον τοὺς Ἀθηναίους: Phocion was a 4th C. Athenian statesman about whom Plutarch wrote a biography; Tellus the Athenian was identified by Solon as the most fortunate man he knew in a famous encounter with Croesus (Herodotus, Histories 1.30-1).

Lucian

σοφοὺς ἄνευ Περιάνδρου. εἶδον δὲ καὶ Σωκράτη τὸν Σωφρονίσκου ἀδολεσχοῦντα μετὰ Νέστορος καὶ Παλαμήδους· περὶ δὲ αὐτὸν ἦσαν Ὑάκινθός τε ὁ Λακεδαιμόνιος καὶ ὁ Θεσπιεὺς Νάρκισσος καὶ Ὕλας καὶ ἄλλοι καλοί. καί μοι ἐδόκει ἐρᾶν τοῦ Ὑακίνθου· τὰ πολλὰ γοῦν ἐκεῖνον διήλεγχεν. ἐλέγετο δὲ χαλεπαίνειν αὐτῷ ὁ Ῥαδάμανθυς καὶ ἠπειληκέναι πολλάκις ἐκβαλεῖν αὐτὸν ἐκ τῆς νήσου, ἢν φλυαρῇ καὶ μὴ ἐθέλῃ ἀφεὶς τὴν εἰρωνείαν εὐωχεῖσθαι.

ἀδολεσχέω: to talk idly, prate
ἄνευ: without + *gen.*
ἀπειλέω: to threaten
ἀφίημι: to send forth, discharge
διελέγχω: to refute utterly
ἐθέλω: to will, wish, purpose
εἰρωνεία, ἡ: dissimulation, irony

ἐκβάλλω: to throw or cast out of
εὐωχέω: to entertain sumptuously
Λακεδαιμόνιος, -α, -ον: Spartan
νῆσος, -ου, ἡ: an island
πολλάκις: many times, often
φλυαρέω: to talk nonsense, play the fool
χαλεπαίνω: to be severe, angry

Περιάνδρου: Periander of Corinth, one of the traditional "wise men" of Greece, but here is excluded, because of his reputation as a tyrant. His story is told in Herodotus, *Histories* 4.91-3.

Σωκράτη τὸν Σωφρονίσκου: Socrates the son of Sophron, the famous Athenian philosopher, known to us from the dialogues of Plato; he was famous for his "irony" and also for his delight in beautiful young men.

Νέστορος: Nestor was famous for his wisdom in the *Iliad*.

Παλαμήδους: Palamedes earned the hatred of Odysseus who contrived to have him killed at Troy. He is cited by Socrates in the *Apology* as a victim of injustice.

Ὑάκινθός ὁ Λακεδαιμόνιος: Hyacinthus, beloved of Apollo who accidentally killed him by a discus throw.

ὁ Θεσπιεὺς Νάρκισσος: Narcissus fell in love with his own beautiful image and was turned into a flower.

Ὕλας: Hylas was beloved of Heracles and lost to him in the course of the voyage of the Argonauts.

(sc. Σωκράτης) ἐδόκει ἐρᾶν: "seemed to love" + gen.

διήλεγχεν: impf., "many times *he refuted* that one"

χαλεπαίνειν: infinitives with ἐλέγετο, "R. was said to be angry..."

ἠπειληκέναι: inf. perf. of ἀπειλέω after ἐλέγετο, "was said *to have threatened*"

ἐκβαλεῖν: ao. inf. of ἐκβάλλω complementing ἠπειληκέναι, "to evict him"

ἢν φλυαρῇ καὶ μὴ ἐθέλῃ: subj. in pres. general condition, "if he kept playing the fool and kept refusing (didn't wish to) ..."

ἀφεὶς: ao. part. nom. s. of ἀφίημι, "by having given up"

τὴν εἰρωνείαν: "his famous irony"

εὐωχεῖσθαι: pr. inf. mid., complementing ἐθέλῃ, "to be entertained"

Πλάτων δὲ μόνος οὐ παρῆν, ἀλλ' ἐλέγετο [καὶ] αὐτὸς ἐν τῇ ἀναπλασθείσῃ ὑπ' αὐτοῦ πόλει οἰκεῖν χρώμενος τῇ πολιτείᾳ καὶ τοῖς νόμοις οἷς συνέγραψεν. [18] οἱ μέντοι ἀμφ' Ἀρίστιππόν τε καὶ Ἐπίκουρον τὰ πρῶτα παρ' αὐτοῖς ἐφέροντο ἡδεῖς τε ὄντες καὶ κεχαρισμένοι καὶ συμποτικώτατοι. παρῆν δὲ καὶ Αἴσωπος ὁ Φρύξ· τούτῳ δὲ ὅσα καὶ γελωτοποιῷ χρῶνται. Διογένης μέν γε ὁ Σινωπεὺς τοσοῦτον μετέβαλεν τοῦ τρόπου, ὥστε γῆμαι μὲν ἑταίραν τὴν Λαΐδα, ὀρχεῖσθαι δὲ πολλάκις ὑπὸ μέθης ἀνιστάμενον

ἀμφί: on both sides, around
ἀναπλάσσω: to form anew, remodel
ἀνίστημι: to make to stand up, raise up
γαμέω: to marry
γελωτοποιός, -όν: exciting laughter
ἑταίρα, ἡ: a companion
ἡδύς, -εῖα, -ύ: sweet, pleasant
μέθη, ἡ: strong drink
μεταβάλλω: to change quickly
νόμος, ὁ: custom, law, ordinance
ὀρχέομαι: to dance in a row

ὅσος, -η, -ον: how much
πόλις, -εως, ἡ: a city
Σινωπεύς, έως, ὁ: an inhabitant of Sinope
συγγράφω: to write or note down
συμποτικός, -ή, -όν: convivial, jolly
τρόπος, ὁ: a turn, direction, course, way
φέρω: to bear, carry, endure
Φρύξ, ὁ: a Phrygian
χαρίζομαι: to say or do something
    agreeable
χράομαι: to use

Πλάτων: Plato, the great philosopher of Athens, whose political works include the *Laws* and the *Republic*. In the latter work an ideal government is imagined as an exercise for understanding the concept of justice.

Πλάτων...ἐλέγετο...οἰκεῖν: ind. st., "Plato was said to live"

ἀναπλασθείσῃ: ao. part. pas. dat. s. of ἀναπλάττω, modifying πόλει, "made up"

τῇ πολιτείᾳ καὶ τοῖς νόμοις: Plato's dialogues, the *Republic* and the *Laws*

Ἀρίστιππόν: Aristippus of Cyrene (435-356) was a follower of Socrates and founded a school focused on pleasure as the appropriate end for humans to seek.

Ἐπίκουρον: Epicurus (341-271) was a hedonist like Aristippus.

ἐφέροντο: "were considered"

κεχαρισμένοι: perf. part. of χαρίζω, "since they were agreeable"

Αἴσωπος ὁ Φρύξ: Aesop (620-564) was famous for his moral fables.

γελωτοποιῷ: dat. pred., "they use him *for a jester*"

Διογένης μέν γε ὁ Σινωπεὺς: Diogenes the Cynic (404-323), a "Socrates gone mad," was famous for his utter disregard for conventional behavior.

τοσοῦτον: acc. s., "to such an extent...."

μετέβαλεν: ao. of μεταβάλλω, "had changed" + gen.

ὥστε γῆμαι...ὀρχεῖσθαι...παροινεῖν: result clauses

ἑταίραν τὴν Λαΐδα: Lais was the name of several famous courtesans.

ὑπὸ μέθης: "under the influence"

ἀνιστάμενον: pr. part. intrans. acc. s. of ἀνα-ίστημι, "getting up to dance"

καὶ παροινεῖν. τῶν δὲ Στωϊκῶν οὐδεὶς παρῆν· ἔτι γὰρ ἐλέγοντο
ἀναβαίνειν τὸν τῆς ἀρετῆς ὄρθιον λόφον. ἠκούομεν δὲ καὶ περὶ
Χρυσίππου ὅτι οὐ πρότερον αὐτῷ ἐπιβῆναι τῆς νήσου θέμις, πρὶν
τὸ τέταρτον ἑαυτὸν ἐλλεβορίσῃ. τοὺς δὲ Ἀκαδημαϊκοὺς ἔλεγον
ἐθέλειν μὲν ἐλθεῖν, ἐπέχειν δὲ ἔτι καὶ διασκέπτεσθαι· μηδὲ γὰρ
αὐτὸ τοῦτό πω καταλαμβάνειν, εἰ καὶ νῆσός τις τοιαύτη ἐστίν.
ἄλλως τε τὴν ἐπὶ τοῦ Ῥαδαμάνθυος, οἶμαι, κρίσιν ἐδεδοίκεσαν,

ἀκούω: to hear
ἄλλως: in another way or manner
ἀναβαίνω: to go up, mount
ἀρετή: goodness, excellence
δείδω: to fear
διασκέπτομαι: to be skeptical
ἐθέλω: to will, wish, purpose
ἐπέχω: hold back
ἐπιβαίνω: to go upon
θέμις, ἡ: allowed by law

καταλαμβάνω: to grasp, understand
κρίσις, -εως, ἡ: a separating, decision
λόφος, ὁ: raised area, hill
οἴομαι: to suppose, think, deem, imagine
ὄρθιος, -α, -ον: straight up
παροινέω: to behave ill at wine, play
   drunken tricks
πρίν: + subj., "until such time"
πω: up to this time, yet
τέταρτος, -η, -ον: fourth

τῶν Στωϊκῶν: The Stoics, who sought to overcome all passion, were popularly
   thought of as dour and hypocritical.

ἐλέγοντο ἀναβαίνειν: "they were said to be still climbing"

Χρυσίππου: Chrysippus of Soli (279-206), the third head of the Stoic school of
   philosophy.

ἐπιβῆναι: ao. inf. of ἐπιβαίνω after θέμις, "allowed to come ashore"

πρὶν ἐλλεβορίσῃ: ao. subj. of ἐλλεβορίζω, "until he takes the hellebore
   treatment." Hellebore was a treatment for madness. Chrysippus claimed one
   could only be wise after taking the treatment three times.

τοὺς δὲ Ἀκαδημαϊκοὺς: The Academy was the school of Plato, but the later
   Academics were known for a highly skeptical attitude toward truth and certainty,
   hence their portrayal here.

ἐθέλειν, ἐπέχειν, διασκέπτεσθαι, καταλαμβάνειν: inf. in ind. st. after ἔλεγον,
   "that they wished to come but were staying away, etc."

αὐτὸ τοῦτό: acc., "even this"

μηδὲ...καταλαμβάνειν: "that they were not yet able to decide"

εἰ καὶ νῆσός τις τοιαύτη ἐστίν: ind. question after καταλαμβάνειν, "whether
   such an island really exists"

ἄλλως τε: "besides"

ἐδεδοίκεσαν: plupf. of δείδω, "they feared"

ἄτε καὶ τὸ κριτήριον αὐτοὶ ἀνῃρηκότες. πολλοὺς δὲ αὐτῶν ἔφασκον ὁρμηθέντας ἀκολουθεῖν τοῖς ἀφικνουμένοις ὑπὸ νωθείας ἀπολείπεσθαι μὴ καταλαμβάνοντας καὶ ἀναστρέφειν ἐκ μέσης τῆς ὁδοῦ.

[19] Οὗτοι μὲν οὖν ἦσαν οἱ ἀξιολογώτατοι τῶν παρόντων. τιμῶσι δὲ μάλιστα τὸν Ἀχιλλέα καὶ μετὰ τοῦτον Θησέα. περὶ δὲ συνουσίας καὶ ἀφροδισίων οὕτω φρονοῦσιν· μίσγονται μὲν ἀναφανδὸν πάντων ὁρώντων καὶ γυναιξὶ καὶ ἄρρεσι, καὶ οὐδαμῶς τοῦτο αὐτοῖς αἰσχρὸν δοκεῖ· μόνος δὲ Σωκράτης διώμνυτο ἦ μὴν

αἰσχρός, -ά, -όν: causing shame, abusive
ἀκολουθέω: to follow
ἀναιρέω: to destroy
ἀναστρέφω: to turn upside down, upset
ἀναφανδόν: visibly, openly
ἀξιόλογος, -ον: worthy of mention, noteworthy
ἀπολείπω: to leave over or behind
ἄρσην, ὁ: male
ἀφικνέομαι: to come to, arrive
ἀφροδίσιος, -α, -ον: belonging to Aphrodite, sex
Ἀχιλλεύς, ὁ: Achilles
γυνή, -αικός, ἡ: a woman
διόμνυμι: to swear solemnly
Θησεύς, ὁ: Theseus

καταλαμβάνω: to lay hold of, comprehend
κριτήριον, τό: a criterion, standard
μέσος, -η, -ον: middle, in the middle
μίγνυμι: to mingle, have sex with (+ *dat.*)
νώθεια, ἡ: sluggishness, dullness
ὁδός, ἡ: a way, path, track, road, highway
ὁράω: to see
ὁρμάω: to set in motion, urge
οὐδαμῶς: in no wise
συνουσία, ἡ: intercourse
Σωκράτης, ὁ: Socrates
τιμάω: to pay honor to, revere
φάσκω: to say, affirm, assert
φρονέω: to think, to have understanding

ἄτε + part: expressing the grounds of the supposition (οἶμαι)
ἀνῃρηκότες: perf. part. of ἀναιρέω, "on the grounds that they had abolished"
ἔφασκον...ἀκολουθεῖν, ἀπολείπεσθαι, ἀναστρέφειν: pr. inf. in ind. statement
ὁρμηθέντας: ao. part. pas. of ὁρμάω modifying the subject of ἀκολουθεῖν, "having set out"
τοῖς ἀφικνουμένοις: pr. part. dat. pl. of ἀφικνέομαι, object of ἀκολουθεῖν, "to follow *those arriving*"
μὴ καταλαμβάνοντας: pr. part. acc. modifying the subject of ἀπολείπεσθαι, "that they were left behind *by not reaching*" (but also "not coming to understand")
περὶ δὲ συνουσίας καὶ ἀφροδισίων: "with regard to sex"
ἀναφανδὸν: adv., "openly"
πάντων ὁρώντων: gen abs., "with everyone looking"
διώμνυτο: impf. of δια-όμνυμι, "he swore"
ἦ μὴν: prefacing a strong oath, "verily"

καθαρῶς πλησιάζειν τοῖς νέοις· καὶ μέντοι πάντες αὐτοῦ
ἐπιορκεῖν κατεγίνωσκον· πολλάκις γοῦν ὁ μὲν Ὑάκινθος ἢ ὁ
Νάρκισσος ὡμολόγουν, ἐκεῖνος δὲ ἠρνεῖτο. αἱ δὲ γυναῖκές εἰσι
πᾶσι κοιναὶ καὶ οὐδεὶς φθονεῖ τῷ πλησίον, ἀλλ' εἰσὶ περὶ τοῦτο
μάλιστα Πλατωνικώτατοι· καὶ οἱ παῖδες δὲ παρέχουσι τοῖς
βουλομένοις οὐδὲν ἀντιλέγοντες.

ἀντιλέγω: to speak against, refute
ἀρνέομαι: to deny, disown
γυνή, -αικός, ἡ: a woman
ἐπιορκέω: to swear (falsely)
καθαρός: clean, spotless
καταγινώσκω: to remark, discover
κοινός, -ή, -όν: common to (+ dat.)
νέος, -α, -ον: young, youthful

ὁμολογέω: to speak together
παῖς, παιδός, ὁ: a child
παρέχω: to furnish, provide, supply
Πλατωνικός: of Plato, Platonic
πλησιάζω: to bring near (+ dat.)
Ὑάκινθος, ὁ: Hyacinthus
φθονέω: be envious or jealous (+ dat.)

πλησιάζειν: inf. ind. st. after διώμνυτο, "that he approached" + dat.
καὶ μέντοι: "and of course"
αὐτοῦ ἐπιορκεῖν: pr. inf. after κατεγίνωσκον, "that he was swearing falsely"
κατεγίνωσκον: impf. of κατα-γινώσκω, "all recognized"
πολλάκις γοῦν: "many times, in fact"
ἠρνεῖτο: impf. of ἀρνέομαι: "he kept on denying"
τῷ πλησίον: "his neighbor"
Πλατωνικώτατοι: "very Platonic." In the *Republic*, Plato recommended having
  wives in common.
τοῖς βουλομένοις: "to whomever wishes"

[20] Οὔπω δὲ δύο ἢ τρεῖς ἡμέραι διεληλύθεσαν, καὶ προσελθὼν ἐγὼ Ὁμήρῳ τῷ ποιητῇ, σχολῆς οὔσης ἀμφοῖν, τά τε ἄλλα ἐπυνθανόμην καὶ ὅθεν εἴη. τοῦτο γὰρ μάλιστα παρ' ἡμῖν εἰσέτι νῦν ζητεῖσθαι. ὁ δὲ οὐδ' αὐτὸς μὲν ἀγνοεῖν ἔφασκεν ὡς οἱ μὲν Χῖον, οἱ δὲ Σμυρναῖον, πολλοὶ δὲ Κολοφώνιον αὐτὸν νομίζουσιν· εἶναι μέντοι γε ἔλεγεν Βαβυλώνιος, καὶ παρά γε τοῖς πολίταις οὐχ Ὅμηρος, ἀλλὰ Τιγράνης καλεῖσθαι· ὕστερον δὲ ὁμηρεύσας παρὰ τοῖς Ἕλλησιν ἀλλάξαι τὴν προσηγορίαν. ἔτι δὲ

ἀγνοέω: not to know
ἀλλάσσω: to change, alter
διέρχομαι: to pass
εἰσέτι: still yet
Ἕλλην, -ηνος, ὁ: Greek
ζητέω: to seek, seek for
καλέω: to call, summon
νομίζω: to believe
ὅθεν: whence
ὁμηρεύω: to be or serve as a hostage
Ὅμηρος, ὁ: Homer

οὔπω: not yet
ποιητής, -οῦ, ὁ: a maker, poet
πολίτης, -ου, ὁ: a citizen
προσέρχομαι: to come or go to(+ dat.)
προσηγορία, ἡ: an appellation, name
πυνθάνομαι: to learn by inquiry
Σμυρναῖος, -η, -ον: of Smyrna
σχολή, ἡ: spare time, leisure, rest, ease
ὕστερος, -α, -ον: later, afterward
φάσκω: to say, affirm, assert
Χῖος, -α, -ον: Chian, of or from Chios

A literary discussion with the shade of Homer.

διεληλύθεσαν: plupf. of δια-έρχομαι, "had passed"

προσελθὼν: ao. part. of προσ-έρχομαι, "having approached" + dat.

σχολῆς οὔσης: gen. abs., "there being leisure"

ἀμφοῖν: dual dat., "to both of us"

τά τε ἄλλα...καὶ: "other things, but especially..."

ὅθεν εἴη: ind. quest. after ἐπυνθανόμην, with the optative in sec. sequence, "where he was from"

τοῦτο...ζητεῖσθαι: implied ind. st. "(saying) that this is questioned"

ἀγνοεῖν: inf. in ind. st., "nor was he claiming *that he was unaware*"

ὡς οἱ μὲν...νομίζουσιν: "that some think him Chian..." ὡς indicating an opinion attributed to someone else.

Χῖον, etc.: These were some of the cities claiming to be Homer's birthplace.

εἶναι μέντοι γε: ind. st. after ἔλεγεν, "but that in fact he was"

καλεῖσθαι: pr. inf. pas. of καλέω, ind. st. after ἔλεγεν, "that he was called"

ὁμηρεύσας: ao. part. nom. s. of ὁμηρεύω, "having been a hostage," punning on the name Homer

ἀλλάξαι: ao. inf. of ἀλλάσσω after ἔλεγεν, "that he changed"

111

καὶ περὶ τῶν ἀθετουμένων στίχων ἐπηρώτων, εἰ ὑπ᾽ ἐκείνου εἰσὶ
γεγραμμένοι. καὶ ὃς ἔφασκε πάντας αὐτοῦ εἶναι. κατεγίνωσκον
οὖν τῶν ἀμφὶ τὸν Ζηνόδοτον καὶ Ἀρίσταρχον γραμματικῶν
πολλὴν τὴν ψυχρολογίαν. ἐπεὶ δὲ ταῦτα ἱκανῶς ἀπεκέκριτο,
πάλιν αὐτὸν ἠρώτων τί δή ποτε ἀπὸ τῆς μήνιδος τὴν ἀρχὴν
ἐποιήσατο· καὶ ὃς εἶπεν οὕτως ἐπελθεῖν αὐτῷ μηδὲν
ἐπιτηδεύσαντι. καὶ μὴν κάκεῖνο ἐπεθύμουν εἰδέναι, εἰ προτέραν
ἔγραψεν τὴν Ὀδύσσειαν τῆς Ἰλιάδος, ὡς οἱ πολλοί φασιν· ὁ δὲ

ἀθετέω: to set aside, remove
ἀποκρίνομαι: to answer
ἀρχή, ἡ: a beginning, origin
γραμματικός, ὁ: a grammarian
ἐπέρχομαι: go or come to (+ dat.)
ἐπερωτάω: to inquire of, question, consult
ἐπιθυμέω: to desire (+ inf.)
ἐπιτηδεύω: to pursue or practice
ἐρωτάω: to ask
ἱκανός, -ή, -όν: befitting, sufficing
Ἰλιάς, άδος, ἡ: the Iliad

καταγινώσκω: to hold X (gen.) guilty of Y
   (acc.)
μῆνις, -ιδος, ἡ: anger, wrath
Ὀδύσσεια, ἡ: the Odyssey
οἶδα: to know
οὕτως: in this way
πάλιν: again
πρότερος, -α, -ον: before (+ gen.)
στίχος, ὁ: a line of poetry
φάσκω: to say, affirm, assert
ψυχρολογία, ἡ: pedantry

περὶ τῶν ἀθετουμένων στίχων: "about the spurious lines"
ἐπηρώτων: impf. of ἐπι-ερωτάω, "I asked"
εἰ εἰσὶ γεγραμμένοι: perf. pas. of γράφω in ind. quest., "whether they were
   written"
ὃς ἔφασκε: "he claimed"
αὐτοῦ (= ἑαυτοῦ): "his own"
Ζηνόδοτον καὶ Ἀρίσταρχον: Zenodotus of Ephesus (fl. 280) and Aristarchus of
   Samos (310-230) were two of the most famous Alexandrian scholars under the
   Ptolemies. One of their tasks as head of the Library in Alexandria was to study
   Homer's texts. They created a system of textual marks that included one to
   indicate lines that should be removed (athetized) as spurious.
ἀπεκέκριτο: plupf. pas. of ἀπο-κρίνομαι, "he had answered"
τί...ἐποιήσατο: ind. quest. after ἠρώτων, "why he had made"
ἀπὸ τῆς μήνιδος: "from the wrath," the first word of the Iliad
ὃς εἶπεν: "he said"
οὕτως ἐπελθεῖν: ao. inf. of ἐπι-έρχομαι after εἶπεν, "that it came to him thus"
μηδὲν ἐπιτηδεύσαντι: ao. part. dat. s., modifying αὐτῷ, "pursuing nothing"
καὶ μὴν κάκεῖνο (=καὶ ἐκεῖνο): indicating a climax, "and finally this"
εἰ ἔγραψεν: ind. quest. after ἐπεθύμουν εἰδέναι, "whether he had written"

ἠρνεῖτο. ὅτι μὲν γὰρ οὐδὲ τυφλὸς ἦν, ὃ καὶ αὐτὸ περὶ αὐτοῦ
λέγουσιν, αὐτίκα ἠπιστάμην· ἑώρων γάρ, ὥστε οὐδὲ πυνθάνεσθαι
ἐδεόμην. πολλάκις δὲ καὶ ἄλλοτε τοῦτο ἐποίουν, εἴ ποτε αὐτὸν
σχολὴν ἄγοντα ἑώρων· προσιὼν γὰρ ἄν τι ἐπυνθανόμην αὐτοῦ,
καὶ ὃς προθύμως πάντα ἀπεκρίνετο, καὶ μάλιστα μετὰ τὴν δίκην,
ἐπειδὴ ἐκράτησεν· ἦν γάρ τις γραφὴ κατ' αὐτοῦ ἀπενηνεγμένη
ὕβρεως ὑπὸ Θερσίτου ἐφ' οἷς αὐτὸν ἐν τῇ ποιήσει ἔσκωψεν, καὶ
ἐνίκησεν ὁ Ὅμηρος Ὀδυσσέως συναγορεύοντος.

ἄγω: to lead or carry, to convey, bring
ἄλλοτε: at another time, at other times
ἀπιφέρω: to carry off or away
ἀποκρίνομαι: to answer
ἀρνέομαι: to deny, disown
γραφή, ἡ: charge
δέομαι: to ask
δίκη, ἡ: a case
ἐπίσταμαι: to know
Θερσίτης, ὁ: Thersites
κρατέω: to win
νικάω: to conquer, prevail, vanquish
Ὀδυσσεύς, -έως, ὁ: Odysseus

Ὅμηρος, -ου, ὁ: Homer
ὁράω: to see
ποίησις, -εως, ἡ: a poem
πολλάκις: many times, often
πρόθυμος, -ον: ready, willing, eager, zealous
πυνθάνομαι: to learn by inquiry
σκώπτω: to hoot, mock, jeer, scoff at
συναγορεύω: to join in advocating
σχολή, ἡ: spare time, leisure, rest, ease
τυφλός, -ή, -όν: blind
ὕβρις, -εως, ἡ: wantonness, insolence

ἠρνεῖτο: impf. of **ἀρνέω**, "he denied"

ὃ: rel. pron. whose antecedent is the thought of the previous clause, "*which* is something else they say"

ἠπιστάμην: impf. of **ἐπίσταμαι**, "I knew"

ἑώρων: impf., "for I was seeing"

ὥστε...ἐδεόμην: result clause, "so that I did not need" + inf.

καὶ ἄλλοτε: "at other times as well"

ἐποίουν...εἴ ἑώρων: simple condition, emphasizing customary action rather than indefinite action, "I used to do this, if I saw"

ἀπενηνεγμένη: perf. part. pas. of **ἀποφέρω**, agreeing with **γραφὴ**, "had been brought"

Θερσίτου: Thersites argues with Agamemnon and is harshly reproved in Book 2 of the *Iliad*.

ἐφ' οἷς: "on the grounds that"

ἔσκωψεν: ao. of **σκώπτω**, "he had mocked"

Ὀδυσσέως συναγορεύοντος: gen. abs. It was Odysseus who reproved Thersites in the *Iliad*.

Lucian

[21] Κατὰ δὲ τοὺς αὐτοὺς χρόνους ἀφίκετο καὶ Πυθαγόρας ὁ Σάμιος ἑπτάκις ἀλλαγεὶς καὶ ἐν τοσούτοις ζῴοις βιοτεύσας καὶ ἐκτελέσας τῆς ψυχῆς τὰς περιόδους. ἦν δὲ χρυσοῦς ὅλον τὸ δεξιὸν ἡμίτομον. καὶ ἐκρίθη μὲν συμπολιτεύσασθαι αὐτοῖς, ἐνεδοιάζετο δὲ ἔτι πότερον Πυθαγόραν ἢ Εὔφορβον χρὴ αὐτὸν ὀνομάζειν. ὁ μέντοι Ἐμπεδοκλῆς ἦλθεν μὲν καὶ αὐτός, περίεφθος καὶ τὸ σῶμα ὅλον ὠπτημένος· οὐ μὴν παρεδέχθη καίτοι πολλὰ ἱκετεύων.

ἀλλάσσω: to change, alter
βιοτεύω: to live
δεξιός, -ά, -όν: on the right
ἐκτελέω: to bring to an end, finish
ἐνδοιάζω: to be in doubt, be at a loss
ἑπτάκις: seven times
Εὔφορβος, ὁ: Euphorbus
ζῷον, τό: a living being, animal
ἡμίτομον, ου, τό: a half
ἱκετεύω: to approach as a suppliant
καίτοι: and yet
κρίνω: to pick out, choose, decide

ὀνομάζω: to call or address by name
ὀπτάω: to roast, broil
παραδέχομαι: to receive from
περίεφθος, -ον: thoroughly well cooked
περίοδος, ἡ: a circular trip
πότερος, -α, -ον: which of two?
συμπολιτεύω: to live as fellow-citizens of one state
σῶμα, -ατος, τό: a body
χρόνος, ὁ: time
χρύσεος, -η, -ον: golden, of gold
ψυχή, ἡ: life

Some famous men arrive on the island and athletic competitions are held.

ἀφίκετο: ao. of ἀφικνέομαι, "arrived"

Πυθαγόρας ὁ Σάμιος: Pythagoras of Samos (570-495) was a mathematician, philosopher and mystic. He and his followers practiced a way of life that included dietary restrictions, and he is famous for a theory of reincarnation.

ἀλλαγεὶς: ao. part. pas. nom. s. of ἀλλάσσω, "having been changed"

ἐν τοσούτοις ζῴοις: "in so many (i.e. 7) bodies"

βιοτεύσας καὶ ἐκτελέσας: ao. part., "having lived and finished"

ἐκρίθη: ao. pas. of κρίνω, "it was decided"

συμπολιτεύσασθαι: ao. inf. after ἐκρίθη, "that he should join the community"

ἐνεδοιάζετο: impf. of ἐν-δοιάζω, "it was still in doubt"

πότερον...ἢ: indirect question, "whether Protagoras or Euphorbus." Protagoras was reputed to believe that he was a reincarnation of Euphorbus, a hero of the Trojan War.

Ἐμππεδοκῆλς: Empedocles was a fifth century Pythagorean philosopher, who was reputed to have thrown himself into the crater of Etna so that he might be believed to be a God.

περίεφθος: ao. part. περι-έψω, "cooked all around"

ὠπτημένος: perf. part. pas. of ὄπτω, "roasted"

παρεδέχθη: ao. pas. of παρα-δέχομαι, "he was not received"

καίτοι + part.: concessive, "despite begging"

114

[22] Προϊόντος δὲ τοῦ χρόνου ἐνέστη ὁ ἀγὼν ὁ παρ᾽ αὐτοῖς, τὰ Θανατούσια. ἠγωνοθέτει δὲ Ἀχιλλεὺς τὸ πέμπτον καὶ Θησεὺς τὸ ἕβδομον. τὰ μὲν οὖν ἄλλα μακρὸν ἂν εἴη λέγειν· τὰ δὲ κεφάλαια τῶν πραχθέντων διηγήσομαι. πάλην μὲν ἐνίκησεν Κάρανος ὁ ἀφ᾽ Ἡρακλέους Ὀδυσσέα περὶ τοῦ στεφάνου καταγωνισάμενος· πυγμὴ δὲ ἴση ἐγένετο Ἀρείου τοῦ Αἰγυπτίου, ὃς ἐν Κορίνθῳ τέθαπται, καὶ Ἐπειοῦ ἀλλήλοις συνελθόντων. παγκρατίου δὲ οὐ τίθεται ἆθλα παρ᾽ αὐτοῖς. τὸν μέντοι δρόμον

ἀγών, -ον, ὁ: a gathering, contest
ἀγωνοθετέω: to direct the games
ἆθλον, τό: the prize of contest
Ἀχιλλεύς, ὁ: Achilles
Αἰγύπτιος, -α, -ον: Egyptian
διηγέομαι: to set out in detail
δρόμος, ὁ: a course, running, race
ἕβδομος, -η, -ον: seventh
ἐνίστημι: to put in place
Ἡρακλέης, ὁ: Heracles
θάπτω: to bury
Θησεύς, ὁ: Theseus
καταγωνίζομαι: to struggle against, prevail against, conquer
κεφάλαιος: main, most important
Κόρινθος, ὁ: Corinth
νικάω: to conquer, prevail, vanquish
παγκράτιον, τό: a wrestling and boxing event
πάλη, ἡ: wrestling
πέμπτος, -η, -ον: fifth
πράσσω: to do
προσέρχομαι: to advance
πυγμή, ἡ: a fist, boxing
στέφανος, ὁ: a garland
συνέρχομαι: to come together
τίθημι: to set, put, place
χρόνος, ὁ: time

προιόντος...χρόνου: gen. abs. "as time was advancing"
ἐνέστη: ao. intrans. of *ἐν-ἵστημι*, "were established"
τὰ Θανατούσια: "the Dead Games," on the analogy of the Olympic games, but also funeral games, such as those of Patroclus in *Iliad* 23.
τὸ πέμπτον...τὸ ἕβδομον: "for the fifth time, for the seventh time"
ἠγωνοθέτει: impf. of *ἀγωνοθετέω*, "officiated"
μακρὸν ἂν εἴη: pot. opt., "*it would be long* to say"
τῶν πραχθέντων: ao. part. pas. of *πράσσω*, "of what was done"
πάλην μὲν: "in wrestling"
Κάρανος: an uncertain reading, an uncertain reference
καταγωνισάμενος: perf. part. of *κατα-ἀγονίζω*, "having bested"
πυγμὴ δὲ ἴση ἐγένετο: "in boxing there was a tie"
τέθαπται: perf. of *θάπτω*, "is buried"
Ἀρείου...καὶ Ἐπειου συνελθόντων: gen. abs., "having met each other." This Arius is unknown, but an Epeius boxed in the funeral games of the *Iliad* and the funeral games of Achilles, in the latter case fighting to a draw.
οὐ τίθεται ἆθλα: "prizes are not awarded." Note that a neuter plural subject regularly takes a singular verb.
τὸν μέντοι δρόμον: acc. of respect, "as for the footrace"

Lucian

οὐκέτι μέμνημαι ὅστις ἐνίκησεν. ποιητῶν δὲ τῇ μὲν ἀληθείᾳ παρὰ πολὺ ἐκράτει Ὅμηρος, ἐνίκησεν δὲ ὅμως Ἡσίοδος. τὰ δὲ ἆθλα ἦν ἅπασι στέφανος πλακεὶς ἐκ πτερῶν ταωνείων.

[23] Ἄρτι δὲ τοῦ ἀγῶνος συντετελεσμένου ἠγγέλλοντο οἱ ἐν τῷ χώρῳ τῶν ἀσεβῶν κολαζόμενοι ἀπορρήξαντες τὰ δεσμὰ καὶ τῆς φρουρᾶς ἐπικρατήσαντες ἐλαύνειν ἐπὶ τὴν νῆσον· ἡγεῖσθαι δὲ αὐτῶν Φάλαρίν τε τὸν Ἀκραγαντῖνον καὶ Βούσιριν τὸν Αἰγύπτιον

ἀγγέλλω: to bear a message
ἀγών, -ον, ὁ: a contest
ἆθλον, τό: the prize of contest
Αἰγύπτιος, -α, -ον: Egyptian
ἅπας: all, the whole
ἀπορρήγνυμι: to break off, snap asunder
ἄρτι: just, exactly
ἀσεβής, -ές: godless, unholy, profane
δεσμόν, τό: anything for binding, fetter
ἐλαύνω: to drive, drive on
ἐπικρατέω: to overcome
Ἡσίοδος, ὁ: Hesiod
κολάζω: to punish

κρατέω: to be strong, mighty, powerful
μιμνήσκομαι: to remember
νικάω: to conquer, prevail, vanquish
ὅμως: nevertheless
πλέκω: to twist, weave, braid
ποιητής, -οῦ, ὁ: a maker, poet
πτερόν, τό: a feather
στέφανος, ὁ: a garland
συντελέω: to bring to an end, complete
ταώνειος, ον: of a peacock
φρουρά, ή: watch, guard
χῶρος, ὁ: ground, place

μέμνημαι: perf. of **μιμνήσκω**, "I remember"

τῇ μὲν ἀληθείᾳ: "truly"

Ὅμηρος...Ἡσίοδος: a legendary contest between Homer and Hesiod was won by Hesiod.

πλακεὶς: ao. part. pas. nom. s. of **πλέκω**, "having been woven"

News arrives of a jailbreak from the Island of the Damned.

τοῦ ἀγῶνος συντετελεσμένου: gen. abs. perf. part. of **συν-τελέω**, "the games hardly having been finished"

οἱ...κολαζόμενοι: "those being punished"

ἀπορρήξαντες: ao. part. of **ἀπορρήγνυμι**, "*having broken* their fetters"

ἐλαύνειν, ἡγεῖσθαι: pr. inf. in ind. st. after **ἠγγέλλοντο**, "they were reported to be driving," and "that P. was leading." Note the change in construction from nominative to accusative.

Φάλαρίν τὸν Ἀκραγαντῖνον: Phalaris was tyrant of Acragas from 570-554 and was renowned for his excessive cruelty. He speaks in his own defense in two rhetorical exercises by Lucian.

Βούσιριν Αἰγύπτιον: Busiris was a legendary pharoah of Egypt renowned for his xenophobia and cruelty. Busiris was a popular theme in Greek art and Isocrates wrote a mock encomium about him.

καὶ Διομήδη τὸν Θρᾷκα καὶ τοὺς περὶ Σκείρωνα καὶ
Πιτυοκάμπτην. ὡς δὲ ταῦτα ἤκουσεν ὁ Ῥαδάμανθυς, ἐκτάσσει
τοὺς ἥρωας ἐπὶ τῆς ἠόνος· ἡγεῖτο δὲ Θησεύς τε καὶ Ἀχιλλεὺς καὶ
Αἴας ὁ Τελαμώνιος ἤδη σωφρονῶν· καὶ συμμίξαντες ἐμάχοντο,
καὶ ἐνίκησαν οἱ ἥρωες, Ἀχιλλέως τὰ πλεῖστα κατορθώσαντος.
ἠρίστευσε δὲ καὶ Σωκράτης ἐπὶ τῷ δεξιῷ ταχθείς, πολὺ μᾶλλον ἢ
ὅτε ζῶν ἐπὶ Δηλίῳ ἐμάχετο. προσιόντων γὰρ τεττάρων πολεμίων
οὐκ ἔφυγε καὶ τὸ πρόσωπον ἄτρεπτος ἦν· ἐφ᾽ οἷς καὶ ὕστερον
ἐξῃρέθη αὐτῷ ἀριστεῖον, καλός τε καὶ μέγας παράδεισος ἐν τῷ

Αἴας, -αντος, ὁ: Ajax
ἀριστεῖον: the prize of the best and
    bravest
ἀριστεύω: to be best or bravest
ἄτρεπτος, -ον: unmoved, immutable
Ἀχιλλεύς, ὁ: Achilles
δεξιός, -ά, -όν: on the right hand or side
Δήλιον, τό: Delium
ἐκτάσσω: to draw out in battle-order
ἐξαιρέω: to take out, dedicate
ζάω: to live
ἠιών, -όνος, ἡ: a shore, beach
ἥρως, ὁ: a hero, warrior
Θησεύς, ὁ: Theseus
Θρᾷξ, Θρᾳκός, ὁ: a Thracian
καλός, -ή, -όν: beautiful

κατορθόω: to erect, accomplish
μᾶλλον: more
μάχομαι: to fight
μέγας: big, great
νικάω: to conquer, prevail, vanquish
παράδεισος, ὁ: a garden, orchard
πλεῖστος, -η, -ον: most, largest
πρόσωπον, τό: a face
συμμίγνυμι: to mix together (in battle)
Σωκράτης, ὁ: Socrates
σωφρονέω: to be sound of mind
τάσσω: to arrange, put in order
τέτταροί, -αί, -α: four
ὕστερος, -α, -ον: later, afterward

Διομήδη τὸν Θρᾷκα: Diomedes of Thrace was a legendary king renowned for
  cruelty, especially for the man-eating horses he kept, which were stolen by
  Heracles.
Σκείρωνα καὶ Πιτυοκάμπτην: Sciron and Pityokamptes were infamous robbers
  killed by Theseus.
ἐκτάσσει: pr. of ἐκ-τάσσω, "he musters"
ἤδη σωφρονῶν: "already being sound in mind"
Ἀχιλλέως κατορθώσαντος: gen. abs., "A. having accomplished"
ταχθείς: ao. part. pas. of τάσσω, "having been stationed"
πολὺ μᾶλλον ἢ ὅτε: "much more than when"
ζῶν ἐπὶ Δηλίῳ ἐμάχετο: Socrates was in the defeated army at Delium in 424.
προσιόντων...πολεμίων: gen abs., "four enemies attacking"
προσιόντων: pr. part. of προσ-έρχομαι
οὐκ ἔφυγε: ao. of φεύγω, "he didn't flee"
ἄτρεπτος: Alcibiades recounts in the *Symposium* Socrates' composure in battle.
ἐφ᾽ οἷς: "and for this reason"
ἐξῃρέθη: ao. pas. of ἐξαιρέω, "was dedicated"

προαστείῳ, ἔνθα καὶ συγκαλῶν τοὺς ἑταίρους διελέγετο, Νεκρακαδημίαν τὸν τόπον προσαγορεύσας. [24] συλλαβόντες οὖν τοὺς νενικημένους καὶ δήσαντες ἀπέπεμψαν ἔτι μᾶλλον κολασθησομένους. ἔγραψεν δὲ καὶ ταύτην τὴν μάχην Ὅμηρος καὶ ἀπιόντι μοι ἔδωκεν τὰ βιβλία κομίζειν τοῖς παρ' ἡμῖν ἀνθρώποις· ἀλλ' ὕστερον καὶ ταῦτα μετὰ τῶν ἄλλων ἀπωλέσαμεν. ἦν δὲ ἡ ἀρχὴ τοῦ ποιήματος αὕτη,

«Νῦν δέ μοι ἔννεπε, Μοῦσα, μάχην νεκύων ἡρώων.»

τότε δ' οὖν κυάμους ἐψήσαντες, ὥσπερ παρ' αὐτοῖς νόμος

ἀπόλλυμι: to destroy utterly, lose
ἀποπέμπω: to send off or away, to dismiss
ἀρχή, ἡ: a beginning
βιβλίον, τό: a paper, (pl.) a book
γράφω: to write
δέω: to bind
διαλέγομαι: to discourse
δίδωμι: to give
ἐνέπω: to tell, relate, describe
ἑταῖρος, ὁ: a comrade, companion
ἕψω: to boil, cook
ἥρως, ὁ: a hero, warrior
κολάζω: to punish
κομίζω: to take care of (+ dat.)

κύαμος, ὁ: a bean
μᾶλλον: more
μάχη, ἡ: battle, fight, combat
Μοῦσα, -ης, ἡ: the Muse
νέκυς, -υος, ὁ: a corpse
νικάω: to conquer, prevail, vanquish
νόμος, ὁ: custom, law, ordinance
ποίημα, -ατος, τό: a poem
προάστειον, -ου, τό: a suburb
προσαγορεύω: to address, name
συγκαλέω: to convene
συλλαμβάνω: to collect, gather together
τόπος, ὁ: a place
ὕστερος, -α, -ον: later, afterward

ἐν τῷ προαστείῳ: "outside the city"
συγκαλῶν: pr. part. συν-καλέω, "calling together"
Νεκρακαδημίαν: "Academy of the Dead"
συλλαβόντες: ao. part. nom. pl. of συλλαμβάνω, "having arrested"
νενικημένους: perf. part. acc. pl. of νικάω, "the conquered"
κολασθησομένους: fut. part. pas. acc. pl. of κολάζω showing purpose, "in order to punish"
ἀπιόντι: pr. part. dat. s. of ἀπο-ἔρχομαι, modifying μοι, "to me leaving"
ἔδωκεν: ao. of δίδωμι, "he gave"
κομίζειν: inf. of purpose "to provide to" + dat,
ἀπωλέσαμεν: ao. of ἀπόλλυμι, "we lost it"
ἔννεπε: imperative, (cf. the first line of the Odyssey: ἀνδρὰ μοι ἔννεπε, Μοῦσα)
ἐψήσαντες: ao. part. of ἕψω, "having cooked"

A True Story

ἐπειδὰν πόλεμον κατορθώσωσιν, εἰστιῶντο τὰ ἐπινίκια καὶ ἑορτὴν μεγάλην ἦγον· μόνος δὲ αὐτῆς οὐ μετεῖχε Πυθαγόρας, ἀλλ᾽ ἄσιτος πόρρω ἐκαθέζετο μυσαττόμενος τὴν κυαμοφαγίαν.

[25] Ἤδη δὲ μηνῶν ἒξ διεληλυθότων περὶ μεσοῦντα τὸν ἕβδομον νεώτερα συνίστατο πράγματα· Κινύρας ὁ τοῦ Σκινθάρου παῖς, μέγας ὢν καὶ καλός, ἤρα πολὺν ἤδη χρόνον τῆς Ἑλένης, καὶ αὐτὴ δὲ οὐκ ἀφανὴς ἦν ἐπιμανῶς ἀγαπῶσα τὸν νεανίσκον· πολλάκις γοῦν καὶ διένευον ἀλλήλοις ἐν τῷ συμποσίῳ καὶ

ἀγαπάω: to love, be fond of
ἄγω: to conduct, celebrate
ἄσιτος, -ον: without food, fasting
ἀφανής, -ές: unseen, invisible, viewless
διανεύω: to wink
διέρχομαι: to pass through
ἕβδομος, -η, -ον: seventh
ἑορτή, ἡ: a feast
ἐπιμανῶς: madly
ἐπινίκιος, -ον: of victory, triumphal
ἐράω: to love, to be in love with
καθέζομαι: to sit down
κατορθόω: to set upright, erect
κυαμοφαγία, ἡ: the eating of beans

μείς, μήνος, ὁ: a month
μεσόω: to be in the middle
μετέχω: to partake of, enjoy a share of (+ gen.)
μυσάττομαι: to feel disgust at
νεανίσκος, ὁ: a youth
νεώτερος, -α, -ον: newer
παῖς, παιδός, ὁ: a child
πόλεμος, ὁ: battle, fight, war
πόρρω: forwards, onwards, further
πρᾶγμα, -ατος, τό: a deed, act
Πυθαγόρας, ὁ: Pythagoras
συμπόσιον, τό: a symposium
συνίστημι: to come into existence, arise

ἐπειδὰν...κατορθώσωσιν: subj. of κατα-ὀρθόω general temporal clause, "whenever they win"

εἰστιῶντο: impf. of ἑστιάω, "they were celebrating"

οὐ μετεῖχε: impf. of μετα-ἔχω, "would not partake in"

μυσαττόμενος: pr. part. of μυσάσσω, "being disgusted," Pythagoras famously refused to eat beans.

Cinyras, the son of Scintharus, elopes with Helen.

μηνῶν ἒξ διεληλυθότων: perf. part. of δια-ἐρχομαι, gen. abs. "6 months having passed"

συνίστατο: impf. of συν-ἵστημι, intransitive, "arose"

νεώτερα...πράγματα: "revolution"

ἤρα: impf. of ἐράω, "was in love with" + gen.

πολὺν ἤδη χρόνον: acc. of duration of time, "already a long time"

οὐκ ἀφανὴς: "obviously"

ἀγαπῶσα: ao. part. nom. f. of ἀγαπάω, "she was loving"

πολλάκις γοῦν καὶ: *indeed several times they even* winked"

Lucian

προύπινον καὶ μόνοι ἐξανιστάμενοι ἐπλανῶντο περὶ τὴν ὕλην. καὶ
δή ποτε ὑπ' ἔρωτος καὶ ἀμηχανίας ἐβουλεύσατο ὁ Κινύρας
ἁρπάσας τὴν Ἑλένην - ἐδόκει δὲ κἀκείνῃ ταῦτα - οἴχεσθαι
ἀπιόντας ἔς τινα τῶν ἐπικειμένων νήσων, ἤτοι ἐς τὴν Φελλὼ ἢ ἐς
τὴν Τυρόεσσαν. συνωμότας δὲ πάλαι προσειλήφεσαν τρεῖς τῶν
ἑταίρων τῶν ἐμῶν τοὺς θρασυτάτους. τῷ μέντοι πατρὶ οὐκ
ἐμήνυσε ταῦτα· ἠπίστατο γὰρ ὑπ' αὐτοῦ κωλυθησόμενος. ὡς δὲ
ἐδόκει αὐτοῖς, ἐτέλουν τὴν ἐπιβουλήν. καὶ ἐπειδὴ νὺξ ἐγένετο -

---

ἀμηχανία, ἡ: helplessness, impotence
ἁρπάζω: to snatch away, carry off
βουλεύω: to take counsel, plot (+ inf.)
ἐξανίστημι: to raise up: to make one rise
ἐπιβουλή, ἡ: a plan
ἐπίκειμαι: to be lying (off the coast)
ἐπίσταμαι: to know
ἔρως, -ωτος, ὁ: love
ἑταῖρος, ὁ: a comrade, companion, mate
ἤτοι: now surely, truly, verily
θρασύς, -εῖα, -ύ: bold, spirited, reckless
κωλύω: to hinder, check, prevent
μηνύω: to reveal, betray

νῆσος, -ου, ἡ: an island
νύξ, νυκτός, ἡ: night
οἴχομαι: to be gone
πάλαι: long ago
πατήρ, ὁ: a father
πλανάω: to wander about
προπίνω: to drink on behalf of, toast
προσλαμβάνω: to take in addition
συνωμότης, -ου, ὁ: a fellow conspirator
τελέω: to complete, accomplish, carry out
Τυρόεσσα, ἡ: Cheese-land
ὕλη, ἡ: a forest
Φελλώ, -οῦς, ἡ: Cork-land

προύπινον: impf. of προ-πίνω, "they toasted (each other)"
ἐξανιστάμενοι: pr. part. of ἐξ-ανα-ἵστημι, "getting up and leaving"
ἐπλανῶντο: impf. of πλανάω, "they wandered"
καὶ δή ποτε: "moreover, once"
ἁρπάσας: ao. part. of ἁρπάζω, "having snatched Helen"
κἀκείνῃ: "also to her"
οἴχεσθαι: pr. inf. after ἐβουλεύσατο, "plotted to go"
ἀπιόντας: pr. part. of ἀπο-ἔρχομαι, "departing"
ἤτοι...ἡ: "either...or"
προσειλήφεσαν: plupf. of προσ-λαμβάνω, "they had taken along"
τοὺς θρασυτάτους: "the most reckless ones"
τῷ μέντοι πατρὶ: "to his father, of course"
ἐμήνυσε: ao. of μηνύω, "he disclosed"
κωλυθησόμενος: fut. part. pas. ind. st. after ἠπίστατο, "that he would be
    prevented"

ἐγὼ μὲν οὐ παρήμην· ἐτύγχανον γὰρ ἐν τῷ συμποσίῳ κοιμώμενος
- οἱ δὲ λαθόντες τοὺς ἄλλους ἀναλαβόντες τὴν Ἑλένην ὑπὸ
σπουδῆς ἀνήχθησαν. [26] περὶ δὲ τὸ μεσονύκτιον ἀνεγρόμενος ὁ
Μενέλαος ἐπεὶ ἔμαθεν τὴν εὐνὴν κενὴν τῆς γυναικός, βοήν τε ἴστη
καὶ τὸν ἀδελφὸν παραλαβὼν ἦλθε πρὸς τὸν βασιλέα τὸν
Ῥαδάμανθυν. ἡμέρας δὲ ὑποφαινούσης ἔλεγον οἱ σκοποὶ καθορᾶν
τὴν ναῦν πολὺ ἀπέχουσαν· οὕτω δὴ ἐμβιβάσας ὁ Ῥαδάμανθυς
πεντήκοντα τῶν ἡρώων εἰς ναῦν μονόξυλον ἀσφοδελίνην
παρήγγειλεν διώκειν· οἱ δὲ ὑπὸ προθυμίας ἐλαύνοντες περὶ

ἀδελφός, ὁ: a brother
ἀνάγω: to lead up
ἀναλαμβάνω: to take up
ἀνεγείρω: to wake up, rouse
ἀπέχω: to keep off or away from
ἀσφοδέλινος, -η, -ον: of asphodel
βασιλεύς, -έως, ὁ: a king, chief
βοή, ἡ: a loud cry, shout
γυνή, -αικός, ἡ: a woman
διώκω: to pursue
ἐλαύνω: to drive, drive on
ἐμβιβάζω: to set in or on
εὐνή, ἡ: a bed
ἡμέρα, ἡ: day
ἥρως, ὁ: a hero, warrior
καθοράω: to look down
κενός, -ή, -όν: empty

κοιμάω: to put to sleep, (*mid.*) to be asleep
λανθάνω: to escape notice (+ *part.*)
μανθάνω: to learn
μεσονύκτιος, -ον: of or at midnight
μονόξυλος, -ον: made from a solid trunk
ναῦς, νεώς, ἡ: a ship
παραγγέλλω: to transmit as a message,
    order
παραλαμβάνω: to take along
πεντήκοντα: fifty
προθυμία, ἡ: readiness, willingness
σκοπός, ὁ: a watchman
σπουδή, ἡ: haste, speed
συμπόσιον, τό: a drinking-party,
    symposium
τυγχάνω: to happen to be (+ *part.*)
ὑποφαίνω: to gradually become visible

οὐ παρήμην: impf. of παρα-εἰμι, "I was not present"
ἐτύγχανον...κοιμώμενος: "I happened to be sleeping"
λαθόντες τοὺς ἄλλους: ao. part. of λανθάνω, "having escaped the notice of the
    others"
ἀναλαβόντες: ao. part. of ἀνα-λαμβάνω suppl. λαθόντες, "when they carried"
ἀνήχθησαν: ao. pas. of ἀνα-ἄγω, "they put to sea"
ἀνεγρόμενος: ao. part. of ἀνα-ἐγείρομαι, "having awoken"
ἔμαθεν: ao. of μανθάνω, "he realized"
ἴστη: impf. of ἴστημι, "*he raised* a shout"
παραλαβὼν: ao. part. of παρα-λαμβάνω, "having taken with him"
ἦλθε: ao. of ἔρχομαι, "he went"
ἡμέρας ὑποφαινούσης: gen. abs., "at day break"
ἔλεγον...καθορᾶν: ind. st., "they said that they saw"
ἀπέχουσαν: pr. part. acc. s. of ἀπο-ἔχω modifying ναῦν, "being far away"
ἐμβιβάσας: ao. part. of ἐμβιβάζω, "having put on board"
παρήγγειλεν: ao. of παρα-ἀγγέλλω, "he ordered them" + inf.

Time and Aspect: Translating the Aorist Participle

The term "tense" (from the French word for "time") is misleading when applied to participles, since time is a factor only in the future participle, which has special uses. The other forms of the participle are distinguished by aspect, indicating the character of the action, of which there are three: continuous action, completed action, and simple action:

Aspect	Form	Translation	Traditional Name
continuous action	*παυόμενος*	ceasing	present participle
simple action	*παυσάμενος*	(ceased)	aorist participle
completed action	*πεπαύμενος*	having ceased	perfect participle

The traditional names for the participles are not consistent, since "aorist" and "perfect" both refer to aspects (simple and completed), while "present" is a time, not an aspect. To add to the confusion the terms "aorist" and "perfect" are also used to define specific tenses of the indicative, which combine time and aspect. We are stuck with these terminological inconsistencies, but it is important to remember that aspect is more important than time with participles. Moreover, the morphology of the Greek verb is based on the three aspect stems, underlined for the verb παύομαι in the example above.

In English the difference between participles indicating simple and continuous action can be brought out in examples such as the following (suggested by Joel Relihan):

> I heard her *sing* at the Met. (simple)
>
> I heard her *singing* at the Met. (continuous)

But for most cases, English really only has two participles, present (singing) and perfect (having sung). It is thus difficult to translate accurately into English aorist participles without some circumlocution to give the sense of simple action. Usually we are stuck with something like "having ceased," which sounds more like a perfect participle. The alternative is to use a noun or a subordinate clause:

> γελάσας: "with a laugh"
>
> ἀποκρινάμενος: "in answer"
>
> παυσάμενος: "once he had ceased"

In our commentary, we have usually translated aorist participles as though they were perfect participles, but this is a case of translationese that is meant to indicate the syntactical relations, and there is often a better way to render such expressions in English.

Aorist participles are often used to set forth a series of actions, whose equivalent in English would be multiple finite verbs. Consider the following example from *VH* 2.25-6:

> οἱ δὲ λαθόντες τοὺς ἄλλους ἀναλαβόντες τὴν Ἑλένην ὑπὸ σπουδῆς ἀνήχθησαν. περὶ δὲ τὸ μεσονύκτιον ἀνεγρόμενος ὁ Μενέλαος ἐπεὶ ἔμαθεν τὴν εὐνὴν κενὴν τῆς γυναικός, βοήν τε ἴστη καὶ τὸν ἀδελφὸν παραλαβὼν ἦλθε πρὸς τὸν βασιλέα.

Here is a translationese version of this passage:

> "And they, *having escaped the notice of* the others when they snatched Helen, departed with speed. In the middle of the night, Menelaus, *having awoken*, when he realized his bed was empty, started raising the alarm and, *having taken along* his brother, went to the king."

Here is a more idiomatic version using simple indicatives:

> "They *escaped the notice of* the others when they snatched Helen and departed hastily. In the middle of the night, Menelaus *woke up* and realized his bed was empty; he began raising the alarm, *took along* his brother and went to the king."

Here is another example from VH 2.35:

> ἔπειτα δὲ ἄφνω βροντῆς μεγάλης καταρραγείσης ἀνεγρόμενοι καὶ ἀναθορόντες ἀνήχθημεν ἐπισιτισάμενοι.

> "Next a great thunder suddenly *having cracked*, we, *having woken up* and *having sprung up*, put to sea, *having first laid in supplies*."

μεσημβρίαν καταλαμβάνουσιν αὐτοὺς ἄρτι ἐς τὸν γαλακτώδη τοῦ ὠκεανοῦ τόπον ἐμβαίνοντας πλησίον τῆς Τυροέσσης· παρὰ τοσοῦτον ἦλθον διαδρᾶναι· καὶ ἀναδησάμενοι τὴν ναῦν ἀλύσει ῥοδίνῃ κατέπλεον. ἡ μὲν οὖν Ἑλένη ἐδάκρυέν τε καὶ ᾐσχύνετο κἀνεκαλύπτετο, τοὺς δὲ ἀμφὶ τὸν Κινύραν ἀνακρίνας πρότερον ὁ Ῥαδάμανθυς, εἴ τινες καὶ ἄλλοι αὐτοῖς συνίσασιν, ὡς οὐδένα εἶπον, ἐκ τῶν αἰδοίων δήσας ἀπέπεμψεν ἐς τὸν τῶν ἀσεβῶν χῶρον μαλάχῃ πρότερον μαστιγωθέντας. [27] ἐψηφίσαντο δὲ καὶ ἡμᾶς ἐμπροθέσμως ἐκπέμπειν ἐκ τῆς νήσου, τὴν ἐπιοῦσαν ἡμέραν μόνην ἐπιμείναντας.

αἰδοῖον, τό: the genitals
αἰσχύνομαι: to be ashamed
ἄλυσις, -εως, ἡ: a chain
ἀναδέω: to bind or tie up
ἀνακρίνω: to interrogate
ἀποπέμπω: to send off or away, to dismiss
ἄρτι: just
ἀσεβής, -ές: godless, unholy, profane
δακρύω: to weep, shed tears
δέω: to bind
διαδιδράσκω: to run off, get away, escape
ἐγκαλύπτω: to cover up
ἐκπέμπω: to send out or forth from
ἐμβαίνω: to step in, enter
ἐμπρόθεσμος, -ον: within the stated time

ἐπιμένω: to stay on, remain
καλύπτω: to cover, hide
καταλαμβάνω: to seize upon, lay hold of
καταπλέω: to sail down, sail back
μαλάχη, ἡ: mallow
μαστιγόω: to whip, flog
μεσημβρία, ἡ: mid-day, noon
ναῦς, νεώς, ἡ: a ship
πλήσιος, α, ον: near to, close to (+ gen.)
ῥόδινος, -η, -ον: made of or from roses
σύνοιδα: to share in knowledge
τόπος, ὁ: a place
χῶρος, ὁ: a piece of ground, place
ψηφίζω: to count, reckon, vote
ὠκεανός, -οῦ, ὁ: the ocean

γαλακτώδη...τόπον: "the milky place"

παρὰ τοσοῦτον ἦλθον: "they came so close" + inf.

διαδρᾶναι: ao. inf. of δια-διδράσκω, "to escaping"

ἀναδησάμενοι: ao. part. of ἀνα-δέω, "having tied the ships"

ἀλύσει ῥοδίνῃ: dat. of means, "with a rose line"

ᾐσχύνετο: impf. of αἰσχύνομαι, "she was ashamed"

κἀνεκαλύπτετο = καὶ ἐνεκαλύπτετο: impf. mid. of εν-καλύπτω, "she covered herself"

ἀνακρίνας: ao. part. of ἀνα-κρίνω, "having interrogated"

εἴ...συνίσασιν: pr. of συν-οἶδα, in vivid ind. question after ἀνακρίνας, "whether others also know"

μαστιγωθέντας: ao. part. pas. of μαστιγόω, "first having been scourged"

ἐψηφίσαντο: ao. of ψηφίζω, "they voted"

ἐκπέμπειν: inf. complementing ἐψηφίσαντο, "to send away"

τὴν ἐπιοῦσαν ἡμέραν μόνην: acc. of duration, "for only the next day"

ἐπιμείναντας: ao. part. of ἐπιμένω agreeing with ἡμᾶς, "after having remained"

A True Story

Ἐνταῦθα δὴ ἐγὼ ἐποτνιώμην τε καὶ ἐδάκρυον οἷα ἔμελλον
ἀγαθὰ καταλιπὼν αὖθις πλανήσεσθαι. αὐτοὶ μέντοι παρεμυθοῦντο
λέγοντες οὐ πολλῶν ἐτῶν ἀφίξεσθαι πάλιν ὡς αὐτούς, καί μοι
ἤδη εἰς τοὐπιὸν θρόνον τε καὶ κλισίαν ἐπεδείκνυσαν πλησίον τῶν
ἀρίστων. ἐγὼ δὲ προσελθὼν τῷ Ῥαδαμάνθυι πολλὰ ἱκέτευον
εἰπεῖν τὰ μέλλοντα καὶ ὑποδεῖξαί μοι τὸν πλοῦν. ὁ δὲ ἔφασκεν
ἀφίξεσθαι μὲν εἰς τὴν πατρίδα πολλὰ πρότερον πλανηθέντα καὶ
κινδυνεύσαντα, τὸν δὲ χρόνον οὐκέτι τῆς ἐπανόδου προσθεῖναι

ἀγαθός, -ή, -όν: good
ἄριστος, -η, -ον: best
ἀφικνέομαι: to come to, arrive
δακρύω: to weep, shed tears
ἐνταῦθα: here, there
ἐπάνοδος, ἡ: a return up
ἐπιδείκνυμι: to show, point out
ἔτος, -εος, τό: a year
θρόνος, ὁ: a seat, chair
ἱκετεύω: to approach as a suppliant, beg
καταλείπω: leave behind
κινδυνεύω: to be in danger
κλισία, ἡ: a place for lying down

πάλιν: back, again
παραμυθέομαι: to encourage or exhort
πατρίς, -ίδος: of one's fathers
πλανάω: to make to wander
πλανάω: to wander
πλήσιος, -α, -ον: near to, close to
πλόος, ὁ: a sailing, voyage
ποτνιάομαι: to cry or lament aloud
προσέρχομαι: to come to (+ dat.)
προστίθημι: to put before
ὑποδείκνυμι: to show secretly
φάσκω: to say, affirm, assert
χρόνος, ὁ: time

They leave the Island of the Blessed, with predictions about the future from Rhadamanthus.

ἐποτνιώμην: impf. of ποτνιάομαι, "I started crying"
πλανήσεσθαι: fut. mid. inf. of πλανάω with ἔμελλον, "I was about to wander"
καταλιπὼν: ao. part. of κατα-λείπω, "having left"
παρεμυθοῦντο λέγοντες: "they comforted us by saying"
ἀφίξεσθαι: fut. inf. of ἀφικνέομαι in ind. st. after λέγοντες, "that I will return"
ὡς αὐτούς: "to them"
τοὐπιὸν (= τὸ ἐπιὸν): from ἐπι-ἔρχομαι, "the coming (i.e., the future) chair"
ἐπεδείκνυσαν: impf. of ἐπι-δείκνυμι, "they showed"
προσελθὼν: ao. part. of προσ-ἔρχομαι
τὰ μέλλοντα: "the future"
εἰπεῖν, ὑποδεῖξαί: ao. infinitives after ἱκέτευον
ἀφίξεσθαι: fut. inf. of ἀφικνέομαι after ἔφασκεν, "he claimed *that I would arrive*"
πλανηθέντα: ao. part. pas. acc. s. of πλανάω, agreeing with the subject of
　ἀφίξεσθαι (sc. με), "having wandered"
προσθεῖναι: ao. inf. act. of προσ-τίθημι complementing ἠθέλησεν, "to set before
　me"

125

Lucian

ἠθέλησεν· ἀλλὰ δὴ καὶ δεικνὺς τὰς πλησίον νήσους - ἐφαίνοντο δὲ πέντε τὸν ἀριθμόν, ἄλλη δὲ ἕκτη πόρρωθεν - ταύτας μὲν εἶναι ἔφασκεν τῶν ἀσεβῶν, τὰς πλησίον, «Ἀφ' ὧν,» ἔφη, «ἤδη τὸ πολὺ πῦρ ὁρᾷς καιόμενον, ἕκτη δὲ ἐκείνη τῶν ὀνείρων ἡ πόλις· μετὰ ταύτην δὲ ἡ τῆς Καλυψοῦς νῆσος, ἀλλ' οὐδέπω σοι φαίνεται. ἐπειδὰν δὲ ταύτας παραπλεύσῃς, τότε δὴ ἀφίξῃ εἰς τὴν μεγάλην ἤπειρον τὴν ἐναντίαν τῇ ὑφ' ὑμῶν κατοικουμένῃ· ἐνταῦθα δὴ πολλὰ παθὼν καὶ ποικίλα ἔθνη διελθὼν καὶ ἀνθρώποις ἀμίκτοις ἐπιδημήσας χρόνῳ ποτὲ ἥξεις εἰς τὴν ἑτέραν ἤπειρον.»

[28] Τοσαῦτα εἶπεν, καὶ ἀνασπάσας ἀπὸ τῆς γῆς μαλάχης ῥίζαν ὤρεξέν μοι, ταύτῃ κελεύσας ἐν τοῖς μεγίστοις κινδύνοις

ἄμικτος, -ον: unsociable, savage
ἀνασπάω: to pluck
ἀριθμός: number
ἀσεβής, -ές: godless, unholy, profane
δείκνυμι: to bring to light, show, exhibit
διέρχομαι: to go through, pass through
ἐθέλω: to will, wish, purpose
ἔθνος, -εος, τό: a company, body of men
ἕκτος, -η, -ον: sixth
ἐναντίος, -α, -ον: opposite to (+ dat.)
ἐνταῦθα: here, there
ἐπιδημέω: to visit
ἥκω: to have come, be present, be here
ἤπειρος: terra-firma, the land
καίω: to kindle, burn
Καλυψώ, -οῦς, ἡ: Calypso

κατοικέω: to dwell in
κελεύω: to urge or drive on, urge, exhort
κίνδυνος, ὁ: a danger, risk, hazard, venture, enterprise
μαλάχη, ἡ: mallow
ὄνειρος, -ου, ὁ: a dream
ὀρέγω: to reach, stretch, stretch out
οὐδέπω: and not yet, not as yet
παραπλέω: to sail by or past
πάσχω: to suffer
πόλις, -εως, ἡ: a city
πόρρωθεν: from afar
ῥίζα, -ης, ἡ: a root
φαίνομαι: to be visible
φάσκω: to think, declare
χρόνος, ὁ: time

ἀλλὰ δὴ καί: "however"
δεικνύς: pr. part. nom. s. of δείκνυμι, "showing"
τὰς πλησίον· attributive, "these *near* (islands)"
ἡ τῆς Καλυψοῦς νῆσος: "the island of Calypso" from *Odyssey* 5
ἐπειδὰν...παραπλεύσῃς: subj. in indefinite temporal clause, "whenever you sail past"
ἀφίξῃ: fut. 2 s. of ἀφικνέομαι, "you will arrive"
παθών: ao. part. of πάσχω, "having suffered"
διελθών: ao. part. of δια-έρχομαι, "having gone through"
ἐπιδημήσας: ao. part. of ἐπιδημέω, "having visited" + dat.
ἥξεις: fut. of ἥκω, "you will come"
ἀνασπάσας: ao. part. of ἀνασπάω, "having plucked"
ὤρεξέν: ao. of ὀρέγω, "he handed it"

προσεύχεσθαι· παρήνεσε δὲ εἰ καί ποτε ἀφικοίμην ἐς τήνδε τὴν γῆν, μήτε πῦρ μαχαίρᾳ σκαλεύειν μήτε θέρμους ἐσθίειν μήτε παιδὶ ὑπὲρ τὰ ὀκτωκαίδεκα ἔτη πλησιάζειν· τούτων γὰρ ἂν μεμνημένον ἐλπίδας ἔχειν τῆς εἰς τὴν νῆσον ἀφίξεως.

Τότε μὲν οὖν τὰ περὶ τὸν πλοῦν παρεσκευασάμην, καὶ ἐπεὶ καιρὸς ἦν, συνεστιώμην αὐτοῖς. τῇ δὲ ἐπιούσῃ ἐλθὼν πρὸς Ὅμηρον τὸν ποιητὴν ἐδεήθην αὐτοῦ ποιῆσαί μοι δίστιχον ἐπίγραμμα· καὶ ἐπειδὴ ἐποίησεν, στήλην βηρύλλου λίθου ἀναστήσας ἐπέγραψα πρὸς τῷ λιμένι. τὸ δὲ ἐπίγραμμα ἦν τοιόνδε·

ἀνίστημι: to make to stand up, raise up	μάκαρ, -αρος, ὁ: blessed, happy
ἄφιξις, -εως, ἡ: an arrival	μάχαιρα, -ης, ἡ: a large knife
βήρυλλος, ἡ: gem of sea-green color, beryl	μιμνήσκομαι: to remember (+ *gen*)
δέομαι: to ask (+ *gen*.)	ὀκτωκαίδεκα: eighteen
δίστιχος, -ον: of two verses	παῖς, παιδός, ὁ: a child
ἐλπίς, -ίδος, ἡ: hope, expectation	παραινέω: to exhort, recommend, advise
ἐπίγραμμα, -ατος, τό: an inscription	παρασκευάζω: to prepare
ἐπιγράφω: to write on	πλησιάζω: to consort with (+ *dat*.)
ἐσθίω: to eat	ποιητής, -οῦ, ὁ: a maker, poet
ἔτος, -εος, τό: a year	προσεύχομαι: to offer prayers or vows
θέρμος, ὁ: a lupine	πῦρ, πυρός, τό: fire
καιρός, ὁ: proper time	σκαλεύω: stir up, hoe
λίθος, -ου, ὁ: a stone	στήλη, ἡ: a block of stone
λιμήν, -ένος, ὁ: a harbor	συνεστιάω: to entertain in one's house

---

προσεύχεσθαι: pr. inf. after **κελεύσας**, "bidding me to pray"

παρήνεσε: ao. of **παρα-αινέω**, "he advised"

εἰ καί ποτε ἀφικοίμην: ao. opt. in a future less vivid condition, "if I were to arrive"

μήτε σκαλεύειν, μήτε ἐσθίειν μήτε πλησιάζειν: pr. infinitives after **παρήνεσε**, "not to stir..." etc.

ἂν μεμνημένον ἐλπίδας ἔχειν: a future less vivid condition in implied indirect statement, with **ἂν ἔχειν** representing the optative of the apodosis (**ἂν ἔχοιμι**) and the participle **μεμνημένον** (perf. part. acc. s. modifying the subject of **ἔχειν**) with conditional force representing the optative of the protasis (**εἰ μεμνημένος εἴην**), "(saying that) if I were to remember, I would have hope"

ἀφίξεως: gen s. after **ἐλπίδας**, "hopes of return"

συνεστιώμην: impf. mid. of **συν-εστιάω**, "I joined in feasting"

τῇ δὲ ἐπιούσῃ (sc. **ἡμέρᾳ**): "on the following day"

ἐλθὼν: ao. part. of **ἔρχομαι**

ἐδεήθην: ao. pas. of **δέομαι**, "I asked"

ἀναστήσας: ao. part. trans. of **ἀνα-ἵστημι**, "setting up"

ἐπέγραψα: ao. of **ἐπι-γράφω**, "I inscribed"

Lucian

«Λουκιανὸς τάδε πάντα φίλος μακάρεσσι θεοῖσιν
εἶδέ τε καὶ πάλιν ἦλθε φίλην ἐς πατρίδα γαῖαν.»

[29] Μείνας δὲ κἀκείνην τὴν ἡμέραν, τῇ ἐπιούσῃ ἀνηγόμην
τῶν ἡρώων παραπεμπόντων. ἔνθα μοι καὶ Ὀδυσσεὺς προσελθὼν
λάθρᾳ τῆς Πηνελόπης δίδωσιν ἐπιστολὴν εἰς Ὠγυγίαν τὴν νῆσον
Καλυψοῖ κομίζειν. συνέπεμψε δέ μοι ὁ Ῥαδάμανθυς τὸν πορθμέα
Ναύπλιον, ἵν᾽ ἐὰν καταχθῶμεν ἐς τὰς νήσους, μηδεὶς ἡμᾶς
συλλάβῃ ἅτε κατ᾽ ἄλλην ἐμπορίαν καταπλέοντας.

ἀήρ, ἀέρος, ὁ: the air
γαῖα, ἡ: a land, country
δίδωμι: to give
ἐμπορία, ἡ: commerce, trade, traffic
ἐπιστολή, ἡ: a message
εὐώδης, -ες: sweet-smelling, fragrant
θεός, ὁ: a god
Καλυψώ, -οῦς, ἡ: Calypso
κατάγω: to lead down (to land)
καταπλέω: to sail down
κομίζω: to take care of, to convey

λάθρη, -α: secretly from (+ gen.)
μένω: to stay, remain
νῆσος, -ου, ἡ: an island
πάλιν: back, backwards
παραπέμπω: to escort
πατρίς, -ίδος: of one's fathers
Πηνελόπεια, ἡ: Penelope
πορθμεύς, -έως, ὁ: a ferryman
προσέρχομαι: to come or go to (+ dat.)
συμπέμπω: to send with
Ὠγύγιος, -α, -ον: Ogygian

Λουκιανὸς: the use of Lucian's name conflates the narrator and the author.
μακάρεσσι: epic dat. pl. "beloved to *the blessed gods*"
εἶδέ τε καὶ ἦλθε: ao. of οἶδα and ἔρχομαι, "he saw and left"
μείνας: ao. part of μένω, having remained"
κἀκείνην τὴν ἡμέραν: acc. of duration of time,"for that day"
ἀνηγόμην: impf. of ἀνα-άγω, "I put to sea"
τῶν ἡρώων παραπεμπόντων: gen. abs., "the heroes escorting me"
προσελθὼν: ao. part. of προσ-έρχομαι, "having approached" + dat.
λάθρᾳ τῆς Πηνελόπης: "secretly from Penelope"
εἰς Ὠγυγίαν: "to Ogygia," the island of the nymph Calypso, where Odysseus was
stranded for seven years (*Odyssey* 5)
Ναύπλιον: Nauplion was the legendary navigator of the Argonauts.
ἵνα μηδεὶς ἡμᾶς συλλάβῃ: subj. in neg. purpose clause, "lest someone arrest us"
ἐὰν καταχθῶμεν: ao. pas. subj. of κατα-άγω, more vivid or general protasis, "if
(ever) we land"
ἅτε καταπλέοντας: expressing the grounds for the action, "thinking that we were
putting in"
κατ᾽ ἄλλην ἐμπορίαν: "for some other errand"

A True Story

Ἐπεὶ δὲ τὸν εὐώδη ἀέρα προϊόντες παρεληλύθειμεν, αὐτίκα ἡμᾶς ὀσμή τε δεινὴ διεδέχετο οἷον ἀσφάλτου καὶ θείου καὶ πίττης ἅμα καιομένων, καὶ κνῖσα δὲ πονηρὰ καὶ ἀφόρητος ὥσπερ ἀπὸ ἀνθρώπων ὀπτωμένων, καὶ ὁ ἀὴρ ζοφερὸς καὶ ὀμιχλώδης, καὶ κατέσταζεν ἐξ αὐτοῦ δρόσος πιττίνη· ἠκούομεν δὲ καὶ μαστίγων ψόφον καὶ οἰμωγὴν ἀνθρώπων πολλῶν. [30] ταῖς μὲν οὖν ἄλλαις οὐ προσέσχομεν, ἧς δὲ ἐπέβημεν, τοιάδε ἦν· κύκλῳ μὲν πᾶσα κρημνώδης καὶ ἀπόξυρος, πέτραις καὶ τράχωσι κατεσκληκυῖα, δένδρον δ' οὐδὲν οὐδὲ ὕδωρ ἐνῆν· ἀνερπύσαντες δὲ ὅμως κατὰ

ἀήρ, ἀέρος, ὁ: the air
ἅμα: at once, at the same time
ἀνερπύζω: to creep up or upwards
ἀπόξυρος, -ον: cut sharp off, abrupt
ἄσφαλτος, ἡ: asphalt, bitumen
ἀφόρητος, -ον: intolerable, insufferable
δεινός, -ή, -όν: fearful, terrible, dread, dire
δένδρον, τό: a tree
διαδέχομαι: to receive
δρόσος, ἡ: dew
ἐπιβαίνω: to go upon
εὐώδης, -ες: sweet-smelling
ζοφερός, -ά, -όν: dusky, gloomy
θεῖον, τό: brimstone
καίω: to kindle, burn
κατασκέλλομαι: to whither, harden
καταστάζω: to drip

κνῖσα, -ης, ἡ: odor
κρημνώδης, -ες: precipitous
κύκλος, ὁ: a ring, circle, round
μάστιξ, -ιγος, ἡ: a whip, scourge
οἰμωγή, ἡ: loud wailing, lamentation
οἷος, -α, -ον: such, just like (+ gen.)
ὀμιχλώδης, -ές: misty
ὀπτάω: to roast, broil
ὀσμή, ἡ: a smell, scent, odor
πέτρα, ἡ: a rock
πίττα, -ης, ἡ: pitch
πίττινος: like pitch
πονηρός, -ά, -όν: painful, grievous
προσέχω: to bring to shore
τραχύς, -εῖα, -ύ: rough
ὕδωρ, ὕδατος, τό: water
ψόφος, ὁ: a noise

They encounter strong smells that presage the Island of the Damned.
προϊόντες: pr. part. of προ-ἔρχομαι, "going forward"
παρεληλύθειμεν: plupf. of παρα-ἔρχομαι, "we had passed"
διεδέχετο: impf. of διαδέχομαι, "started being received"
ἀφόρητος: "insufferable"
κατέσταζεν: impf. of καταστάζω, "dripped"
προσέσχομεν: ao. of προσ-έχω, "we did not put in"
ἧς δὲ: rel. pron. gen. s. "but the island on which we landed"
ἐπέβημεν: ao. of ἐπι-βαίνω, "we landed"
πᾶσα (sc. νῆσος): "the whole (island)"
κατεσκληκυῖα: perf. part. nom. f. s. of κατα-σκέλλομαι, "having been hardened"
ἐνῆν: impf. of ἐν-εἰμι, "there was on it"
ἀνερπύσαντες: ao. part. of ἀνερπύζω, "having crawled"

τοὺς κρημνοὺς προῆμεν διά τινος ἀκανθώδους καὶ σκολόπων
μεστῆς ἀτραποῦ, πολλὴν ἀμορφίαν τῆς χώρας ἐχούσης. ἐλθόντες
δὲ ἐπὶ τὴν εἱρκτὴν καὶ τὸ κολαστήριον, πρῶτα μὲν τὴν φύσιν τοῦ
τόπου ἐθαυμάζομεν· τὸ μὲν γὰρ ἔδαφος αὐτὸ μαχαίραις καὶ
σκόλοψι πάντῃ ἐξηνθήκει, κύκλῳ δὲ ποταμοὶ περιέρρεον, ὁ μὲν
βορβόρου, ὁ δὲ δεύτερος αἵματος, ὁ δὲ ἔνδον πυρός, πάνυ μέγας
οὗτος καὶ ἀπέρατος, καὶ ἔρρει ὥσπερ ὕδωρ καὶ ἐκυματοῦτο
ὥσπερ θάλαττα, καὶ ἰχθῦς δὲ εἶχεν πολλούς, τοὺς μὲν δαλοῖς
προσεοικότας, τοὺς δὲ μικροὺς ἄνθραξι πεπυρωμένοις· ἐκάλουν δὲ

αἷμα, -ατος, τό: blood
ἀκανθώδης, -ες: full of thorns, thorny
ἀμορφία, ἡ: unshapeliness, unsightliness
ἄνθραξ, -ακος, ὁ: charcoal, coal
ἀπέρατος, -ον: not to be crossed
ἀτραπός: a path
βόρβορος, ὁ: mud, mire
δαλός, ὁ: a fire-brand, torch
δεύτερος, -α, -ον: second
ἔδαφος, -εος, τό: the bottom, foundation
εἱρκτή, ἡ: an enclosure, prison
ἔνδον: in, within
ἐξανθέω: to put out flowers
ἔρρω: to go slowly, flow
θαυμάζω: to wonder, marvel
καλέω: to call, summon
κολαστήριον, -ου, τό: a house of
   correction, place of punishment

κρημνός, -οῦ, ὁ: a cliff
κύκλος, ὁ: a ring, circle, round
κυματόω: to undulate
μάχαιρα, -ης, ἡ: a large knife
μεστός, -ή, -όν: filled, full of (+ gen.)
μικρός, -ά, -όν: small
περιρρέω: to flow round
ποταμός, ὁ: a river, stream
προσέοικα: to be like, resemble (+ dat.)
πῦρ, πυρός, τό: fire
πυρόω: to burn with fire, burn up
σκόλοψ, -οπος, ὁ: a thorn
τόπος, ὁ: a place
ὕδωρ, ὕδατος, τό: water
φύσις, ἡ: the nature, natural qualities
χώρα, ἡ: a space, land

προῄειμεν: impf. of προ-ἔρχομαι, "we approached"
τῆς χώρας ἐχούσης: gen. abs., "the land having"
κολαστήριον: "the place of punishment"
ἐξηνθήκει: plupf. of ἐξ-ἀνθέω, "had bloomed with" + dative
περιέρρεον: impf. of περι-ρέω, "were flowing around"
ἔρρει: impf. of ῥέω, "was flowing"
ἐκυματοῦτο: impf of κυματέω, "was undulating"
εἶχεν: impf. of ἔχω, "it had"
προσεοικότας: perf. part., "very like" + dat.
ἄνθραξι πεπυρωμένοις: perf. part. dat. pl. of πυράω, also with προσεοικότας,
   "very like burning coals"

130

αὐτοὺς λυχνίσκους. [31] εἴσοδος δὲ μία στενὴ διὰ πάντων ἦν, καὶ
πυλωρὸς ἐφειστήκει Τίμων ὁ Ἀθηναῖος. παρελθόντες δὲ ὅμως τοῦ
Ναυπλίου καθηγουμένου ἑωρῶμεν κολαζομένους πολλοὺς μὲν
βασιλέας, πολλοὺς δὲ καὶ ἰδιώτας, ὧν ἐνίους καὶ ἐγνωρίζομεν·
εἴδομεν δὲ καὶ τὸν Κινύραν καπνῷ ὑποτυφόμενον ἐκ τῶν αἰδοίων
ἀπηρτημένον. προσετίθεσαν δὲ οἱ περιηγηταὶ καὶ τοὺς ἑκάστων
βίους καὶ τὰς ἁμαρτίας ἐφ᾽ αἷς κολάζονται· καὶ μεγίστας ἁπασῶν
τιμωρίας ὑπέμενον οἱ ψευσάμενοί τι παρὰ τὸν βίον καὶ οἱ μὴ

Ἀθηναῖος: Athenian
αἰδοῖον, τό: the genitals
ἁμαρτία, ἡ: a failure, fault, sin
ἀπαρτάω: to hang up from
βασιλεύς, -έως, ὁ: a king, chief
βίος, ὁ: life
γνωρίζω: to recognize
εἴσοδος, ἡ: a way in, entrance
ἔνιοι, -αι, -α: some
ἰδιώτης, -ου, ὁ: a private person
καθηγέομαι: act as guide, lead the way
καπνός, ὁ: smoke
κολάζω: to punish
λυχνίσκος, ὁ: a lamp-fish

οἶδα: to know
ὁράω: to see
παρέρχομαι: to pass by
περιηγητής, -οῦ, ὁ: one who guides strangers and explains
προστίθημι: to deliver
πυλωρός, ὁ: a gate-keeper, warder, porter
στενός, -ή, -όν: narrow, strait
τιμωρία, ἡ: punishment
ὑπομένω: to stay behind, submit to
ὑποτύφομαι: to burn with a smoldering fire
ψεύδομαι: to cheat by lies, beguile

ἐφειστήκει: plupf. of ἐφίστημι, "had been stationed there"
Τίμων ὁ Ἀθηναῖος: Timon of Athens, a famous misanthrope
παρελθόντες: ao. part. of παρα-έρχομαι, "having passed by"
τοῦ Ναυπλίου καθηγουμένου: pr. part. of κατα-ηγέομαι, gen. abs., "with N. conducting"
ἑωρῶμεν: impf. of ὁράω, "we saw"
ὧν ἐνίους: "of whom some we recognized"
Κινύραν: legendary king of Crete
ὑποτυφόμενον: pr. part., "burning"
ἀπηρτημένον: perf. part. of ἀπαρτάω, "having been hung up"
προσετίθεσαν: impf. of προσ-τίθημι, "gave further information about"
ἐφ᾽ αἷς κολάζονται: "for which they are being punished"
ὑπέμενον: impf. of ὑπο-μένω, "submitted to"
οἱ ψευσάμενοί: ao. part. of ψεύδω, "those who told lies"

Lucian

τὰ ἀληθῆ συγγεγραφότες, ἐν οἷς καὶ Κτησίας ὁ Κνίδιος ἦν καὶ Ἡρόδοτος καὶ ἄλλοι πολλοί. τούτους οὖν ὁρῶν ἐγὼ χρηστὰς εἶχον εἰς τοὐπιὸν τὰς ἐλπίδας· οὐδὲν γὰρ ἐμαυτῷ ψεῦδος εἰπόντι συνηπιστάμην. [32] ταχέως οὖν ἀναστρέψας ἐπὶ τὴν ναῦν - οὐ γὰρ ἐδυνάμην φέρειν τὴν ὄψιν - ἀσπασάμενος τὸν Ναύπλιον ἀπέπλευσα.

ἀληθής, -ές: true
ἀναστρέφω: to turn upside down, upset
ἀποπλέω: to sail away, sail off
ἀσπάζομαι: to greet, bid farewell
δύναμαι: to be able (+ inf.)
ἐλπίς, -ίδος, ἡ: hope, expectation
Κνίδιος, -α, -ον: Cnidian, from Cnidos

ὄψις, -εως, ἡ: look, appearance, aspect
συγγράφω: to write or note down
συνεπίσταμαι: to be conscious of (+ dat.)
ταχέως: quickly
χρηστός, -ή, -όν: useful, good
ψεῦδος, -εος, τό: a falsehood, untruth, lie

οἱ...συγγεγραφότες: perf. part. of συγ-γράφω, "those who have written"
ἐν οἷς: "among whom"
Κτησίας...Ἡρόδοτος: Ctesias and Herodotus, 5th century historians.
χρηστὰς: pred. acc., "I had hopes *that were good*"
εἶχον: impf. of ἔχω, "I had"
εἰς τοὐπιὸν (=τὸ ἐπιόν): "for the future"
εἰπόντι: ao. part. dat. s. of λέγω modifying ἐμαυτῷ, "me having told"
συνηπιστάμην: impf. of συν-ἐπίσταμαι, "I was not conscious" + dat.
ἀναστρέψας: ao. part., "having turned back"
ἀσπασάμενος: ao. part. of ἀσπάζω, "having bid farewell"
ἀπέπλευσα: ao. 1 s., "I sailed away"

A True Story

Καὶ μετ᾽ ὀλίγον ἐφαίνετο πλησίον ἡ τῶν ὀνείρων νῆσος, ἀμυδρὰ καὶ ἀσαφὴς ἰδεῖν· εἶχε δὲ καὶ αὐτή τι τοῖς ὀνείροις παραπλήσιον· ὑπεχώρει γὰρ προσιόντων ἡμῶν καὶ ὑπέφευγε καὶ πορρωτέρω ὑπέβαινε. καταλαβόντες δέ ποτε αὐτὴν καὶ εἰσπλεύσαντες εἰς τὸν Ὕπνον λιμένα προσαγορευόμενον πλησίον τῶν πυλῶν τῶν ἐλεφαντίνων, ᾗ τὸ τοῦ Ἀλεκτρυόνος ἱερόν ἐστιν, περὶ δείλην ὀψίαν ἀπεβαίνομεν· παρελθόντες δὲ ἐς τὴν πόλιν πολλοὺς ὀνείρους καὶ ποικίλους ἑωρῶμεν. πρῶτον δὲ βούλομαι περὶ τῆς πόλεως εἰπεῖν, ἐπεὶ μηδὲ ἄλλῳ τινὶ γέγραπται περὶ

ἀμυδρός, -ά, -όν: indistinct, dim, obscure
ἀποβαίνω: to step off, disembark
ἀσαφής, -ές: indistinct
βούλομαι: to will, wish (+ *inf.*)
γράφω: to write
δείλη, ἡ: afternoon
εἰσπλέω: to sail into, enter
ἐλεφάντινος, -η, -ον: ivory
καταλαμβάνω: to seize upon, overtake
λιμήν, -ένος, ὁ: a harbor, haven, creek
ὄνειρος, -ου, ὁ: a dream
ὁράω: to see
ὄψιος, -α, -ον: late

παραπλήσιος, -α, -ον: nearly resembling (+ *dat.*)
παρέρχομαι: to go by, to pass by
πλήσιος, -α, -ον: near, close to (+ *gen.*)
ποικίλος, -η, -ον: many-colored, spotted
πόλις, -εως, ἡ: a city
πορρωτέρω: further
προσαγορεύω: to address, call by name
πύλη, ἡ: a gate
Ὕπνος, ὁ: Hypnos, "Sleep"
ὑποβαίνω: to recede
ὑποφεύγω: to flee from under, shun
ὑποχωρέω: to go back, retire, recoil
φαίνομαι: to seem, appear, be visible

They make their way to the Island of Dreams.

ἀμυδρὰ καὶ ἀσαφὴς ἰδεῖν: epexegetic inf., "faint and unclear to see"
τι παραπλήσιον: "a certain resemblance"
ὑπεχώρει: impf. of ὑπο-χορέω, "kept receding"
προσιόντων ἡμῶν: pr. part. of προσ-ἔρχομαι, gen. abs., "as we approached"
καταλαβόντες: ao. part. of καταλαμβάνω, "having overtaken"
πυλῶν τῶν ἐλεφαντίνων: There are gates of ivory in the underworld of Homer.
ᾗ: rel. pron. dat. s. f., "where"
Ἀλεκτρυόνος ἱερόν ἐστιν: "the sanctuary of the rooster," perhaps referring to the practice of divination using a rooster.
περὶ δείλην ὀψίαν: "around late afternoon"
παρελθόντες: ao. part. of παρα-ἔρχομαι, "upon arriving"
ἑωρῶμεν: impf. of ὁράω, "we saw"
ἄλλῳ τινι: dat. of agent, "by anyone else"
γέγραπται: perf. pas. of γράφω, "(nothing) has been written"

Lucian

αὐτῆς, ὃς δὲ καὶ μόνος ἐπεμνήσθη Ὅμηρος, οὐ πάνυ ἀκριβῶς συνέγραψεν. [33] κύκλῳ μὲν περὶ πᾶσαν αὐτὴν ὕλη ἀνέστηκεν, τὰ δένδρα δέ ἐστι μήκωνες ὑψηλαὶ καὶ μανδραγόραι καὶ ἐπ' αὐτῶν πολύ τι πλῆθος νυκτερίδων· τοῦτο γὰρ μόνον ἐν τῇ νήσῳ γίνεται ὄρνεον. ποταμὸς δὲ παραρρέει πλησίον ὁ ὑπ' αὐτῶν καλούμενος Νυκτιπόρος, καὶ πηγαὶ δύο παρὰ τὰς πύλας· ὀνόματα καὶ ταύταις, τῇ μὲν Νήγρετος, τῇ δὲ Παννυχία. ὁ περίβολος δὲ τῆς πόλεως ὑψηλός τε καὶ ποικίλος, ἴριδι τὴν χρόαν ὁμοιότατος· πύλαι μέντοι ἔπεισιν οὐ δύο, καθάπερ Ὅμηρος εἴρηκεν, ἀλλὰ τέσσαρες, δύο μὲν πρὸς τὸ τῆς Βλακείας πεδίον ἀποβλέπουσαι,

---

ἀκριβῶς: exactly
ἀνίστημι: to make to stand up, raise up
ἀποβλέπω: to look away from
βλακεία, ἡ: laziness, stupidity
ἔπειμι: to be upon, be set on
ἐπιμιμνήσκομαι: to make mention
ἴρις, -ιδος, ἡ: rainbow
καλέω: to call, summon
κύκλος, ὁ: a ring, circle, round
μανδραγόρας, -ου, -α, ὁ: mandrake
μήκων, -ωνος, ὁ: the poppy
Νήγρετος, -ον: "Unwaking"
νῆσος, -ου, ἡ: an island
νυκτερίς, -ίδος, ἡ: a bat
ὅμοιος, -α, -ον: like, resembling
ὄνομα, -ατος, τό: a name

ὄρνεον, τό: a bird
Παννύχιος, -ον: "All-night"
παραρρέω: to flow beside or past
πεδίον, τό: a plain, flat
περίβολος, ὁ: circumference
πηγή, ἡ: running waters, streams
πλῆθος, -εος, τό: a great number
πλήσιος, -α, -ον: near, close to
πόλις, -εως, ἡ: a city
ποταμός, ὁ: a river, stream
πύλη, ἡ: a gate
συγγράφω: to write or note down
τέσσαρες: four
ὕλη, ἡ: a forest
ὑψηλός, -ή, -όν: high, lofty, high-raised
χρόα, ἡ: skin, color

ὃς δὲ καὶ μόνος: "and even he who alone," i.e, Homer.
ἐπεμνήσθη: ao. of ἐπι-μιμνήσκομαι, "made mention"
συνέγραψεν: ao. of συν-γράφω, "he described"
ἀνέστηκεν: ao. intrans. of ἀνα-ἵστημι, "stood"
μήκωνες καὶ μανδραγόραι: "poppies and mandragoras," both narcotic plants
νυκτερίδων: gen. pl., "of bats," lit. "night-sighters"
καλούμενος Νυκτιπόρος: "called Sleepwalker"
ἴριδι τὴν χρόαν: acc. of resp., "like a rainbow in color"
εἴρηκεν: perf. of λέγω, "as Homer has said"
τῆς Βλακείας πεδίον: "the plain of Laziness"

ἡ μὲν σιδηρᾶ, ἡ δὲ ἐκ κεράμου πεποιημένη, καθ᾽ ἃς ἐλέγοντο
ἀποδημεῖν αὐτῶν οἵ τε φοβεροὶ καὶ φονικοὶ καὶ ἀπηνεῖς, δύο δὲ
πρὸς τὸν λιμένα καὶ τὴν θάλατταν, ἡ μὲν κερατίνη, ἡ δὲ καθ᾽ ἣν
ἡμεῖς παρήλθομεν ἐλεφαντίνη. εἰσιόντι δὲ εἰς τὴν πόλιν ἐν δεξιᾷ
μέν ἐστι τὸ Νυκτῷον - σέβουσι γὰρ θεῶν ταύτην μάλιστα καὶ τὸν
Ἀλεκτρυόνα· ἐκείνῳ δὲ πλησίον τοῦ λιμένος τὸ ἱερὸν πεποίηται -
ἐν ἀριστερᾷ δὲ τὰ τοῦ Ὕπνου βασίλεια. οὗτος γὰρ δὴ ἄρχει παρ᾽
αὐτοῖς σατράπας δύο καὶ ὑπάρχους πεποιημένος, Ταραξίωνά τε
τὸν Ματαιογένους καὶ Πλουτοκλέα τὸν Φαντασίωνος. ἐν μέσῃ δὲ
τῇ ἀγορᾷ πηγή τίς ἐστιν, ἣν καλοῦσι Καρεῶτιν· καὶ πλησίον ναοὶ

ἀγορά, -ᾶς, ἡ: an assembly, market
ἀλεκτρυών, ὁ: rooster
ἀπηνής, -ές: ungentle, harsh, rough, hard
ἀποδημέω: to be away from home
ἀριστερός: left, on the left
ἄρχω: to be first, rule
βασίλειον, τό: a royal dwelling, palace
δεξιά, ἡ: the right hand
ἐλεφάντινος, -η, -ον: ivory
θεός, ὁ: a god
ἱερόν, τό: a sanctuary
καλέω: to call, summon
κέραμος, ὁ: clay
κεράτινος, -η, -ον: of horn

λιμήν, -ένος, ὁ: a harbor, haven
μέσος, -η, -ον: middle, in the middle
ναός, -ώ, ὁ: the dwelling of a god, a temple
παρέρχομαι: to pass by
πηγή, ἡ: running waters, streams
πλήσιος, -α, -ον: near, close to (+ gen.)
σατράπης, -ου, ὁ: a satrap, viceroy
σέβω: to worship, honor
σιδήρεος, -α, -ον: made of iron or steel
ὕπαρχος, ὁ: a commander
Ὕπνος, ὁ: Hypnos, "Sleep"
φοβερός, -ά, -όν: fearful
φονικός, -ή, -όν: murderous

πεποιημένη: perf. part., *"made of iron, made of clay"*
καθ᾽ ἃς ἐλέγοντο ἀποδημεῖν: "through which are said to travel"
καθ᾽ ἣν ἡμεῖς παρήλθομεν: "through which we came"
εἰσιόντι: pr. part. of εἰσ-ἔρχομαι, "to one entering"
Νυκτῷον: "the sanctuary of Night"
ταύτην μάλιστα: "this one (Night) especially"
ἐκείνῳ δὲ πεποίηται: perf. pas., "but for that one (the rooster) was built"
οὗτος γὰρ δή: "for indeed this one"
σατράπας δύο καὶ ὑπάρχους: "to be satraps (a Persian term) and lieutenants"
πεποιημένος: perf. mid., *"having appointed them"*
Ταραξίωνά τὸν Ματαιογένους: "Nightmare, son of Born-in-vain"
Πλουτοκλέα τὸν Φαντασίωνος: "Glory-of-Wealth, son of Fancy"
Καρεῶτιν: from κάρος, "deep sleep"

Lucian

δύο, Ἀπάτης καὶ Ἀληθείας· ἔνθα καὶ τὸ ἄδυτόν ἐστιν αὐτοῖς καὶ τὸ μαντεῖον, οὗ προειστήκει προφητεύων Ἀντιφῶν ὁ τῶν ὀνείρων ὑποκριτής, ταύτης παρὰ τοῦ Ὕπνου λαχὼν τῆς τιμῆς. [34] αὐτῶν μέντοι τῶν ὀνείρων οὔτε φύσις οὔτε ἰδέα ἡ αὐτή, ἀλλ᾽ οἱ μὲν μακροὶ ἦσαν καὶ καλοὶ καὶ εὐειδεῖς, οἱ δὲ μικροὶ καὶ ἄμορφοι, καὶ οἱ μὲν χρύσεοι, ὡς ἐδόκουν, οἱ δὲ ταπεινοί τε καὶ εὐτελεῖς. ἦσαν δ᾽ ἐν αὐτοῖς καὶ πτερωτοί τινες καὶ τερατώδεις, καὶ ἄλλοι καθάπερ ἐς πομπὴν διεσκευασμένοι, οἱ μὲν ἐς βασιλέας, οἱ δὲ ἐς θεούς, οἱ δὲ εἰς ἄλλα τοιαῦτα κεκοσμημένοι. πολλοὺς δὲ αὐτῶν καὶ ἐγνωρίσαμεν, πάλαι παρ᾽ ἡμῖν ἑωρακότες, οἳ δὴ καὶ

ἄδυτον: the innermost sanctuary
ἄμορφος, -ον: misshapen, unsightly
βασιλεύς, -έως, ὁ: a king, chief
γνωρίζω: to recognize
διασκευάζω: to get ready, equip
εὐειδής, -ές: well-shaped, beautiful
εὐτελής, -ές: cheap
θεός, ὁ: a god
ἰδέα, ἡ: form
κοσμέω: to order, arrange
λαγχάνω: to obtain by lot or fate
μαντεῖον, τό: an oracle
μικρός, -ά, -όν: small

ὄνειρος, -ου, ὁ: a dream
ὁράω: to see
πάλαι: long ago
πομπή, ἡ: a parade
προΐστημι: to set before, preside
προφητεύω: to be an interpreter
πτερωτός, -ή, -όν: feathered
ταπεινός, -ή, -όν: low
τερατώδης, -ες: portentous
τιμή, ἡ: honor
ὑποκριτής, -οῦ, ὁ: an interpreter
φύσις, ἡ: nature, condition
χρύσεος, -η, -ον: golden, of gold

Ἀπάτης καὶ Ἀληθείας: "Deceit and Truth"
οὗ προεστήκει: plupf. of προ-ἵστημι, "over which Antiphon presided"
Ἀντιφῶν: perhaps referring to the contemporary of Socrates who wrote a treatise on the interpretation of dreams.
ὑποκριτής: "interpreter"
λαχών: ao. part. of λαγχάνω, "having obtained" + gen.
ταύτης τῆς τιμῆς: gen. after λαχών, "having obtained this office"
ἡ αὐτή: "the same"
οἱ μὲν χρύσεοι...οἱ δὲ ταπεινοί: "some rich, some poor"
ὡς ἐδόκουν: "so they seemed to me"
ἐς πομπὴν: "for a parade"
διεσκευασμένοι: perf. part. of δια-σκευάζω, "having been equipped"
κεκοσμημένοι: perf. part. of κοσμέω, "having been adorned as kings, gods, etc."
ἐγνωρίσαμεν: ao. of γνωρίζω, "we recognized"
ἑωρακότες: perf. part. of ὁράω, "having seen"
οἳ δὴ: "these very ones (whom we recognized)"

136

προσῇεσαν καὶ ἠσπάζοντο ὡς ἂν καὶ συνήθεις ὑπάρχοντες, καὶ παραλαβόντες ἡμᾶς καὶ κατακοιμίσαντες πάνυ λαμπρῶς καὶ δεξιῶς ἐξένιζον, τήν τε ἄλλην ὑποδοχὴν μεγαλοπρεπῆ παρασκευάσαντες καὶ ὑπισχνούμενοι βασιλέας τε ποιήσειν καὶ σατράπας. ἔνιοι δὲ καὶ ἀπῆγον ἡμᾶς εἰς τὰς πατρίδας καὶ τοὺς οἰκείους ἐπεδείκνυον καὶ αὐθημερὸν ἐπανῆγον. [35] ἡμέρας μὲν οὖν τριάκοντα καὶ ἴσας νύκτας παρ' αὐτοῖς ἐμείναμεν καθεύδοντες εὐωχούμενοι. ἔπειτα δὲ ἄφνω βροντῆς μεγάλης καταρραγείσης ἀνεγρόμενοι καὶ ἀναθορόντες ἀνήχθημεν ἐπισιτισάμενοι.

ἀνάγω: to lead up
ἀναθρώσκω: to spring forward
ἀνεγείρω: to wake up, rouse
ἀπάγω: to lead away, carry off
ἀσπάζομαι: to welcome, greet
αὐθήμερος, -ον: done on the very day
ἄφνω: suddenly, unawares
βασιλεύς, -έως, ὁ: a king, chief
βροντή, ἡ: thunder
δεξιός, -ά, -όν: on the right side, kind
ἔνιοι, -αι, -α: some
ἐπανάγω: to bring up or back
ἐπιδείκνυμι: to exhibit
ἐπισιτίζομαι: to furnish oneself, supply
εὐωχέω: to feed well, feast
ἡμέρα, ἡ: a day
ἴσος, -η, -ον: the same

καθεύδω: to lie down to sleep, sleep
κατακοιμίζω: lull to sleep
καταρρήγνυμι: to break down
λαμπρός, -ά, -όν: bright, brilliant, radiant
μεγαλοπρεπής, -ές: magnificent
νύξ, νυκτός, ἡ: night
ξενίζω: to receive or entertain guests
οἰκεῖος, -α, -ον: domestic
παραλαμβάνω: to take aside
παρασκευάζω: to get ready, prepare
πατρίς, -ίδος, ἡ: the fatherland
σατράπης, -ου, ὁ: a satrap, viceroy
συνήθης, -ες: dwelling or living together
τριάκοντα: thirty
ὑπάρχω: to begin, already exist
ὑπισχνέομαι: to promise
ὑποδοχή, ἡ: a reception, entertainment

προσῇεσαν: impf. of προσ-έρχομαι, "they approached"
ὡς ἂν καὶ συνήθεις ὑπάρχοντες: "as though being acquaintances"
παραλαβόντες: ao. part. of παραλαμβάνω, "having taken us aside"
κατακοιμίσαντες: ao. part. of κατα-κοιμίζω, "having lulled us to sleep"
ἐξένιζον: impf. of ξενίζω, "they entertained us"
τήν τε ἄλλην ὑποδοχὴν: "every sort of entertainment"
ποιήσειν: fut. inf. with ὑπισχνούμενοι, "promising to make"
ἀπῆγον, ἐπεδείκνυον: impf., "some took and showed us"
ἐπανῆγον: impf. of ἐπι-ανα-άγω, "they brought us back"
ἐμείναμεν: ao. of μένω, "we stayed"
εὐωχούμενοι: pr. part. pas. of εὐωχέω, "being feasted"
βροντῆς καταρραγείσης: ao. part. gen. s. f. of κατα-ρήγνυμι, gen. abs., "thunder having cracked"
ἀναθορόντες: ao. part of ἀναθρώσκω, "having sprung up"
ἀνήχθημεν: ao. pas. of ἀνα-άγω, "we put to sea"
ἐπισιτισάμενοι: ao. part. of ἐπι-σιτίζω, "having (first) laid in supplies"

Τριταῖοι δ' ἐκεῖθεν τῇ Ὠγυγίᾳ νήσῳ προσσχόντες ἀπεβαίνομεν. πρότερον δ' ἐγὼ λύσας τὴν ἐπιστολὴν ἀνεγίνωσκον τὰ γεγραμμένα. ἦν δὲ τοιάδε·

«Ὀδυσσεὺς Καλυψοῖ χαίρειν.

Ἴσθι με, ὡς τὰ πρῶτα ἐξέπλευσα παρὰ σοῦ τὴν σχεδίαν κατασκευασάμενος, ναυαγίᾳ χρησάμενον μόλις ὑπὸ Λευκοθέας διασωθῆναι εἰς τὴν τῶν Φαιάκων χώραν, ὑφ' ὧν ἐς τὴν οἰκείαν ἀποπεμφθεὶς κατέλαβον πολλοὺς τῆς γυναικὸς μνηστῆρας ἐν τοῖς ἡμετέροις τρυφῶντας·

ἀναγινώσκω: to know well, read
ἀποβαίνω: to disembark
ἀποπέμπω: to send off or away, to dismiss
γυνή, -αικός, ἡ: a woman, wife
ἐκεῖθεν: from that place, thence
ἐκπλέω: to sail out, weigh anchor
ἐπιστολή, ἡ: a message, letter
ἡμέτερος, -α, -ον: our
Καλυψώ, -οῦς, ἡ: Calypso
καταλαμβάνω: to seize upon, lay hold of
κατασκευάζω: to equip or furnish fully
Λευκοθέα, ἡ: "the White Goddess"
λύω: to loose
μνηστήρ, -ῆρος, ὁ: a wooer, suitor

μόλις: scarcely
ναυαγία, ἡ: shipwreck
νῆσος, -ου, ἡ: an island
οἰκεῖος, -α, -ον: in or of the house, domestic
προσέχω: to touch on to (+ dat.)
σχεδία, ἡ: a raft, float
τριταῖος, -α, -ον: on the third day
τρυφάω: to live luxuriously
Φαίαξ, -ακος, ὁ: Phaeacian
χαίρω: to rejoice, be glad, be delighted
χράομαι: to use (+ dat.)
χώρα, ἡ: a space, land
Ὠγύγιος, -α, -ον: Ogygian

They arrive in Ogygia, the island of Calypso (cf. Odyssey 5), where Odysseus' letter is delivered.

τριταῖοι: used with verbs so as to agree with the subject, "on the third day"
προσσχόντες: ao. part. of προσ-έχω, "having touched land on" + dat.
τὰ γεγραμμένα: perf. part. of γράφω, "what was written"
ἴσθι: imperative of οἶδα
ὡς τὰ πρῶτα: "*as soon as* I sailed away"
κατασκευασάμενος: perf. part of κατα-σκευάζω, "having equipped"
ναυαγίᾳ χρησάμενον: "having suffered a shipwreck"
ὑπὸ Λευκοθέας: "by Leukothea," who saves Odysseus to shore in the *Odyssey*.
με...διασωθῆναι: ao. inf. of δια-σῴζω, in ind. st. after ἴσθι: "Know that I was saved..."
ὑφ' ὧν: gen. of agent, "by whom," i.e. the Phaeacians
ἀποπεμφθεὶς: ao. part. pas. of ἀπο-πέμπω, "having been sent home"
κατέλαβον: ao. of καταλαμβάνω, "I came upon"
τρυφῶντας: pr. part. of τρυφάω, "living luxuriously"

A True Story

ἀποκτείνας δὲ ἅπαντας ὑπὸ Τηλεγόνου ὕστερον τοῦ ἐκ
Κίρκης μοι γενομένου ἀνηρέθην, καὶ νῦν εἰμι ἐν τῇ
Μακάρων νήσῳ πάνυ μετανοῶν ἐπὶ τῷ καταλιπεῖν τὴν
παρὰ σοὶ δίαιταν καὶ τὴν ὑπὸ σοῦ προτεινομένην
ἀθανασίαν. ἢν οὖν καιροῦ λάβωμαι, ἀποδρὰς ἀφίξομαι
πρὸς σέ.»

ταῦτα μὲν ἐδήλου ἡ ἐπιστολή, καὶ περὶ ἡμῶν, ὅπως
ξενισθῶμεν. [36] ἐγὼ δὲ προελθὼν ὀλίγον ἀπὸ τῆς θαλάσσης

ἀθανασία, ἡ: immortality
ἀναιρέω: to take up, slay
ἅπας: all, the whole
ἀποδιδράσκω: to run away or off, escape
ἀποκτείνω: to kill, slay
δηλόω: to make clear
δίαιτα, ἡ: a way of living, mode of life
ἐπιστολή, ἡ: a message
καιρός, ὁ: proper time

καταλείπω: to leave behind
Κίρκη, ἡ: Circe
μακάρος, -α, -ον: blessed
μετανοέω: to change one's mind
νῆσος, -ου, ἡ: an island
ξενίζω: to receive as a guest
ὀλίγος, -η, -ον: few, little
προέρχομαι: to go forward, go on, advance
προτείνω: to hold before, offer

ἀποκτείνας: ao. part. of ἀπο-κτείνω, "having killed"
ὑπὸ Τηλεγόνου: gen. of agent, "at the hands of Telegonus"
τοῦ (sc. υἱοῦ) ἐκ Κίρκης: T. was Odysseus' son by Circe, with whom Odysseus dallied for a year
ἀνηρέθην: ao. pas. of ἀνα-αιρέω, "I was killed"
μετανοῶν: pr. part. of μετα-νοέω, "regretting"
ἐπὶ τῷ καταλιπεῖν: articular inf., "about leaving"
ὑπὸ σοῦ: "by you"
προτεινομένην: pr. part. of προτείνω, "being offered," Calypso had promised Odysseus immortality if he stayed with her.
ἢν (= ἐὰν) λάβωμαι: ao. subj. of λαμβάνω in fut. more vivid cond., "if I get an opportunity"
ἀποδρὰς: ao. part. of ἀπο-διδράσκω, "having escaped"
ἀφίξομαι: fut. of ἀφικνέομαι, "I will arrive"
ἐδήλου: impf. 3 s. of δηλόω, "the letter made clear"
ὅπως ξενισθῶμεν: ao. pas. subj. of ξενίζω in a purpose clause after ἐδήλου, where we would expect the optative, "that we be entertained"
προελθὼν: ao. part. of προ-έρχομαι, "having proceeded"

139

εὗρον τὸ σπήλαιον τοιοῦτον οἷον Ὅμηρος εἶπεν, καὶ αὐτὴν
ταλασιουργοῦσαν. ὡς δὲ τὴν ἐπιστολὴν ἔλαβεν καὶ ἐπελέξατο,
πρῶτα μὲν ἐπὶ πολὺ ἐδάκρυεν, ἔπειτα δὲ παρεκάλει ἡμᾶς ἐπὶ
ξένια καὶ ἑστία λαμπρῶς καὶ περὶ τοῦ Ὀδυσσέως ἐπυνθάνετο καὶ
περὶ τῆς Πηνελόπης, ὁποία τε εἴη τὴν ὄψιν καὶ εἰ σωφρονοίη,
καθάπερ Ὀδυσσεὺς πάλαι περὶ αὐτῆς ἐκόμπαζεν· καὶ ἡμεῖς
τοιαῦτα ἀπεκρινάμεθα, ἐξ ὧν εἰκάζομεν εὐφρανεῖσθαι αὐτήν.

ἀποκρίνομαι: to answer
δακρύω: to weep, shed tears
ἑστία, ἡ: hearth, home
ἐπιλέγω: to choose, read
ἐπιστολή, ἡ: a message
εὐφραίνω: to cheer, delight, gladden
καθάπερ: just as
κομπάζω: to boast
λαμπρός, -ά, -όν: bright, brilliant
ξένια, τά: hospitality

οἷος, -α, -ον: such, of a kind
ὁποῖος: of what sort or quality
ὄψις, -εως, ἡ: look, appearance, aspect
πάλαι: long ago, in olden time
παρακαλέω: to call to
Πηνελόπεια, ἡ: Penelope
πυνθάνομαι: to learn by inquiry, ask
σπήλαιον, τό: a grotto, cave, cavern
σωφρονέω: to be prudent
ταλασιουργέω: to spin wool

εὗρον (= ηὗρον): ao. of εὑρίσκω, "I found"

τοιοῦτον οἷον Ὅμηρος εἶπεν: "just as Homer said"

ταλασιουργοῦσαν: pr. part. acc. s. f. of ταλασιουργέω, "working wool"

ὡς ἔλαβεν: ao. of λαμβάνω, "when she took and read..."

ἐπελέξατο: ao. of ἐπιλέγω, "she read"

παρεκάλει: impf. of παρα-καλέω, "she summoned"

ὁποία τε εἴη καὶ εἰ σωφρονοίη: pr. optatives, ind. quest. after ἐπυνθάνετο, "what
she was like and whether she was prudent"

εὐφρανεῖσθαι: pr. inf. after εἰκάζομεν, "we supposed would please her"

A True Story

Τότε μὲν οὖν ἀπελθόντες ἐπὶ ναῦν πλησίον ἐπὶ τῆς ἠόνος ἐκοιμήθημεν. [37] ἔωθεν δὲ ἀνηγόμεθα σφοδρότερον κατιόντος τοῦ πνεύματος· καὶ δὴ χειμασθέντες ἡμέρας δύο τῇ τρίτῃ περιπίπτομεν τοῖς Κολοκυνθοπειραταῖς. ἄνθρωποι δέ εἰσιν οὗτοι ἄγριοι ἐκ τῶν πλησίον νήσων ληστεύοντες τοὺς παραπλέοντας. τὰ πλοῖα δὲ ἔχουσι μεγάλα κολοκύνθινα τὸ μῆκος πήχεων ἑξήκοντα· ἐπειδὰν γὰρ ξηράνωσι τὴν κολόκυνθαν, κοιλάναντες αὐτὴν καὶ ἐξελόντες τὴν ἐντεριώνην ἐμπλέουσιν, ἱστοῖς μὲν χρώμενοι καλαμίνοις, ἀντὶ δὲ τῆς ὀθόνης τῷ φύλλῳ

ἄγριος, -α, -ον: fierce
ἀνάγω: to lead up, put to sea
ἀπέρχομαι: to go away, depart from
ἐμπλέω: to sail in
ἐντεριώνη, ἡ: innermost part
ἐξαιρέω: to take out of
ἑξήκοντα: sixty
ἐπειδάν: whenever (+ subj.)
ἔωθεν: from morning
ἠιών, -όνος, ἡ: a shore, beach
ἱστός, ὁ: anything set upright, mast
καλάμινος, -η, -ον: made of reed
κοιλαίνω: to make hollow, scoop out
κοιμάω: put to sleep
κολοκύνθη, -της, ἡ: a pumpkin

κολοκύνθινος, -η, -ον: made from
  pumpkins
ληστεύω: to be a robber or pirate
μῆκος, -εος, τό: length
ξηραίνω: to parch up, dry up
ὀθόνη, ἡ: a sail, sail-cloth
παραπλέω: to sail by or past
περιπίπτω: to fall in with (+ dat.)
πῆχυς, ὁ: a cubit
πλήσιος, -α, -ον: near, close to
πλοῖον, τό: a ship, vessel
πνεῦμα, -ατος, τό: a blowing wind
σφοδρός, -ά, -όν: excessive, violent
τρίτος, -η, -ον: the third
φύλλον, τό: a leaf
χειμάζω: to toss with storms

Leaving Ogygia, they are attacked by pirates in pumpkin boats.

ἀπελθόντες: ao. part. of ἀπο-ἔρχομαι, "having departed"
ἐκοιμήθημεν: ao. pas. of κοιμάω, "we slept"
ἀνηγόμεθα: impf. of ἀνα-ἄγω, "we put to sea"
κατιόντος τοῦ πνεύματος: pr. part. of κατα-ἔρχομαι, gen. abs., "the wind rising"
καὶ δὴ χειμασθέντες: ao. part. of χειμάζω, "in fact, being storm-tossed"
ἡμέρας δύο τῇ τρίτῃ: acc. and dat. of time, "for two days and on the third"
Κολοκυνθοπειραταῖς: dat. pl., "Pumpkin pirates"
τοὺς παραπλέοντας: "those sailing by"
ἐπειδὰν ξηράνωσι: ao. subj. of ξηραίνω, indef. temp. clause, "whenever they dry
  out"
κοιλάναντες: ao. part. of κοιλαίνω, "having hollowed"
ἐξελόντες: ao. part. of ἐξ-αιρέω, "having removed"
καλαμίνοις, τῷ φύλλῳ: datives of means after χρώμενοι, "using *reeds*, using the
  leaf"

τῆς κολοκύνθης. προσβαλόντες οὖν ἡμῖν ἀπὸ δύο πληρωμάτων
ἐμάχοντο καὶ πολλοὺς κατετραυμάτιζον βάλλοντες ἀντὶ λίθων τῷ
σπέρματι τῶν κολοκυνθῶν. ἀγχωμάλως δὲ ἐπὶ πολὺ
ναυμαχοῦντες περὶ μεσημβρίαν εἴδομεν κατόπιν τῶν
Κολοκυνθοπειρατῶν προσπλέοντας τοὺς Καρυοναύτας. πολέμιοι
δὲ ἦσαν ἀλλήλοις, ὡς ἔδειξαν· ἐπεὶ γὰρ κἀκεῖνοι ᾔσθοντο αὐτοὺς
ἐπιόντας, ἡμῶν μὲν ὠλιγώρησαν, τραπόμενοι δὲ ἐπ᾽ ἐκείνους
ἐναυμάχουν. [38] ἡμεῖς δὲ ἐν τοσούτῳ ἐπάραντες τὴν ὀθόνην
ἐφεύγομεν ἀπολιπόντες αὐτοὺς μαχομένους, καὶ δῆλοι ἦσαν

ἀγχώμαλος, -ον: nearly equal, indecisive
αἰσθάνομαι: to perceive, apprehend by the senses, to see, hear, feel
ἀντί: instead of (+ gen.)
ἀπολείπω: to leave over or behind
βάλλω: to throw
δείκνυμι: to bring to light, show, display
δῆλος, -η, -ον: clear
ἐπαίρω: to lift up and set on
Καρυοναύτης, -ου, ὁ: Nut-sailor
κατατραυματίζω: to cover with wounds
κατόπιν: behind, after
κολοκύνθη, -της, ἡ: a pumpkin

μάχομαι: to fight
μεσημβρία, ἡ: mid-day, noon
ναυμαχέω: to fight in a ship or by sea
ὀθόνη, ἡ: a sail, sail-cloth
ὀλιγωρέω: to esteem little
πλήρωμα, -ατος, τό: a full measure, crew
πολέμιος, -α, -ον: military, relating to war
προσβάλλω: to strike or dash against (+ dat.)
προσπλέω: to sail towards or against
σπέρμα, -ατος, τό: seed
τρέπω: to turn or direct
φεύγω: to flee

προσβαλόντες: ao. part. of προσ-βάλλω, "having attacked" + dat.
πληρωμάτων: "from two groups," (i.e., "crews")
κατετραυμάτιζον: impf. of κατα-τραυματίζω, "they were wounding"
τῷ σπέρματι: dat. of means, "with the seed"
εἴδομεν: ao. of ὁράω, "we saw"
τοὺς Καρυοναύτας: "the Nut-sailors"
ὡς ἔδειξαν: "as they showed (by their actions)"
ᾔσθοντο: ao. of αἰσθάνομαι, "they perceived"
αὐτοὺς ἐπιόντας: pr. part of ἐπι-έρχομαι in ind. st. after ᾔσθοντο, "that they were attacking"
ὠλιγώρησαν: ao. of ὀλιγωρίζω, "they ignored"
τραπόμενοι: ao. part. of τρέπω, "having turned away"
ἐν τοσούτῳ (sc. χρόνῳ): "in the meantime"
ἐπάραντες: ao. part. of ἐπι-αἴρω, "having hoisted"
ἀπολιπόντες: ao.part. of ἀπο-λείπω, "having left behind"
δῆλοι ἦσαν: "they were clear(ly)" + part.

κρατήσοντες οἱ Καρυοναῦται ἅτε καὶ πλείους - πέντε γὰρ εἶχον πληρώματα - καὶ ἀπὸ ἰσχυροτέρων νεῶν μαχόμενοι· τὰ γὰρ πλοῖα ἦν αὐτοῖς κελύφη καρύων ἡμίτομα, κεκενωμένα, μέγεθος δὲ ἑκάστου ἡμιτόμου εἰς μῆκος ὀργυιαὶ πεντεκαίδεκα.

Ἐπεὶ δὲ ἀπεκρύψαμεν αὐτούς, ἰώμεθα τοὺς τραυματίας, καὶ τὸ λοιπὸν ἐν τοῖς ὅπλοις ὡς ἐπίπαν ἦμεν, ἀεί τινας ἐπιβουλὰς προσδεχόμενοι· οὐ μάτην. [39] οὔπω γοῦν ἐδεδύκει ὁ ἥλιος, καὶ ἀπό τινος ἐρήμου νήσου προσήλαυνον ἡμῖν ὅσον εἴκοσι ἄνδρες ἐπὶ δελφίνων μεγάλων ὀχούμενοι, λῃσταὶ καὶ οὗτοι· καὶ οἱ δελφῖνες

ἀεί: always, for ever
ἀνήρ, ἀνδρός ὁ: a man
ἀποκρύπτω: to hide from
γοῦν: at least then, at any rate
δελφίς, -ῖνος, ὁ: a dolphin
δύω: sink into
ἐπιβουλή, ἡ: a plan against, attack
ἐπίπαν: altogether
ἐρῆμος, -ον: deserted
ἥλιος, -ου, ὁ: the sun
ἡμίτομος, -ον: half cut through, cut in two
ἰάομαι: to heal, cure
ἰσχυρός, -ά, -όν: strong, mighty
κάρυον, τό: nut
κέλυφος, -εος, τό: pod, shell
κενόω: to empty out, drain
κρατέω: to be strong, defeat
λῃστής, -οῦ, ὁ: a robber, plunderer

λοιπός, -ή, -όν: remaining, the rest
μάτην: in vain, idly, fruitlessly
μέγεθος, -εος, τό: magnitude, size
μῆκος, -εος, τό: length
ναῦς, νεώς, ἡ: a ship
νῆσος, -ου, ἡ: an island
ὅπλον, τό: a tool, implement
ὄργυια, -ᾶς, ἡ: a fathom
οὔπω: not yet
ὀχέω: to uphold, sustain
πεντεκαίδεκα: fifteen
πλέων, -ονος: more numerous
πλήρωμα, -ατος, τό: a full measure, crew
πλοῖον, τό: a ship, vessel
προσδέχομαι: to receive, accept
προσελαύνω: to drive toward
τραυματίης, -ου, ὁ: a wounded man

κρατήσοντες: fut. part. of κρατέω after δῆλοι "about to defeat"
ἅτε + part.: providing the grounds for the supposition
ἅτε καὶ πλείους (sc. ὄντες)...καὶ μαχόμενοι: "because they were more numerous and were fighting"
κεκενωμένα: perf. part. of κενόω, "having been emptied out"
ἀπεκρύψαμεν: ao. of ἀπο-κρύπτω, "we had lost sight of them"
ἰώμεθα: impf. of ἰάομαι, "we cared for"
ὡς ἐπίπαν: "as much as possible"
προσδεχόμενοι: pr. part., "expecting"
ἐδεδύκει: plupl. of δύω, "had set"
προσήλαυνον: impf. of προσ-ἐλαύνω, *they drove toward us*
ὅσον εἴκοσι: "about twenty"
λῃσταὶ καὶ οὗτοι: "these were pirates too"
ὀχούμενοι: pr. part. pas., "being carried"

Lucian

αὐτοὺς ἔφερον ἀσφαλῶς, καὶ ἀναπηδῶντες ἐχρεμέτιζον ὥσπερ ἵπποι. ἐπεὶ δὲ πλησίον ἦσαν, διαστάντες οἱ μὲν ἔνθεν, οἱ δὲ ἔνθεν ἔβαλλον ἡμᾶς σηπίαις ξηραῖς καὶ ὀφθαλμοῖς καρκίνων. τοξευόντων δὲ ἡμῶν καὶ ἀκοντιζόντων οὐκέτι ὑπέμενον, ἀλλὰ τρωθέντες οἱ πολλοὶ αὐτῶν πρὸς τὴν νῆσον κατέφυγον.

ἀκοντίζω: to hurl a javelin, spear
ἀναπηδάω: to leap up, start up
ἀσφαλής, -ές: steadfast, firm
βάλλω: to throw
διίστημι: to set apart, separate
ἔνθεν: on the one side
ἵππος, ὁ: a horse, mare
καρκίνος, ὁ: a crab
καταφεύγω: to flee for refuge

ξηρός, -ά, -όν: dry
ὀφθαλμός, ὁ: an eye
πλήσιος, -α, -ον: near, close to
σηπία, ἡ: a cuttle-fish
τιτρώσκω: to wound
τοξεύω: to shoot with the bow
ὑπομένω: to stay behind, survive
χρεμετίζω: to neigh, whinny

ἀναπηδῶντες: ao. part. of ἀνα-πηδάω, "having leapt up"
διαστάντες: ao. part. intrans. of δια-ἵστημι, "having divided themselves"
ἔβαλλον: impf. "they were striking"
σηπίαις ξηραῖς καὶ ὀφθαλμοῖς: dat. of means, "with dry cuttlefish and the eyes of crabs"
τοξευόντων δὲ ἡμῶν καὶ ἀκοντιζόντων: gen. abs., "when we started firing"
τρωθέντες: ao. part. pas. of τιτρώσκω, "having been wounded"
κατέφυγον: ao. of κατα-φεύγω, "they fled"

A True Story

[40] Περὶ δὲ τὸ μεσονύκτιον γαλήνης οὔσης ἐλάθομεν προσοκείλαντες ἀλκυόνος καλιᾷ παμμεγέθει· σταδίων γοῦν ἦν αὕτη ἑξήκοντα τὸ περίμετρον. ἐπέπλεεν δὲ ἡ ἀλκυὼν τὰ ᾠὰ θάλπουσα οὐ πολὺ μείων τῆς καλιᾶς. καὶ δὴ ἀναπταμένη μικροῦ μὲν κατέδυσε τὴν ναῦν τῷ ἀνέμῳ τῶν πτερῶν. ᾤχετο δ᾽ οὖν φεύγουσα γοεράν τινα φωνὴν προϊεμένη. ἐπιβάντες δὲ ἡμεῖς ἡμέρας ἤδη ὑποφαινούσης ἐθεώμεθα τὴν καλιὰν σχεδίᾳ μεγάλῃ

ἀλκυών, -όνος, ἡ: the kingfisher
ἀναπέτομαι: to fly up, fly away
ἄνεμος, ὁ: wind
γαλήνη, ἡ: stillness of the sea, calm
γοερός, -ά, -όν: mournful, lamentable
γοῦν: at least then, at any rate, any way
ἑξήκοντα: sixty
ἐπιβαίνω: to go upon
ἐπιπλέω: to sail upon or over
ἡμέρα, ἡ: a day
θάλπω: to heat, soften by heat
θεάομαι: to look on, gaze at, view, behold
καλιά, ἡ: a wooden dwelling, hut, nest
καταδύω: to sink
λανθάνω: to escape notice (+ part.)

μείων, μεῖον: less, smaller
μεσονύκτιος, -ον: of or at midnight
μικρός, -ά, -όν: small
οἴχομαι: to be gone
παμμεγέθης, -ες: enormous
περίμετρον, τό: the circumference
προίημι: to send forth
προσοκέλλω: to run on to (+ dat.)
πτερόν, τό: feathers
στάδιον, τό: a stade
σχεδία, ἡ: a raft, float
ὑποφαίνω: to become visible
φεύγω: to flee
φωνή, ἡ: a sound, tone
ᾠόν, τό: an egg

They bump into the floating nest of an enormous halcyon.

γαλήνης οὔσης: gen abs., "there being a stillness of the sea"

ἐλάθομεν: ao. of λανθάνω

προσοκείλαντες: ao. part. of προσ-κέλλω, with ἐλάθομεν, "we didn't notice we'd run aground on..." + dat.

καλιᾷ παμμεγέθει: "a huge nest"

ἐπέπλεεν (= ἐπέπλει): impf. of ἐπι-πλέω, "was sailing"

τῆς καλιᾶς: gen. of comparison after μείων, "smaller *than the nest*"

καὶ δή: "in fact"

ἀναπταμένη: ao. part. of ἀνα-πέτομαι, "rising in the air"

μικροῦ κατέδυσε: "almost sunk the ship," lit. "by a little"

προϊεμένη: pr. part. of προ-ἵημι, "*sending forth* a cry"

ἐπιβάντες: ao. part. of ἐπι-βαίνω, "having gone ashore"

ἡμέρας ἤδη ὑποφαινούσης: gen. abs., "at day break"

Lucian

προσεοικυῖαν ἐκ δένδρων μεγάλων συμπεφορημένην· ἐπῆν δὲ καὶ
ᾠὰ πεντακόσια, ἕκαστον αὐτῶν Χίου πίθου περιπληθέστερον. ἤδη
μέντοι καὶ οἱ νεοττοὶ ἔνδοθεν ἐφαίνοντο καὶ ἔκρωζον. πελέκεσιν
γοῦν διακόψαντες ἓν τῶν ᾠῶν νεοττὸν ἄπτερον ἐξεκολάψαμεν
εἴκοσι γυπῶν ἁδρότερον.

[41] Ἐπεὶ δὲ πλέοντες ἀπείχομεν τῆς καλιᾶς ὅσον σταδίους
διακοσίους, τέρατα ἡμῖν μεγάλα καὶ θαυμαστὰ ἐπεσήμανεν· ὅ τε
γὰρ ἐν τῇ πρύμνῃ χηνίσκος ἄφνω ἐπτερύξατο καὶ ἀνεβόησεν, καὶ

ἁδρός, -ά, -όν: thick
ἀναβοάω: to shout aloud, utter a loud cry
ἀπέχω: to keep off or be away from
ἄπτερος, -ον: without wings, unwinged
ἄφνω: suddenly, unawares
γοῦν: at least then, at any rate, any way
γύψ, ἡ: a vulture
δένδρον, τό: a tree
διακόπτω: to cut in two, cut through
διακόσιοι, -αι, -α: two hundred
ἕκαστος, -η, -ον: every, each
ἐκκολάπτω: to scrape out
ἔνδοθεν: from within
ἐπισημαίνω: to indicate, show
θαυμαστός, -ή, -όν: wondrous, wonderful
καλιά, ἡ: a wooden dwelling, hut, nest
κρώζω: to cry like a crow, caw

νεοττός, οῦ, ὁ: a young bird, chick
ὅσον: about
πέλεκυς, -εως, ὁ: an axe
πεντακόσιοι, -αι: five hundred
περιπληθής, -ές: very full, very large
πίθος, ὁ: a wine-jar
πλέω: to sail, go by sea
προσέοικα: to be like, resemble (+ dat.)
πρύμνα, -ης, ἡ: the stern, poop
πτερύσσομαι: to clap the wings
συμφορέω: to gather, put together
τέρας, -εος, τό: a sign, wonder, marvel
φαίνομαι: to appear, become visible
χηνίσκος, ὁ: a ship's stern turned up like a
   goose's neck
Χῖος, -α, -ον: Chian, of or from Chios
ᾠόν, τό: an egg

προσεοικυῖαν: perf. part. in ind. st. after ἐθεώμεθα, "...that it looked like" + dat.
συμπεφορημένην: perf. part. pas. of συμ-φορέω, modifying καλιάν, "having been
   put together"
ἐπῆν: impf. of ἐπι-ειμι, "there were"
περιπληθέστερον: "larger than" + gen. of comparison
πελέκεσιν: dat. of means, "with axes"
διακόψαντες: ao. part. of δια-κόπτω, "having cut open"
ἐξεκολάψαμεν: ao. of ἐκ-κολάπτω, "we hatched out"
ἁδρότερον: "thicker than" + gen.
ἀπείχομεν: impf. of ἀπο-έχω, "we were away from" + gen.
ἐπεσήμανεν: ao. 3 s. of ἐπι-σημαίνω, "were manifested"
χηνίσκος: lit. "gooseneck," the rounded-up end of the boat
ἐπτερύξατο: ao. of πτερύσσω, "sprouted feathers"
ἀνεβόησεν: ao. of ἀνα-βοάω, "cackled"

ὁ κυβερνήτης ὁ Σκίνθαρος φαλακρὸς ἤδη ὢν ἀνεκόμησεν, καὶ τὸ
πάντων δὴ παραδοξότατον, ὁ γὰρ ἱστὸς τῆς νεὼς ἐξεβλάστησεν
καὶ κλάδους ἀνέφυσεν καὶ ἐπὶ τῷ ἄκρῳ ἐκαρποφόρησεν, ὁ δὲ
καρπὸς ἦν σῦκα καὶ σταφυλὴ μέλαινα, οὔπω πέπειρος. ταῦτα
ἰδόντες ὡς εἰκὸς ἐταράχθημεν καὶ ηὐχόμεθα τοῖς θεοῖς διὰ τὸ
ἀλλόκοτον τοῦ φαντάσματος. [42] οὔπω δὲ πεντακοσίους
σταδίους διελθόντες εἴδομεν ὕλην μεγίστην καὶ λάσιον πιτύων καὶ
κυπαρίττων. καὶ ἡμεῖς μὲν εἰκάσαμεν ἤπειρον εἶναι· τὸ δ' ἦν

ἄκρον, -ον, τό: the highest point
ἀνακομέω: to grow long hair
ἀλλόκοτος, -ον: strange, monstrous
ἀναφύω: to grow, produce
διέρχομαι: to go through, pass through
εἰκάζω: to make like, surmise
εἰκός: like truth, likely
ἐκβλαστάνω: to sprout out
εὔχομαι: to pray, offer prayers
ἤπειρος: terra-firma, the land
θεός, ὁ: a god
ἱστός, ὁ: anything set upright, mast
καρπός, ὁ: fruit
καρποφορέω: to bear fruit
κλάδος, -ου, ὁ: a young shoot, branch
κυβερνήτης, -ου, ὁ: a steersman,

κυπάριττος, ἡ: a cypress
λάσιος, -ος, -ον: hairy, rough, shaggy,
    woolly
μέλας, μέλαινα, μέλαν: black
ναῦς, νεώς, ἡ: a ship
παράδοξος, -ον: paradoxical, strange
πεντακόσιοι: five hundred
πέπειρος, -ον: ripe
πίτυς, -υος, ἡ: the pine, stone pine
σταφυλή, ἡ: a bunch of grapes
σῦκον, τό: a fig
ταράσσω: to stir, stir up trouble
ὕλη, ἡ: a forest
φαλακρός, -ά, -όν: bald
φάντασμα, -ατος, τό: a phantasm

ἀνεκόμησεν: ao. of ἀνα-κομέω, "grew long hair"

ἐξεβλάστησεν: ao. of ἐκ-βλαστάνω, "budded"

ἀνέφυσεν: ao. of ἀνα-φύω, "sprouted"

ἐκαρποφόρησεν: ao. of καρποφορέω, "bore fruit." This recalls a famous incident
    from the Homeric Hymn to Hermes.

ἰδόντες: ao. part. of ὁράω, "having seen"

ὡς εἰκὸς: "as you would expect"

ἐταράχθημεν: ao. pas. of ταράττω, "we were disturbed"

ηὐχόμεθα: impf. of εὔχομαι, "we prayed"

διελθόντες: ao. part. of δια-ἔρχομαι, "having gone on"

εἴδομεν: ao. of ὁράω, "we saw"

πιτύων καὶ κυπαρίττων: gen. pl. of description, "made of pine trees and
    cypresses"

εἰκάσαμεν ἤπειρον εἶναι: ind. st., "we surmised that it was a continent"

τὸ δ' ἦν: "but it was"

Lucian

πέλαγος ἄβυσσον ἀρρίζοις δένδροις καταπεφυτευμένον· εἱστήκει
δὲ τὰ δένδρα ὅμως ἀκίνητα, ὀρθὰ καθάπερ ἐπιπλέοντα.
πλησιάσαντες οὖν καὶ τὸ πᾶν κατανοήσαντες ἐν ἀπόρῳ εἰχόμεθα
τί χρὴ δρᾶν· οὔτε γὰρ διὰ τῶν δένδρων πλεῖν δυνατὸν ἦν - πυκνὰ
γὰρ καὶ προσεχῆ ὑπῆρχεν - οὔτε ἀναστρέφειν ἐδόκει ῥάδιον· ἐγὼ
δὲ ἀνελθὼν ἐπὶ τὸ μέγιστον δένδρον ἀπεσκόπουν τὰ ἐπέκεινα
ὅπως ἔχοι, καὶ ἑώρων ἐπὶ σταδίους μὲν πεντήκοντα ἢ ὀλίγῳ
πλείους τὴν ὕλην οὖσαν, ἔπειτα δὲ αὖθις ἕτερον ὠκεανὸν
ἐκδεχόμενον. καὶ δὴ ἐδόκει ἡμῖν ἀναθεμένους τὴν ναῦν ἐπὶ

ἄβυσσος, -ον: bottomless, abyss
ἀκίνητος, -η, -ον: unmoved, motionless
ἀναστρέφω: to turn upside down, upset
ἀνατίθημι: to put up, lift up
ἀνέρχομαι: to go up to, approach
ἄπορος, -ον: without passage, without resource
ἀποσκοπέω: to look out at
ἄρριζος, -ον: without roots
δένδρον, τό: a tree
δράω: to do
δυνατός, -ή, -όν: able, possible
ἐκδέχομαι: to take from, come next
ἐπέκεινα: on yonder side, beyond
ἐπιπλέω: to sail upon or over
ἵστημι: to make to stand

κατανοέω: to understand
καταφυτεύω: to plant
ναῦς, νεὼς, ἡ: a ship
ὀλίγος, -η, -ον: few, little
ὀρθός, -ή, -όν: straight
πέλαγος, -εος, τό: the sea
πεντήκοντα: fifty
πλείων, πλεῖον: more
πλέω: to sail, go by sea
πλησιάζω: to bring near
προσεχής, -ές: next to (each other)
πυκνός, -ή, -όν: close, compact
ῥάδιος, -η, -ον: easy
ὕλη, ἡ: a forest
ὑπάρχω: to begin, exist
ὠκεανός, -οῦ, ὁ: ocean

καταπεφυτευμένον: perf. part. pas. of κατα-φυτεύω, "completely overgrown"
εἱστήκει: plupf. of ἵστημι, "they stood up"
πλησιάσαντες: ao. part. of πλησιάζω, "having drawn near"
κατανοήσαντες: ao. part. of κατα-νοέω, "having realized"
ἐν ἀπόρῳ εἰχόμεθα: "we were at a loss"
τί χρὴ δρᾶν: ind. question, "what we should do"
οὔτε πλεῖν δυνατὸν ἦν, οὔτε: "neither was it possible to sail, nor..."
ἀνελθὼν: ao. part. of ἀνα-ἔρχομαι, "having climbed up"
ἀπεσκόπουν: impf. of ἀπο-σκοπέω, "I looked around"
ὅπως ἔχοι: pr. opt. in ind. quest. in sec. sequence, "how things were"
ἑώρων: impf 1 s. of ὁράω, "I saw"
τὴν ὕλην οὖσαν: ind. st. after ἑώρων, "that the forest was"
ἐκδεχόμενον: pr. part. of ἐκ-δέχομαι, "coming next"
ἀναθεμένους: ao. part. of ἀνα-τίθημι, modifying the acc. subject of ὑπερβιβάσαι, "having lifted"

τὴν κόμην τῶν δένδρων - πυκνὴ δὲ ἦν - ὑπερβιβάσαι, εἰ
δυναίμεθα, εἰς τὴν θάλατταν τὴν ἑτέραν· καὶ οὕτως ἐποιοῦμεν.
ἐκδήσαντες γὰρ αὐτὴν κάλῳ μεγάλῳ καὶ ἀνελθόντες ἐπὶ τὰ
δένδρα μόλις ἀνιμησάμεθα, καὶ θέντες ἐπὶ τῶν κλάδων,
πετάσαντες τὰ ἱστία καθάπερ ἐν θαλάττῃ ἐπλέομεν τοῦ ἀνέμου
προωθοῦντος ἐπισυρόμενοι· ἔνθα δὴ καὶ τὸ Ἀντιμάχου τοῦ
ποιητοῦ ἔπος ἐπεισῆλθέ με - φησὶν γάρ που κἀκεῖνος·
    «Τοῖσιν δ᾽ ὑλήεντα διὰ πλόον ἐρχομένοισιν.»

ἄνεμος, ὁ: wind
ἀνέρχομαι: to go up
ἀνιμάω: to draw up
δύναμαι: to be able
ἐκδέω: to bind so as to hang from
ἐπισύρω: to drag or trail after
ἕτερος, -α, -ον: other
θάλαττα, ἡ: the sea
ἱστίον, τό: a sail
κάλως, -ου, ὁ: a reefing rope
κλάδος, -ου, ὁ: a young shoot, branch

κόμη, ἡ: the hair, hair of the head
μόλις: scarcely
πετάννυμι: to spread out
πλόος, ὁ: a sailing, voyage
ποιητής, -οῦ, ὁ: a maker, poet
προωθέω: to push forward
πυκνός, -ή, -όν: close, compact
τίθημι: to set, put, place
ὑλήεις, -εσσα, -εν: woody, wooded
ὑπερβιβάζω: to carry over, transfer

ὑπερβιβάσαι: ao. inf. of ὑπερβιβάζω after ἐδόκει ἡμῖν, "to make our way"
εἰ δυναίμεθα: opt. in indef. past condition, "if we could"
ἐκδήσαντες: ao. part. of ἐκ-δέω, "have tied"
αὐτὴν: i.e. "the ship"
ἀνελθόντες: ao. part. of ἀνα-ἔρχομαι, "having climbed"
ἀνιμησάμεθα: ao. of ἀνιμάω, "we drew up"
θέντες: ao. part. of τίθημι, "having placed"
πετάσαντες: ao. part. of πετάννυμι, "have spread out"
τοῦ ἀνέμου προωθοῦντος: pr. part. of προ-ωθέω, gen abs., "with the wind pushing us"
ἐπισυρόμενοι: pr. part. pas., "being dragged"
Ἀντιμάχου: Antimachus of Colophon, fl. 400 BC, author of an epic on Thebes.
ἐπεισῆλθέ: ao. of ἐπι-εις-ἔρχομαι, "came to me"
γάρ που: "for somewhere"
τοῖσιν ἐρχομένοισιν: epic dat. pl., "to them going"
ὑλήεντα διὰ πλόον: "through a forest voyage"

Lucian

[43] Βιασάμενοι δὲ ὅμως τὴν ὕλην ἀφικόμεθα ἐς τὸ ὕδωρ, καὶ πάλιν ὁμοίως καθέντες τὴν ναῦν ἐπλέομεν διὰ καθαροῦ καὶ διαυγοῦς ὕδατος, ἄχρι δὴ ἐπέστημεν χάσματι μεγάλῳ ἐκ τοῦ ὕδατος διεστῶτος γεγενημένῳ, καθάπερ ἐν τῇ γῇ πολλάκις ὁρῶμεν ὑπὸ σεισμῶν γενόμενα διαχωρίσματα. ἡ μὲν οὖν ναῦς καθελόντων ἡμῶν τὰ ἱστία οὐ ῥᾳδίως ἔστη παρ' ὀλίγον ἐλθοῦσα κατενεχθῆναι. ὑπερκύψαντες δὲ ἡμεῖς ἑωρῶμεν βάθος ὅσον σταδίων χιλίων μάλα φοβερὸν καὶ παράδοξον· εἱστήκει γὰρ τὸ ὕδωρ ὥσπερ μεμερισμένον· περιβλέποντες δὲ ὁρῶμεν κατὰ δεξιὰ

ἀφικνέομαι: to come to, arrive at
ἄχρι: until
βάθος, τό: a depth or height
βιάζω: to force
γῆ, γῆς, ἡ: earth
δεξιός, -ά, -όν: on the right hand or side
διαυγής, -ές: transparent
διαχώρισμα, -ατος, τό: a cleft, division
διίστημι: to set apart, separate
ἐφίστημι: to set or place upon
ἵστημι: to make to stand
ἱστίον, τό: a sail
καθαιρέω: to take down
καθαρός: clear of dirt, clean, spotless
καθίημι: to set down, let fall
καταφέρω: to bring down
μάλα: very, exceedingly

μερίζω: to divide, distribute
ναῦς, νεώς, ἡ: a ship
ὀλίγος, -η, -ον: few, little
ὅσον: about
πάλιν: back, backwards
παράδοξος, -ον: incredible, paradoxical
περιβλέπω: to look around
πολλάκις: many times, often
ῥᾳδίως: easily
σεισμός, ὁ: a shaking, shock
ὕδωρ, ὕδατος, τό: water
ὕλη, ἡ: a forest
ὑπερκύπτω: to stretch and peer over
φοβερός, -ά, -όν: fearful
χάσμα, -ατος, τό: chasm, gulf
χίλιοι, -αι: a thousand

βιασάμενοι: ao. part. of βιάζομαι, "having forced our way through"
ἀφικόμεθα: ao. of ἀφικνέομαι, "we arrived"
καθέντες: ao. part. of κατα-ίημι, "having set down"
ἐπέστημεν: ao. intrans. of ἐπι-ίστημι, "until we stood upon" + dat.
γεγενημένῳ: perf. part. of γίγνομαι, modifying χάσματι, "a chasm made by"
διεστῶτος: perf. part. gen. s. of δια-ίστημι modifying ὕδατος "water dividing"
ὑπὸ σεισμῶν γενόμενα: ao. part. of γίγνομαι, "made by earthquakes"
καθελόντων ἡμῶν: ao. part. of κατα-αιρέω, gen. abs., "while we took down"
οὐ ῥᾳδίως ἔστη: ao. intrans. of ἵστημι, "did not easily come to a stop"
παρ' ὀλίγον ἐλθοῦσα: ao. part. nom. s. f. of ἔρχομαι, "having come close"
κατενεχθῆναι: ao. pas. inf. of κατα-φέρω, "to being brought down"
ὑπερκύψαντες: ao. part. of ὑπερ-κύπτω, "having peered over"
ἑωρῶμεν: impf. of ὁράω, "we saw"
εἱστήκει: plupf. of ἵστημι, "was standing"
μεμερισμένον: perf. part. of μερίζω, "cut in two"

οὐ πάνυ πόρρωθεν γέφυραν ἐπεζευγμένην ὕδατος συνάπτοντος τὰ πελάγη κατὰ τὴν ἐπιφάνειαν, ἐκ τῆς ἑτέρας θαλάττης εἰς τὴν ἑτέραν διαρρέοντος. προσελάσαντες οὖν ταῖς κώπαις κατ᾽ ἐκεῖνο παρεδράμομεν καὶ μετὰ πολλῆς ἀγωνίας ἐπεράσαμεν οὔποτε προσδοκήσαντες.

[44] Ἐντεῦθεν ἡμᾶς ὑπεδέχετο πέλαγος προσηνὲς καὶ νῆσος οὐ μεγάλη, εὐπρόσιτος, συνοικουμένη· ἐνέμοντο δὲ αὐτὴν ἄνθρωποι ἄγριοι, Βουκέφαλοι, κέρατα ἔχοντες, οἷον παρ᾽ ἡμῖν τὸν

ἄγριος, -α, -ον: savage
ἀγωνία, ἡ: a contest, struggle
βουκέφαλος, -ον: bull-headed
γέφυρα, ἡ: a dyke, dam, bridge
διαρρέω: to flow through
ἐντεῦθεν: hence or thence
ἐπιζεύγνυμι: to join, yoke
ἐπιρραίνω: to sprinkle upon or over
ἐπιφάνεια, τά: a surface
εὐπρόσιτος, -ον: easy of access
κέρας, τό: the horn of an animal
κώπη, ἡ: the handle of an oar

νέμω: to distribute, (*mid.*) to hold sway
νῆσος, -ου, ἡ: an island
οἷος, -α, -ον: such, of a kind
παρατρέχω: to run by or past
πέλαγος, -εος, τό: the sea
πόρρωθεν: from afar
προσδοκάω: to expect
προσελαύνω: to drive towards
προσηνής, -ές: soft, gentle, kindly
συνάπτω: to tie or bind together
συνοικέω: to dwell together
ὑποδέχομαι: to receive beneath

γέφυραν ἐπεζευγμένην: perf. part. mid. of ἐπι-ζεύγνυμι, "a bridge having yoked together"

ὕδατος: gen. of material, "(made) of water"

συνάπτοντος, διαρρέοντος: pr. part. gen. s. of συν-άπτω and δια-ῥέω, modifying ὕδατος, "joining, flowing"

κατὰ τὴν ἐπιφάνειαν: "along the surface"

προσελάσαντες: ao. part. of προσ-ελαύνω, "having rowed forward"

παρεδράμομεν: ao. of παρα-τρέχω, "we ran into"

ἐπεράσαμεν: ao. of περάω, "we crossed"

οὔποτε προσδοκήσαντες: ao. of προσ-δοκέω, "not ever expecting (that we would)"

They come to the island of the Bullheads.

εὐπρόσιτος: from εὐ-πρόσ-ἔρχομαι "accessible"

Βουκέφαλοι: "Bull-heads"

οἷον: "just as"

Μινώταυρον ἀναπλάττουσιν. ἀποβάντες δὲ προῄειμεν ὑδρευσόμενοι καὶ σιτία ληψόμενοι, εἴ ποθεν δυνηθείημεν· οὐκέτι γὰρ εἴχομεν. καὶ ὕδωρ μὲν αὐτοῦ πλησίον εὕρομεν, ἄλλο δὲ οὐδὲν ἐφαίνετο, πλὴν μυκηθμὸς πολὺς οὐ πόρρωθεν ἠκούετο. δόξαντες οὖν ἀγέλην εἶναι βοῶν, κατ' ὀλίγον προχωροῦντες ἐπέστημεν τοῖς ἀνθρώποις. οἱ δὲ ἰδόντες ἡμᾶς ἐδίωκον, καὶ τρεῖς μὲν τῶν ἑταίρων λαμβάνουσιν, οἱ δὲ λοιποὶ πρὸς τὴν θάλατταν κατεφεύγομεν. εἶτα μέντοι πάντες ὁπλισάμενοι - οὐ γὰρ ἐδόκει ἡμῖν ἀτιμωρήτους περιιδεῖν τοὺς φίλους - ἐμπίπτομεν τοῖς Βουκεφάλοις τὰ κρέα τῶν ἀνηρημένων διαιρουμένοις·

ἀγέλη, ἡ: a herd	καταφεύγω: to flee for refuge
ἀναιρέω: to slay	κρέας, τό: flesh, meat
ἀναπλάττω: to mold, imagine	λαμβάνω: to take, capture
ἀτιμώρητος, -ον: unavenged	λοιπός, -ή, -όν: remaining, the rest
βουκέφαλος, -ον: bull-headed	μυκηθμός, ὁ: a lowing, bellowing
βοῦς, ὁ: a cow	ὁπλίζω: to make or get ready, to arm
διώκω: to pursue	περιεῖδον: to overlook
δύναμαι: to be able	πλήν: other than, except
εἶτα: then, next	πόρρωθεν: from afar
ἐμπίπτω: fall upon	προχωρέω: to go or come forward
ἑταῖρος, ὁ: a comrade, companion, mate	σιτίον, -ου, τό: grain, food, provisions
ἐφίστημι: to set or place upon	ὑδρεύω: to draw, fetch or carry water

---

Μινώταυρος: Minotaur, the legendary half-bull and half-man, child of Pasiphae and Minos

ἀναπλάττουσιν: pr. of ἀνα-πλάττω, "they imagine"

ἀποβάντες: ao. part. of ἀπο-βαίνω, "upon landing"

προῄειμεν: impf. of προ-ἔρχομαι, "we proceeded"

ὑδρευσόμενοι: fut. part. of ὑδρεύω, showing purpose, "in order to get water"

ληψόμενοι: fut. part. of λαμβάνω, showing purpose, "in order to take"

εἴ ποθεν δυνηθείημεν: ao. opt. in past general protasis, "if we could"

εὕρομεν (= ηὕρομεν): ao. of εὑρίσκω, "we found"

πλὴν: "although"

ἀγέλην εἶναι: ind. st. after δόξαντες, "that it was a herd"

προχωροῦντες: pr. part. of προ-χωρέω, "approaching"

ἐπέστημεν: ao. trans. of ἐπι-ἵστημι, "we came upon" + dat.

ἰδόντες: ao. part. of ὁράω, "having seen us"

ὁπλισάμενοι: ao. part. of ὁπλίζω, "having armed ourselves"

περιιδεῖν: ao. inf. of περι-οράω after ἐδόκει, "to overlook"

τῶν ἀνηρημένων: perf. part. of ἀνα-αιρέω, "of the slain"

διαιρουμένοις: pr. part. of δια-αιρέω, "we fell upon them dividing up"

φοβήσαντες δὲ πάντας διώκομεν, καὶ κτείνομέν γε ὅσον πεντήκοντα καὶ ζῶντας αὐτῶν δύο λαμβάνομεν, καὶ αὖθις ὀπίσω ἀναστρέφομεν τοὺς αἰχμαλώτους ἔχοντες. σιτίον μέντοι οὐδὲν εὕρομεν. οἱ μὲν οὖν ἄλλοι παρῄνουν ἀποσφάττειν τοὺς εἰλημμένους, ἐγὼ δὲ οὐκ ἐδοκίμαζον, ἀλλὰ δήσας ἐφύλαττον αὐτούς, ἄχρι δὴ ἀφίκοντο παρὰ τῶν Βουκεφάλων πρέσβεις ἀπαιτοῦντες ἐπὶ λύτροις τοὺς συνειλημμένους· συνίεμεν γὰρ αὐτῶν διανευόντων καὶ γοερόν τι μυκωμένων ὥσπερ ἱκετευόντων. τὰ λύτρα δὲ ἦν τυροὶ πολλοὶ καὶ ἰχθύες ξηροὶ καὶ κρόμμυα καὶ ἔλαφοι τέτταρες, τρεῖς ἑκάστη πόδας ἔχουσα, δύο μὲν τοὺς

αἰχμάλωτος, -ον: captive
ἀναστρέφω: to turn back
ἀπαιτέω: to demand back, demand
ἀποσφάττω: to cut the throat of
ἀφικνέομαι: to come to, arrive
ἄχρι: until
γοερός, -ά, -όν: mournful, lamentable
δέω: to bind
διανεύω: to nod, beckon
διώκω: to pursue
δοκιμάζω: to approve
ἔλαφος, ἡ: a deer
εὑρίσκω: to find
ζάω: to live
ἱκετεύω: to approach as a suppliant
ἰχθῦς, -ύος, ὁ: a fish
κρόμμυον, -ου, τό: onion

κτείνω: to kill, slay
λαμβάνω: to take, capture
λύτρον, τό: a price paid
μυκάομαι: to grate, creak
ξηρός, -ά, -όν: dry
ὀπίσω: backwards
παραινέω: to exhort, advise (+ inf.)
πεντήκοντα: fifty
πούς, ποδός, ὁ: a foot
πρέσβυς, -εως, ὁ: an old man, ambassador
σιτίον, -ου, τό: grain, food, provisions
συνίημι: to bring together, understand
τέτταρες: four
τυρός, ὁ: cheese
φοβέω: to put to flight
φυλάττω: to guard

φοβήσαντες: ao. part. of φοβέομαι, "having put to flight"
παρῄνουν: impf. of παρα-αινέω, "some were advising" + inf.
τοὺς εἰλημμένους: perf. part. pas. of αἱρέω, "those captured"
ἀφίκοντο: ao. of ἀφικνέομαι, "they arrived"
συνειλημμένους: perf. part. pas. of συν-αιρέω, "those captured"
συνίεμεν: pr. of συν-ἵημι, "we understood"
διανευόντων καὶ μυκωμένων: genitives with συνίεμεν, "them *nodding and mooing*"
ἑκάστη (sc. ἔλαφος), "each deer having..."

Lucian

ὄπισθεν, οἱ δὲ πρόσω συμπεφύκεσαν. ἐπὶ τούτοις ἀποδόντες τοὺς συνειλημμένους καὶ μίαν ἡμέραν ἐπιμείναντες ἀνήχθημεν.

[45] Ἤδη δὲ ἰχθύες τε ἡμῖν ἐφαίνοντο καὶ ὄρνεα παρεπέτετο καὶ ἄλλ᾽ ὁπόσα γῆς πλησίον οὔσης σημεῖα προφαίνεται. μετ᾽ ὀλίγον δὲ καὶ ἄνδρας εἴδομεν καινῷ τῳ τρόπῳ ναυτιλίας χρωμένους· αὐτοὶ γὰρ καὶ ναῦται καὶ νῆες ἦσαν. λέξω δὲ τοῦ πλοῦ τὸν τρόπον· ὕπτιοι κείμενοι ἐπὶ τοῦ ὕδατος ὀρθώσαντες τὰ αἰδοῖα - μεγάλα δὲ φέρουσιν - ἐξ αὐτῶν ὀθόνην πετάσαντες καὶ ταῖς χερσὶν τοὺς ποδεῶνας κατέχοντες ἐμπίπτοντος τοῦ ἀνέμου

αἰδοῖον, τό: the genitals
ἀνάγω: to lead up (to the sea)
ἄνεμος, ὁ: wind
ἀποδίδωμι: to give up, hand over
ἐμπίπτω: fall upon
ἐπιμένω: to stay on, remain
ἰχθῦς, -ύος, ὁ: a fish
καινός, -ή, -όν: new, fresh
κατέχω: to hold fast
κεῖμαι: to lie, be laid
ναῦς, νεώς, ἡ: a ship
ναύτης, -ου, ὁ: a sailor, shipmate
ναυτιλία, ἡ: sailing, seamanship
ὀθόνη, ἡ: a sail, sail-cloth
οἶδα: to know
ὄπισθεν: behind, at the back
ὁπόσος: as many as, whatever

ὀρθόω: to set straight
ὄρνεον, τό: a bird
παραπέτομαι: to fly alongside
πετάννυμι: to spread out
πλόος, ὁ: a sailing, voyage
ποδεών, -ῶνος, ὁ: the loose ends, corners
πρόσω: forwards, onwards, further
προφαίνω: to bring to light, appear
σημεῖον, τό: a sign, a mark, token
συλλαμβάνω: to collect, capture
συμφύω: to make to grow together
τρόπος, ὁ: a course, manner
ὕδωρ, ὕδατος, τό: water
ὕπτιος, -α, -ον: prone
φαίνομαι: to appear, become visible
χείρ, χειρός, ἡ: a hand

οἱ δὲ (sc. πόδες) πρόσω: "the front two"
συμπεφύκεσαν: perf. of συμ-φύω, "had grown together"
ἐπὶ τούτοις: "in exchange for these things"
ἀποδόντες: ao. part. of ἀπο-δίδωμι, "having handed over"
τοὺς συνειλημμένους: pf. part. of συλλαμβάνω, "the ones captured"
ἀνήχθημεν: ao. pas. of ἀνα-άγω, "we departed"
παρεπέτετο: impf. of παρα-πέτομαι, "were flying alongside"
γῆς πλησίον οὔσης: "signs of *land being near*"
εἴδομεν: ao. of ὁράω, "we saw"
καινῷ τῳ τρόπῳ: dat. of means after χρωμένους, "using a new mode"
ὀρθώσαντες: ao. part. of ὀρθόω, "*having made erect* their genitals"
πετάσαντες: ao. part. of πετάννυμι, "having spread sail on them"
ποδεῶνας κατέχοντες: "holding the corners"
ἐμπίπτοντος τοῦ ἀνέμου: gen abs., "when the wind falls on them"

154

ἔπλεον. ἄλλοι δὲ μετὰ τούτους ἐπὶ φελλῶν καθήμενοι ζεύξαντες δύο δελφῖνας ἤλαυνόν τε καὶ ἡνιόχουν· οἱ δὲ προϊόντες ἐπεσύροντο τοὺς φελλούς. οὗτοι ἡμᾶς οὔτε ἠδίκουν οὔτε ἔφευγον, ἀλλ' ἤλαυνον ἀδεῶς τε καὶ εἰρηνικῶς τὸ εἶδος τοῦ ἡμετέρου πλοίου θαυμάζοντες καὶ πάντοθεν περισκοποῦντες.

[46] Ἑσπέρας δὲ ἤδη προσήχθημεν νήσῳ οὐ μεγάλῃ· κατῳκεῖτο δὲ ὑπὸ γυναικῶν, ὡς ἐνομίζομεν, Ἑλλάδα φωνὴν προϊεμένων· προσῇεσαν γὰρ καὶ ἐδεξιοῦντο καὶ ἠσπάζοντο, πάνυ

ἀδεής, -ές: without fear, fearless
ἀδικέω: to do wrong, harm
ἀσπάζομαι: to welcome, greet
γυνή, -αικός, ἡ: a woman
δελφίς, -ῖνος, ὁ: a dolphin
δεξιόομαι: welcome, greet
εἶδος, -εος, τό: a form
εἰρηνικός, -ή, -όν: ofpeaceful
ἐλαύνω: to set in motion
Ἑλλάς, άδος: Greek
ἐπισύρω: to drag or trail after
ἑσπέρα, ἡ: evening
ζεύγνυμι: to yoke, put to
ἡνιοχέω: to hold the reins

θαυμάζω: to wonder, marvel
κάθημαι: to be seated
κατοικέω: to dwell in, colonize
νῆσος, -ου, ἡ: an island
νομίζω: to think, believe
πάντοθεν: from every side
περισκοπέω: to look round, inspect
πλέω: to sail
πλοῖον, τό: a ship, vessel
προίημι: to send forward
προσάγω: to bring to or upon (+ dat.)
φελλός, ὁ: the cork-tree
φεύγω: to flee
φωνή, ἡ: a sound, voice

μετὰ τούτους: "behind these"
καθήμενοι: pr. part. of κατα-ἧμαι, "seated on corks"
ζεύξαντες: ao. part. of ζεύγνυμι, "having yoked"
ἤλαυνόν: impf. of ἐλαύνω, "they were driving"
ἡνιόχουν: impf. of ἡνιοχέω, "they were guiding with reins"
προϊόντες: pr. part. of προ-έρχομαι, "going forward"
ἐπεσύροντο: impf. of ἐπι-σύρω, "they (the dolphins) were dragging along"
ἠδίκουν: impf. of ἀδικέω, "they were not harming"
ἀδεῶς τε καὶ εἰρηνικῶς: "pleasantly and peacefully"

They encounter beautiful women who are more dangerous than they seem.

προσήχθημεν: ao. pas. of προσ-ἄγω, "we made landing on" + dat.
κατῳκεῖτο: impf. pas. of κατοικέω, "it was inhabited"
ὡς ἐνομίζομεν: "or so we thought"
φωνὴν προϊεμένων: pr. part. of προ-ίημι, modifying γυναικῶν, "speaking
    language"
προσῇεσαν: impf. of προσ-έρχομαι, "they approached"

Lucian

ἑταιρικῶς κεκοσμημέναι καὶ καλαὶ πᾶσαι καὶ νεάνιδες, ποδήρεις τοὺς χιτῶνας ἐπισυρόμεναι. ἡ μὲν οὖν νῆσος ἐκαλεῖτο Κοβαλοῦσα, ἡ δὲ πόλις αὐτὴ Ὑδαμαργία. λαβοῦσαι δ᾽ οὖν ἡμᾶς αἱ γυναῖκες ἑκάστη πρὸς ἑαυτὴν ἀπῆγεν καὶ ξένον ἐποιεῖτο. ἐγὼ δὲ μικρὸν ἀποστὰς - οὐ γὰρ χρηστὰ ἐμαντευόμην - ἀκριβέστερόν τε περιβλέπων ὁρῶ πολλῶν ἀνθρώπων ὀστᾶ καὶ κρανία κείμενα. καὶ τὸ μὲν βοὴν ἱστάναι καὶ τοὺς ἑταίρους συγκαλεῖν καὶ ἐς τὰ ὅπλα χωρεῖν οὐκ ἐδοκίμαζον. προχειρισάμενος δὲ τὴν μαλάχην πολλὰ

ἀκριβής, -ές: exact, accurate, precise
ἀπάγω: to lead away, carry off
ἀφίστημι: to put away, stand apart
βοή, ἡ: a loud cry, shout
δοκιμάζω: to assay or approve
ἐπισύρω: to drag or trail after
ἑταιρικός, -ή, -όν: befitting a courtesan
ἑταῖρος, ὁ: a comrade, companion, mate
ἵστημι: to make to stand
καλέω: to call, summon
κεῖμαι: to be laid, lie
κοσμέω: to order, adorn
κρανίον, τό: the skull, crown
μαλάχη, ἡ: mallow

μαντεύομαι: to divine, presage
μικρός, -ά, -όν: small
νεᾶνις, -ιδος, ἡ: a maiden
ξένος, ὁ: a foreigner, guest
ὅπλον, τό: a tool, weapon
ὀστέον, τό: a bone
περιβλέπω: to look around
ποδήρης, -ες: reaching to the feet
προχειρίζω: to have ready at hand
συγκαλέω: to convoke, convene
χιτών, -ῶνος, ὁ: a tunic
χρηστός, -ή, -όν: useful, good of its kind
χωρέω: to withdraw

κεκοσμημέναι: perf. part. pas. of κοσμέω, "having been adorned"
ἐπισυρόμεναι: pr. part. of ἐπι-σύρω, "dragging"
Κοβαλοῦσα: "Knavery"
Ὑδαμαρδία: " Water-town"
λαβοῦσαι: ao. part. nom. pl. f. of λαμβάνω, "having taken"
ξένον ἐποιεῖτο: "made him her guest"
ἀποστὰς: ao. part. intrans. of ἀπο-ίστημι, "standing apart"
ὀστᾶ καὶ κρανία κείμενα: "bones and skulls lying there"
καὶ τὸ ἱστάναι καὶ (sc. τὸ) συγκαλεῖν καὶ (sc. τὸ) χωρεῖν: articular infinitives
   objects of ἐδοκίμαζον, "I didn't think these actions a good idea"
ἱστάναι: pr. inf. of ἵστημι, "to make a shout"
προχειρισάμενος: ao. part. of προ-χειρίζω, "taking in my hand (χείρ)." The
   mallow plant he received from Rhadamanthys recalls the moly given Odysseus by
   Hermes when he faces Circe.

ηὐχόμην αὐτῇ διαφυγεῖν ἐκ τῶν παρόντων κακῶν· μετ' ὀλίγον δὲ τῆς ξένης διακονουμένης εἶδον τὰ σκέλη οὐ γυναικός, ἀλλ' ὄνου ὁπλάς· καὶ δὴ σπασάμενος τὸ ξίφος συλλαμβάνω τε αὐτὴν καὶ δήσας περὶ τῶν ὅλων ἀνέκρινον. ἡ δέ, ἄκουσα μέν, εἶπεν δὲ ὅμως, αὐτὰς μὲν εἶναι θαλαττίους γυναῖκας Ὀνοσκελέας προσαγορευομένας, τροφὴν δὲ ποιεῖσθαι τοὺς ἐπιδημοῦντας ξένους. «ἐπειδὰν γάρ,» ἔφη, «μεθύσωμεν αὐτούς, συνευνηθεῖσαι

ἀέκων, -ουσα, -ον: against one's will
ἀνακρίνω: to question, interrogate
γυνή, -αικός, ἡ: a woman
δέω: to bind
διακονέω: to minister, serve, do service
διαφεύγω: to flee through, escape
ἐπιδημέω: to visit
εὔχομαι: to pray (+ *inf.*)
θαλάττιος, -α, -ον: of or from the sea
κακός, -ή, -όν: bad
μεθύσκω: to make drunk, intoxicate
ξένη, ἡ: a female guest, hostess

ξένος, ὁ: a foreigner, stranger
ξίφος, -εος, τό: a sword
ὅλος, -η, -ον: whole, entire, complete
ὅμως: all the same, nevertheless
ὄνος, ὁ: an ass
ὁπλή, ἡ: a hoof
προσαγορεύω: to address, greet, name
σκέλος, -εος, τό: the leg
σπάω: to draw
συλλαμβάνω: to collect, capture
συνευνάομαι: go to bed
τροφή, ἡ: nourishment, food, victuals

τῆς ξένης διακονουμένης: gen. abs., "as my hostess was serving me"
εἶδον: ao. of ὁράω, "I saw"
ὄνου ὁπλάς: "hooves of an ass"
σπασάμενος: ao. part. of σπάω, "having drawn"
δήσας: ao. part. of δέω, "having bound her"
ἀνέκρινον: impf. of ἀνα-κρίνω, "I began questioning"
ἄκουσα (= ἀ-έκοῦσα): "unwilling"
αὐτὰς μὲν εἶναι, τροφὴν δὲ ποιεῖσθαι: ind. st. after εἶπεν, "that they were... that they made"
ἐπειδὰν...μεθύσωμεν: ao. subj. in indef. temp. clause, "whenever we make them drunk"
συνευνηθεῖσαι: ao. part. pas. nom. pl. of συν-ευνέω, "having gone to bed"

κοιμωμένοις ἐπιχειροῦμεν.» ἀκούσας δὲ ταῦτα ἐκείνην μὲν αὐτοῦ
κατέλιπον δεδεμένην, αὐτὸς δὲ ἀνελθὼν ἐπὶ τὸ τέγος ἐβόων τε καὶ
τοὺς ἑταίρους συνεκάλουν. ἐπεὶ δὲ συνῆλθον, τὰ πάντα ἐμήνυον
αὐτοῖς καὶ τά γε ὀστᾶ ἐδείκνυον καὶ ἦγον ἔσω πρὸς τὴν
δεδεμένην· ἡ δὲ αὐτίκα ὕδωρ ἐγένετο καὶ ἀφανὴς ἦν. ὅμως δὲ τὸ
ξίφος εἰς τὸ ὕδωρ καθῆκα πειρώμενος· τὸ δὲ αἷμα ἐγένετο.

ἄγω: to lead or carry, to convey, bring
αἷμα, -ατος, τό: blood
ἀκούω: to hear
ἀνέρχομαι: to go up
ἀφανής, -ές: unseen, invisible, viewless
βοάω: to yell, shout
δείκνυμι: to bring to light, show, exhibit
δέω: to bind
ἐπιχειρέω: to put one's hand on, kill
ἔσω: to the interior
ἑταῖρος, ὁ: a comrade, companion, mate

καθίημι: to send down, thrust
καταλείπω: to leave behind
κοιμάω: to lull to sleep, put to sleep
μηνύω: to reveal, betray
ξίφος, -εος, τό: a sword
ὀστέον, τό: a bone
πειράω: to attempt, endeavor, try
συγκαλέω: to convoke, convene
συνέρχομαι: to come together
τέγος, -εος, τό: a roof
ὕδωρ, ὕδατος, τό: water

κοιμωμένοις: "while they are in bed"
ἐκείνην...δεδεμένην: perf. part. pas. of δέω, "her having been bound"
κατέλιπον: ao. of κατα-λείπω, "I left behind"
ἀνελθὼν: ao. part. of ἀνα-ἔρχομαι, "I myself having gone up"
ἐγένετο: ao. of γίνομαι, "she became water"
καθῆκα: ao. of κατα-ἵημι, "I thrust my sword"
πειρώμενος: pr. part., "testing it"

[47] Ταχέως οὖν ἐπὶ ναῦν κατελθόντες ἀπεπλεύσαμεν. καὶ ἐπεὶ ἡμέρα ὑπηύγαζε, τήν τε ἤπειρον ἀπεβλέπομεν εἰκάζομέν τε εἶναι τὴν ἀντιπέρας τῇ ὑφ᾽ ἡμῶν οἰκουμένῃ κειμένην. προσκυνήσαντες δ᾽ οὖν καὶ προσευξάμενοι περὶ τῶν μελλόντων ἐσκοπούμεν, καὶ τοῖς μὲν ἐδόκει ἐπιβᾶσιν μόνον αὖθις ὀπίσω ἀναστρέφειν, τοῖς δὲ τὸ μὲν πλοῖον αὐτοῦ καταλιπεῖν, ἀνελθόντας δὲ ἐς τὴν μεσόγαιαν πειραθῆναι τῶν ἐνοικούντων. ἐν ὅσῳ δὲ ταῦτα ἐλογιζόμεθα, χειμὼν σφοδρὸς ἐπιπεσὼν καὶ προσαράξας

ἀναστρέφω: to turn back
ἀνέρχομαι: to go up
ἀντιπέρας: on the other side (+ dat.)
ἀποβλέπω: to look away from
ἀποπλέω: to sail away, sail off
εἰκάζω: to surmise, suppose
ἐνοικέω: to dwell in
ἐπιβαίνω: to go upon
ἐπιπίπτω: to fall upon or over
ἡμέρα, ἡ: a day
ἤπειρος: terra-firma, the land
καταλείπω: leave behind
κατέρχομαι: to go down from
κεῖμαι: to be laid
λογίζομαι: to count, reckon, calculate

μεσόγαιος, -ον: interior, inland
οἰκεω: to inhabit
ὀπίσω: backwards
ὅσος, -η, -ον: how much
πειράω: to attempt, endeavor, try (+ inf.)
πλοῖον, τό: a ship, vessel
προσαράσσω: to dash against
προσεύχομαι: to offer prayers or vows
προσκυνέω: to make obeisance
σκοπέω: to look at or after
σφοδρός, -ά, -όν: excessive, violent
ταχέως: quickly
ὑπαυγάζω: to augment, increase
χειμών, -ῶνος, ὁ: a storm

They reach a continent on the opposite side of the ocean and are shipwrecked there.
κατελθόντες: ao. part. of κατα-ἔρχομαι, "having gone back to the ship"
ὑπηύγαζεν: impf. of ὑπο-αυγάζω, "was increasing"
εἰκάζομέν τε εἶναι: "and we surmised (τὴν ἤπειρον) to be..."
τὴν ἀντιπέρας... κειμένην: "the one lying opposite to"
περὶ τῶν μελλόντων: "about the future"
τοῖς μὲν ἐδόκει...τοῖς δὲ: "to some it seemed...to others"
ἐπιβᾶσιν: ao. part. dat. pl. of ἐπι-βαίνω, "for us once we had landed"
ἀναστρέφειν, καταλιπεῖν, πειραθῆναι: infinitives after ἐδόκει
ἀνελθόντας; ao. part. modifying the acc. subj. of πειραθῆναι (ao. inf. pas.), "*having approached* to investigate"
ἐν ὅσῳ: "in the length" (of time)
ἐπιπεσὼν: ao. part. of ἐπι-πίπτω, "having fallen upon us"
προσαράξας: ao. part. of προσ-αράσσω, "having dashed against"

τὸ σκάφος τῷ αἰγιαλῷ διέλυσεν. ἡμεῖς δὲ μόλις ἐξενηξάμεθα τὰ
ὅπλα ἕκαστος καὶ εἴ τι ἄλλο οἷός τε ἦν ἁρπασάμενοι.

Ταῦτα μὲν οὖν τὰ μέχρι τῆς ἑτέρας γῆς συνενεχθέντα μοι ἐν
τῇ θαλάττῃ καὶ παρὰ τὸν πλοῦν ἐν ταῖς νήσοις καὶ ἐν τῷ ἀέρι καὶ
μετὰ ταῦτα ἐν τῷ κήτει καὶ ἐπεὶ ἐξήλθομεν, παρά τε τοῖς ἥρωσι
καὶ τοῖς ὀνείροις καὶ τὰ τελευταῖα παρὰ τοῖς Βουκεφάλοις καὶ
ταῖς Ὀνοσκελέαις, τὰ δὲ ἐπὶ τῆς γῆς ἐν ταῖς ἑξῆς βίβλοις
διηγήσομαι.

ἀήρ, ἀέρος, ὁ: the air
αἰγιαλός, ὁ: the sea-shore, beach, strand
ἁρπάζω: to snatch away, carry off
βίβλος, ἡ: a book
βουκέφαλος, -ον: bull-headed
γῆ, γῆς, ἡ: earth
διαλύω: to separate, break apart
διηγέομαι: to set out in detail, narrate
ἐκνήχομαι: to swim out (of the sea)
ἐξέρχομαι: to go out
ἑξῆς: one after another, in order, next
ἥρως, ὁ: a hero, warrior
κῆτος, -εος, τό: a sea-monster, whale

μέχρι: up to (+ gen.)
μόλις: scarcely
νῆσος, -ου, ἡ: an island
οἷος, -α, -ον: such, of a kind
ὄνειρος, -ου, ὁ: a dream
ὅπλον, τό: a tool, weapon
πλόος, ὁ: a sailing, voyage
σκάφος, -εος, τό: (the hull of) a ship
συμφέρω: to bring together, suffer
τελευταῖος, -α, -ον: last

ἐξενηξάμεθα: ao. of ἐκ-νήχομαι, "we swam out"
καὶ εἴ τι ἄλλο οἷός τε ἦν: "and if anything else was possible"
ἁρπασάμενοι: ao. part. of ἁρπάζω, "each one *having grabbed*"
τὰ συνενεχθέντα: ao. part. pas. of συν-φέρω, "the things having been suffered"
ἐξήλθομεν: ao. of ἐξ-έρχομαι, "after *we got out* of the whale"
τὰ τελευταῖα: "the last things"
ἐν ταῖς ἑξῆς βίβλοις: "in the next volumes"
διηγήσομαι: fut. of δια-ἡγέομαι, "I will narrate"

List of Verbs

A True Story

The following is a list of verbs that have some irregularity in their conjugation. The principal parts of the Greek verb in order are 1. Present 2. Future 3. Aorist 4. Perfect Active 5. Perfect Middle 6. Aorist Passive, 7. Future Passive. I have not included the future passive below, since it is very rare in *A True Story*. For many verbs not all forms are attested or are only poetic. Verbs are alphabetized under their main stem, followed by various compounds that occur in *A True Story* with a brief definition. A dash (-) before a form means that it occurs only or chiefly with a prefix. The list is based on the list of verbs in H. Smythe, *A Greek Grammar*.

ἀγγέλλω: to bear a message **ἀγγελῶ, ἤγγειλα, ἤγγελκα, ἤγγελμαι, ἠγγέλθην**
  παραγγέλλω: to transmit as a message

ἄγω: to lead **ἄξω**, 2 aor. **ἤγαγον, ἦχα, ἦγμαι, ἤχθην**
  ἀνάγω: to lead up
  ἀπάγω: to lead away, carry off
  διάγω: to pass time
  ἐξάγω: to lead out
  ἐπανάγω: to bring up or back
  κατάγω: to lead down to shore
  προσάγω: to bring to or upon
  συνάγω: to bring together

ᾄδω: to sing **ᾄσομαι, ᾖσα, ᾖσμαι, ᾔσθην**
  ἐπᾴδω: to sing to or in accompaniment
  συνᾴδω: to sing with or together

αἱρέω: to take **αἱρήσω**, 2 aor. **εἷλον, ᾕρηκα, ᾕρημαι, ᾑρέθην**
  διαιρέω: to divide into parts
  ἐξαιρέω: to take out
  καθαιρέω: to take down
  προαιρέω: to choose

αἴρω: to lift **ἀρῶ, ἦρα, ἦρκα, ἦρμαι, ἤρθην**
  ἐπαίρω: to lift up and set on

αἰσθάνομαι: to perceive **αἰσθήσομαι**, 2 aor. **ᾐσθόμην, ᾔσθημαι**

αἰσχύνω: to disgrace, (mid.) be ashamed **αἰσχυνῶ, ᾔσχυνα, ᾐσχύνθην**

ἀκούω: to hear **ἀκούσομαι, ἤκουσα**, 2 perf. **ἀκήκοα**, 2 plup. **ἠκηκόη** or **ἀκηκόη, ἠκούσθην**
  ὑπακούω: to listen, attend to

ἁλίσκομαι: to be taken **ἁλώσομαι**, 2 aor. **ἑάλων, ἑάλωκα**

ἀλλάσσω: to change **ἀλλάξω, ἤλλαξα, -ἤλλαχα, ἤλλαγμαι, ἠλλάχθην** or **ἠλλάγην**
  διαλλάσσω: to forgive

ἀμείβω: to change **ἀμείψω, ἤμειψα**
  παραμείβω: to pass by

ἀνάσσω: to rule **ἀνάξω, ἄναξα**

ἀνύω: to effect **ἀνύσω, ἤνυσα, ἤνυκα**

Lucian

ἀπαντάω: to go forth to meet ἀπ-αντήσομαι, ἀπ-ήντησα, ἀπ-ήντηκα

ἅπτω: to fasten ἅψω, ἧψα, ἧμμαι, ἥφθην
  ἐξάπτω: to fasten from
  συνάπτω: to tie or bind together, to join together, unite
  ἅπτομαι: to touch

ἀραρίσκω: to fasten ἧρσα, 2 aor. ἥραρον, 2 perf. ἄραρα, ἥρθην

ἀράσσω: to strike -αράξω, -ήραξα, -ηράχθην
  προσαράσσω: to dash against
  συναράσσω: to dash together, dash in pieces

ἁρπάζω: to snatch away ἁρπάσομαι, ἥρπασα, ἥρπακα, ἥρπασμαι, ἡρπάσθην

ἄρχω: to be first, begin ἄρξω, ἧρξα, ἧργμαι, ἥρχθην
  ἐξάρχω: to begin with, make a beginning of
  κατάρχω: to make beginning of
  ὑπάρχω: to begin, make a beginning

αὐξάνω: to increase αὔξω, ηὔξησα, ηὔξηκα, ηὔξημαι, ηὐξήθην

ἀφικνέομαι: to arrive at ἀφ-ίξομαι, 2 aor. ἀφ-ικόμην, ἀφ-ῖγμαι

ἄχθομαι: to be vexed ἀχθέσομαι, ἠχθέσθην

βαίνω: to step βήσομαι, 2 aor. ἔβην, βέβηκα
  ἀναβαίνω: to go up
  ἀποβαίνω: to go away, depart
  ἐμβαίνω: to step in
  ἐπαναβαίνω: to get up on, mount
  ἐπιβαίνω: to go upon
  καταβαίνω: to step down, go down
  ὑποβαίνω: to go or stand under

βάλλω: to throw βαλῶ, 2 aor. ἔβαλον, βέβληκα, βέβλημαι, ἐβλήθην
  ἐμβάλλω: to throw in, ram
  εἰσβάλλω: to throw into, invade
  ἐκβάλλω: to throw or cast out of
  ἐμβάλλω: to throw in, put in
  μεταβάλλω: to change quickly
  περιβάλλω: to throw around, embrace
  προσβάλλω: to strike or dash against
  ὑποβάλλω: to throw, put or lay under

βάπτω: to dip in water βάψω, ἔβαψα, βέβαμμαι, ἐβάφην

βιβάζω: to make go βιβάσω, -εβίβασα, ἐβιβάσθην
  ὑπερβιβάζω: to carry over, transfer
  ἐμβιβάζω: to set in or on

βιόω: to live βιώσομαι, 2 aor. ἐβίων, βεβίωκα

βλαστάνω: to bud 2 aor. ἔβλαστον, βεβλάστηκα

βλέπω: to look at βλέψομαι, ἔβλεψα
    ἀποβλέπω: to look away from
    περιβλέπω: to look round about

βοάω: to shout βοήσομαι, ἐβόησα βέβωμαι, ἐβώσθην
    ἐπιβοάω: to call upon or to, cry out to
    ἀναβοάω: to shout aloud, utter a loud cry

βούλομαι: to wish βουλήσομαι, βεβούλημαι, ἐβουλήθην

γαμέω: to marry γαμῶ, ἔγημα, γεγάμηκα

γελάω: to laugh γελάσομαι, ἐγέλασα, ἐγελάσθην

γηράσκω: to grow old γηράσομαι, ἐγήρασα, γεγήρακα am old. 2 aor. ἐγήρα

γίγνομαι, γιγνώσκω: see γίνομαι, γινώσκω

γινώσκω: to know γνώσομαι, ἔγνων, ἔγνωκα, ἔγνωσμαι, ἐγνώσθην
    διαγινώσκω: to distinguish, discern, resolve
    καταγινώσκω: to remark, discover
    μεταγινώσκω: to change one's mind, repent
    ἀναγινώσκω: to know well, read

γίνομαι: to become γενήσομαι, 2 aor. ἐγενόμην, 2 perf. γέγονα, γεγένημαι, ἐγενήθην
    παραγίνομαι: to be present, attend
    ἐγγίνομαι: to be born, bred in
    ἐπιγίνομαι: come into being, happen

γράφω: to write γράψω, ἔγραψα, γέγραφα, γέγραμμαι, ἐγράφην
    ἀναγράφω: to write down, record
    ἐγγράφω: to inscribe
    ἐπιγράφω: to mark the surface, write on
    καταγράφω: to inscribe
    συγγράφω: to write, note down

δείδω: to fear δείσομαι, ἔδεισα, δέδοικα

δείκνυμι: to show δείξω, ἔδειξα, δέδειχα, δέδειγμαι, ἐδείχθην

δέμω: to build ἔδειμα, δέδμημαι

δέομαι want, ask: δεήσομαι, δεδέημαι, ἐδεήθην. (from δέω 2)

δέχομαι: to receive δέξομαι, ἐδεξάμην, δέδεγμαι, -εδέχθην
    διαδέχομαι: to receive one from another
    ἐκδέχομαι: to take or receive from
    παραδέχομαι: to receive from
    προσδέχομαι: to receive, accept
    ὑποδέχομαι: to receive beneath

δέω: to bind δήσω, ἔδησα, δέδεκα, δέδεμαι, ἐδέθην
    ἐκδέω: to bind so as to hang from, to fasten to or on
    ἀναδέω: to bind or tie up

δέω: to need, lack (mid) ask: δεήσω, ἐδέησα, δεδέηκα, δεδέημαι, ἐδεήθην.

διακονέω: to minister διακονήσω, δεδιακόνηκα, δεδιακόνημαι, ἐδιακονήθην

διδράσκω: to run away δράσομαι, 2 aor. -έδραν, -δέδρακα

δίδωμι: to give δώσω, 1 aor. ἔδωκα in s., 2 aor. in pl. ἔδομεν δέδωκα, δέδομαι, ἐδόθην
    ἀποδίδωμι: to give back, return
    ἐνδίδωμι: to give out
    ἐπιδίδωμι: to give beyond, increase
    μεταδίδωμι: to give part of, give a share of
    παραδίδωμι: to give or hand over to another, transmit

διώκω: to pursue διώξομαι, ἐδίωξα, δεδίωχα, ἐδιώχθην
    καταδιώκω: to pursue closely
    ἀποδιώκω: to chase away

δοκέω: to think, seem δόξω, ἔδοξα, δέδογμαι

δράω: to do δράσω, ἔδρασα, δέδρακα, δέδραμαι, ἐδράσθην

δύω: to go down δύσω, -έδυσα trans., 2 aor. ἔδυν intrans., δέδυκα, -δέδυμαι, -εδύθην
    καταδύω: to go down, sink

ἐγείρω: to wake up ἐγερῶ, ἤγειρα, 2 perf. ἐγρήγορα, ἐγήγερμαι, ἠγέρθην
    ἀνεγείρω: to wake up, rouse

ἐθέλω: to wish ἐθελήσω, ἠθέλησα, ἠθέληκα

εἶδον I saw: see ὁράω

εἰκάζω: to make like εἰκάσω, ἤκασα, ἤκασμαι, ἠκάσθην

εἶμι: to go; see ἔρχομαι

εἴργω: to shut in or out εἴρξω, εἶρξα, εἴργμαι, εἴρχθην
    κατείργω: to drive into, shut in

ἐλαύνω: to drive ἐλῶ, ἤλασα, -ελήλακα, ἐλήλαμαι, ἠλάθην
    προσελαύνω: to drive or chase to

ἐλέγχω: to refute ἐλέγξω, ἤλεγξα, ἐλήλεγμαι, ἠλέγχθην

ἕλκω: to draw up
    ἀνέλκω: to draw up

ἐνέπω: to tell, relate ἐνι-σπήσω and ἐνίψω, 2 aor. ἔνι-σπον

εὔχομαι: to pray εὔξομαι, ηὐξάμην, ηὔγμαι

ἕπομαι: to follow ἕψομαι, 2 aor. ἑσπόμην

ἐράω: to be in love with aor. ἠράσθην

ἑρπύζω: to creep -ἕρψω, εἵρπυσα
    ἀνερπύζω: to creep up

ἔρρω: to go slowly, wander about ἐρρήσω, ἤρρησα, εἰσήρρηκα

ἔρχομαι: to come or go to: fut. εἶμι, 2 aor. ἦλθον, 2 perf. ἐλήλυθα

ἀνέρχομαι: to go up
ἀπέρχομαι: to go away, depart from
διεξέρχομαι: to go through, to recount
διέρχομαι: to go through, pass through
εἰσέρχομαι: to come to, enter into
ἐξέρχομαι: to go or come out of
ἐπεισέρχομαι: to come in besides
ἐπέρχομαι: to go upon, attack
κατέρχομαι: to go down from
παρέρχομαι: to go by, to pass by
προέρχομαι: to go forward, advance
προσέρχομαι: to come or go to
συνέρχομαι: to come together

ἐρωτάω: to ask ἐρήσομαι, 2 aor. ἠρόμην
ἐπερωτάω: to question

ἐσθίω: to eat ἔδομαι, 2 aor. ἔφαγον

ἐστιάω: to entertain as a guest εἰστίασα
συνεστιάω: to entertain in one's house

εὑρίσκω: to find εὑρήσω, 2 aor. ηὗρον or εὗρον, ηὕρηκα or εὕρηκα, εὕρημαι, εὑρέθην

εὐφραίνω: to cheer, delight, gladden εὐφρανῶ, ηὔφρανα, ηὐφράνθην

εὔχομαι: to offer prayers or vows εὔξομαι, ηὐξάμην, ηὔγμαι

ἔχω: to have ἕξω, 2 aor. ἔσχον, ἔσχηκα, imperf. εἶχον.
ἀπέχω: to keep off or away from
ἀντέχω: to hold against
ἐπέχω: to hold back
κατέχω: to hold fast
παρέχω: to provide, allow
προέχω: to hold before
προσέχω: to hold to
ἀνίσχω: to hold

ἕψω: to boil, cook ἑψήσομαι, ἥψησα, ἥψημαι, ἡψήθην

ζάω: to live ζήσω, ἔζησα, ἔζηκα

ζεύγνυμι: to join at top ζεύξω, ἔζευξα, ἔζευγμαι, ἐζεύχθην

ζώννυμι: to gird ἔζωσα, ἔζωμαι
ὑποζώννυμι: to undergird

ἡγέομαι: act as guide, lead the way ἡγήσομαι, ἡγησάμην, ἥγημαι
διηγέομαι: to set out in detail, describe in full

ἥδομαι: to be happy; ἡσθήσομαι, ἥσθην
ὑπερήδομαι: to be very happy

ἦλθον: to go; see ἔρχομαι

θάλλω: to bloom 2 perf. *τέθηλα*

θάπτω: to bury *θάψω, ἔθαψα, τέθαμμαι, ἐτάφην*

θλίβω: to press *ἔθλιψα, τέθλιφα, ἐθλίφθην*
   ὑποθλίβω: to press under or gently
   ἀποθλίβω: to press, squeeze out

θνήσκω: to die *θανοῦμαι*, 2 aor. *-έθανον, τέθνηκα*
   ἀποθνήσκω: to die

θρώσκω: to leap 2 aor. *ἔθορον*
   ἀναθρώσκω: to spring forward

θύω: to sacrifice *θύσω, ἔθυσα, τέθυκα, τέθυμαι, ἐτύθην*

ἵημι: to let go, relax, to send forth *ἥσω, ἧκα, εἷκα, εἷμαι, εἵθην*
   ἀνίημι: to let go, relax
   ἀφίημι: to send forth, discharge
   ἐξίημι: to send out, let
   ἐφίημι: to permit
   καθίημι: to set down
   προίημι: to send forward
   συνίημι: to bring or set together

ἵστημι: to make to stand, set *στήσω* shall set, *ἔστησα* set, caused to stand, 2 aor.
ἔστην stood, 1 perf. *ἔστηκα* stand, plup. *εἱστήκη* stood, *ἐστάθην*
   ἀνίστημι: to make to stand up, raise up
   ἀφίστημι: to put away, stand apart
   διίστημι: to set apart, separate
   ἐνίστημι: to put, set, place in
   ἐξανίστημι: to raise up: to make one rise
   ἐπανίστημι: to fall upon
   ἐφίστημι: to stand upon
   μεθίστημι: to place in another way, to change
   παρίστημι: to set beside, to make to stand, set up
   προίστημι: to set before or in front
   συνίστημι: to set together, combine, associate, unite, band together

καίω: to burn *καύσω, ἔκαυσα, -κέκαυκα, κέκαυμαι, ἐκαύθην*
   ἀνακαίω: to light up
   ἐγκαίω: to burn or heat in

καλέω: to call *καλῶ, ἐκάλεσα, κέκληκα, κέκλημαι, ἐκλήθην*
   ἐπικαλέω: to call upon
   παρακαλέω: to call to
   συγκαλέω: to call to council, convoke, convene

καλύπτω: to cover *καλύψω, ἐκάλυψα, κεκάλυμμαι, ἐκαλύφθην*

κάπτω: to gulp down *κάμψω, ἔκαμψα, κέκαμμαι, ἐκάμφθην*

κελεύω: to urge *κελεύσω, ἐκέλευσα, κεκέλευκα, κεκέλευσμαι, ἐκελεύσθην*

κεράννυμι: to mix *ἐκέρασα, κέκραμαι, ἐκραάθην*

κλάω: to break -ἔκλασα, -κέκλασμαι, -εκλάσθην

κλείω: to shut **κλείσω, ἔκλεισα, κέκλειμαι, ἐκλείσθην**
 συγκλείω: to shut or coop up, enclose
 κατακλείω: to shut in, enclose

κλίνω: to bend **κλινῶ, ἔκλινα, κέκλικα, κέκλιμαι, -εκλίνην**
 ἐγκλίνω: to bend in, incline

κοιλαίνω: to make hollow **κοιλανῶ, ἐκοίλανα, κεκοίλασμαι, ἐκοιλάνθην**

κομίζω: to take care of **κομιῶ, ἐκόμισα, κεκόμικα, κεκόμισμαι, ἐκομίσθην**

κόπτω: to strike **κόψω, ἔκοψα, -κέκοφα, κέκομμαι, -εκόπην**
 διακόπτω: to cut in two, cut through
 ἐκκόπτω: to cut out, knock out
 συγκόπτω: to cut up, mangle

κρίνω: to decide **κρινῶ, ἔκρινα, κέκρικα, κέκριμαι, ἐκρίθην**
 ἀνακρίνω: to examine closely, to question, interrogate
 ἀποκρίνω: to separate, set apart; answer

κρούω: to strike **κρούσω, ἔκρουσα, -κέκρουκα, -κέκρουμαι, -εκρούσθην**

κρύπτω: to hide from **κρύψω, ἔκρυψα, κέκρυμμαι, ἐκρύφθην**
 ἀποκρύπτω: to hide from, keep hidden from

κτείνω: to kill **κτενῶ, ἔκτεινα**, 2 perf. -ἔκτονα
 ἀποκτείνω: to kill, slay

κυνέω: to kiss **κυνήσομαι, ἔκυσα**
 προσκυνέω: to make obeisance

λαγχάνω: to obtain by lot or fate **λήξομαι, ἔλαχον, εἴληχα, εἴληγμαι, ἐλήχθην**

λαμβάνω: to take **λήψομαι, ἔλαβον, εἴληφα, εἴλημμαι, ἐλήφθην**
 ἀναλαμβάνω: to take up, take into one's hands
 καταλαμβάνω: to seize upon, grasp
 παραλαμβάνω: to secure
 συλλαμβάνω: to collect, gather together
 ὑπολαμβάνω: to undertake, to understand

λάμπω: to shine **λάμψω, ἔλαμψα, λέλαμπα, -λέλησμαι**

λανθάνω: to escape notice **λήσω, ἔλαθον, λέληθα**

λέγω: to speak **ἐρέω, εἶπον, εἴρηκα, λέλεγμαι, ἐλέχθην** and **ἐρρήθην**
 ἀντιλέγω: to speak against, contradict
 ἐπιλέγω: to choose, read
 διαλέγομαι: to discourse

λείπω: leave **λείψω, ἔλιπον, λέλοιπα, λέλειμμαι, ἐλείφθην**
 ἀπολείπω: to leave over or behind
 ἐπιλείπω: to leave behind
 καταλείπω: to abandon
 λείπομαι: to remain

λύω: to loose λύσω, ἔλυσα, λέλυκα, λέλυμαι, ἐλύθην
   ἀπολύω: to loose from
   διαλύω: to loose one from another, to part asunder, undo
   καταλύω: to put down, destroy
   παραλύω: to loose, slacken

μαίνομαι: to rage, be furious 2 aor. pass. ἐμάνην

μανθάνω: to learn μαθήσομαι, ἔμαθον, μεμάθηκα
   ἀναμανθάνω: to inquire closely
   καταμανθάνω: to observe well, learn

μάχομαι: to fight μαχοῦμαι, ἐμαχεσάμην, μεμάχημαι

μεθύσκω: to make drunk ἐμέθυσα, ἐμεθύσθην

μέμφομαι: to blame μέμψομαι, ἐμεμψάμην, ἐμέμφθην

μένω: to stay μενῶ, ἔμεινα, μεμένηκα
   ἀναμένω: to wait for, await
   ἐπιμένω: to stay on, tarry
   παραμένω: to stay near, stand by
   ὑπομένω: to stay behind, survive

μίγνυμι: to mix μείξω, ἔμειξα, μέμειγμαι, ἐμείχθην
   παραμίγνυμι: to intermix with
   συμμίγνυμι: to mix together

μιμνήσκομαι: to remember μνήσω, -έμνησα, perf. μέμνημαι, ἐμνήσθην

μύσσω: to have a runny nose -ἔμυξα, -ἐμεμύγμην

νέμω: to distribute νεμῶ, ἔνειμα, -νενέμηκα, νενέμημαι, ἐνεμήθην

νομίζω: to believe νομιῶ, ἐνόμισα, νενόμικα, νενόμισμαι, ἐνομίσθην

ξηραίνω: to dry ξηρανῶ, ἐξήρανα, ἐξήρασμαι, ἐξηράνθην

ὄζω: to smell ὀζήσω, ὤζησα
   ἀπόζω: to smell of

οἶδα: to know; see ὁράω

οἴομαι: to suppose ᾠήθην imperf. ᾤμην

ὀλισθάνω: to slip 2 aor. ὤλισθον
   διολισθάνω: to slip through

ὄλλυμι: to destroy -ολῶ, -ώλεσα, -ολώλεκα, -όλωλα
   ἀπόλλυμι: to destroy, lose

ὄμνυμι: to swear ὀμοῦμαι, ὤμοσα, ὀμώμοκα, ὀμώμομαι, ὠμόθην

ὁράω: to see ὄψομαι, 2 aor. εἶδον, ἑόρακα and ἑώρακα, ὤφθην, imperf. ἑώρων
   καθοράω: to look down
   ὑφοράω: to suspect

ὀργίζω: to make angry -οργιῶ, ὤργισα, ὤργισμαι, ὠργίσθην

ὀρέγω: to reach ὀρέξω, ὤρεξα, ὠρέχθην

ὀρύττω: to dig -ορύξω, ὤρυξα, -ορώρυχα, ὀρώρυγμαι, ὠρύχθην
    διορύττω: to dig through or across

ὀφείλω: to owe ὀφειλήσω, ὠφείλησα, 2 aor. ὤφελον

πάσχω: to experience πείσομαι, 2 aor. ἔπαθον, 2 perf. πέπονθα

πείθω: persuade πείσω, ἔπεισα, 2 perf. πέποιθα, πέπεισμαι, ἐπείσθην

πείρω: to pierce ἔπειρα, πέπαρμαι, 2 aor. pass. -επάρην
    διαπείρω: to drive through

πέμπω: to convey πέμψω, ἔπεμψα, 2 perf. πέπομφα, πέπεμμαι, ἐπέμφθην
    ἀποπέμπω: to send away, to dismiss
    ἐκπέμπω: to send out or forth from
    μεταπέμπω: to send after
    παραπέμπω: to convey, escort
    συμπέμπω: to send with

πεπαίνω: to ripen ἐπέπανα, ἐπεπάνθην

πετάννυμι: to spread out πετάσθην

πέτομαι: to fly πτήσομαι, 2 aor. -επτόμην
    ἀναπέτομαι: to fly up
    εἰσπέτομαι: to fly in
    παραπέτομαι: to fly alongside
    περιπέτομαι: to fly around
    ὑπερπέτομαι: to fly over

πήγνυμι: to fix, make fast πήξω, ἔπηξα, 2 perf. πέπηγα, 2 aor. pass. ἐπάγην
    ἀναπήγνυμι: fix on a stake, impale
    συμπήγνυμι: to put together, construct

πίνω: to drink πίομαι, 2 aor. ἔπιον, πέπωκα, -πέπομαι, -επόθην
    καταπίνω: to gulp, swallow down
    προπίνω: to drink before

πίπτω: to fall πεσοῦμαι, 2 aor. ἔπεσον, πέπτωκα
    ἀναπίπτω: to fall back
    διεκπίπτω: to slip through, into
    ἐπιπίπτω: to fall upon or over
    καταπίπτω: to fall or drop down
    περιπίπτω: to fall around or in with

πλάττω: to form ἔπλασα, πέπλασμαι, ἐπλάσθην
    ἀναπλάττω: to form anew, remodel

πλέκω: to weave ἔπλεξα, πέπλεγμαι, -επλάκην
    περιπλέκω: to entwine, enfold
    συμπλέκω: to twine or plait together

Lucian

πλέω: to sail πλεύσομαι, ἔπλευσα, πέπλευκα, πέπλευσμαι, ἐπλεύσθην
  ἀποπλέω: to sail away, sail off
  διαπλέω: to sail across
  εἰσπλέω: to sail into, enter
  ἐκπλέω: to sail out, sail away, weigh anchor
  ἐμπλέω: to sail in
  ἐπιπλέω: to sail upon or over
  καταπλέω: to sail down
  παραπλέω: to sail along
  προσπλέω: to sail towards or against

πνέω: to blow πνεύσομαι, ἔπνευσα, -πέπνευκα
  περιπνέω: to breathe round or over

πράσσω: to do πράξω, ἔπραξα, 2 perf. πέπραχα, πέπραγμαι, ἐπράχθην

πυνθάνομαι: to learn πεύσομαι, 2 aor. ἐπυθόμην, πέπυσμαι

ῥαίνω: to sprinkle ῥανῶ, ἔρρανα, ἔρρασμαι, ἐρράνθην
  ἐπιρραίνω: to sprinkle upon or over

ῥάπτω: to sew -ρράψω, ἔρραψα, ἔρραμαι, ἐρράφην
  συρράπτω: to sew or stitch together

ῥέω: to flow ῥυήσομαι, ἐρρύην, ἐρρύηκα
  ἀπορρέω: to flow away, stream forth
  διαρρέω: to flow through
  παραρρέω: to flow beside or past
  περιρρέω: to flow round

ῥήγνυμι: to break -ρήξω, ἔρρηξα, -ἔρρωγα, ἐρράγην
  καταρρήγνυμι: to crack (of thunder)

ῥιπτω: to throw ῥίψω, ἔρριψα, 2 perf. ἔρριφα, ἔρριμμαι, ἐρρίφην
  ἐπιρριπτέω: to throw oneself upon

σβέννυμι: to quench σβέσω, ἔσβεσα, ἔσβηκα ἐσβέσθην, 2 aor. pass. ἔσβην

σέβω: to worship σέβομαι, ἐσέφθην

σείω: to shake σείσω, ἔσεισα, σέσεικα, σέσεισμαι, ἐσείσθην
  διασείω: to shake violently

σημαίνω: to indicate σημανῶ, ἐσήμηνα, σεσήμασμαι, ἐσημάνθην
  ἐπισημαίνω: to set a mark upon

σκάπτω: to dig σκάψω, -ἔσκαψα, 2 perf. -ἔσκαφα, ἔσκαμμαι, 2 aor. pass. -εσκάφην

σκεδάννυμι: to scatter -σκεδῶ, -ἐσκέδασα, ἐσκέδασμαι, ἐσκεδάσθην

σκέπτομαι: to view σκέψομαι, ἐσκεψάμην, ἔσκεμμαι

σκώπτω: to mock σκώψομαι, ἔσκωψα, ἐσκώφθην

σπάω: to draw **σπάσω, ἔσπασα, -έσπακα, ἔσπασμαι, -εσπάσθην**
   ἀνασπάω: to pluck up, take up
   ἀποσπάω: to tear away

σπένδω: to pour a drink-offering **σπείσω, ἔσπεισα, ἔσπεισμαι**

στάζω: drip **ἔσταξα, -έσταγμαι, -εστάχθην**
   ἐπιστάζω: let fall in drops, instill
   καταστάζω: pour upon, shed over

στέλλω: to send **στελῶ, ἔστειλα, -έσταλκα, ἔσταλμαι**, 2 aor. pass. **ἐστάλην**
   ἀποστέλλω: to send out

στρέφω: to turn **στρέψω, ἔστρεψα, ἔστραμμαι, ἐστρέφθην**
   ἀναστρέφω: to turn back, return

σύρω: to draw **-έσυρα, -σέσυρκα, -σέσυρμαι**
   ἐπισύρω: to drag or trail after

σφάττω: to slay **σφάξω, ἔσφαξα, ἔσφαγμαι**, 2 aor. pass. **-εσφάγην**
   ἀποσφάττω: to cut the throat of

σώζω: to save **σώσω, ἔσωσα, σέσωκα, ἐσώθην**

ταράττω: to stir up **ταράξω, ἐτάραξα, τετάραγμαι, ἐταράχθην**

τάσσω: to arrange, **τάξω, ἔταξα**, 2 perf. **τέταχα, τέταγμαι, ἐτάχθην**
   διατάσσω: to draw up, arrange
   ἐκτάσσω: to draw out in battle-order
   παρατάσσω: to place side by side, draw up in battle-order
   προστάσσω: to place, post at

τείνω: stretch **τενῶ, -έτεινα, -τέτακα, τέταμαι, -ετάθην**
   προτείνω: to stretch out before, hold before

τελέω: to complete **τελῶ, ἐτέλεσα, τετέλεκα, τετέλεσμαι, ἐτελέσθην**
   ἐκτελέω: to bring quite to an end
   συντελέω: to bring to an end, complete, accomplish
   ὑποτελέω: to pay tribute

τέμνω: to cut **τεμῶ**, 2 aor. **ἔτεμον, -τέτμηκα, τέτμημαι, ἐτμήθην**
   ἀνατέμνω: to cut open
   ἀποτέμνω: to cut off, sever

τήκω: to melt **τήξω, ἔτηξα, τέτηκα, ἐτάκην**

τίθημι: to place **θήσω, ἔθηκα, τέθηκα, τέθειμαι** (but usu. instead **κεῖμαι**), **ἐτέθην**
   ἀνατίθημι: to put up
   ἐντίθημι: to put in
   παρατίθημι: to place beside
   προστίθημι: to put to
   συντίθημι: to put together

τιτρώσκω: to wound **-τρώσω, ἔτρωσα, τέτρωμαι, ἐτρώθην**

τρέπω: to turn τρέψω, ἔτρεψα, τέτροφα, ἐτράπην
  ἀποτρέπω: to turn away
  ἐπιτρέπω: to turn towards

τρέφω: to nourish θρέψω, ἔθρεψα, 2 perf. τέτροφα, τέθραμμαι, ἐτράφην

τρέχω: to run δραμοῦμαι, ἔδραμον, -δεδράμηκα
  κατατρέχω: to run down
  παρατρέχω: to run by or past

τρίβω: to rub τρίψω, ἔτριψα, 2 perf. τέτριφα, τέτριμμαι, ἐτρίβην
  διατρίβω: to spend time
  ἐκτρίβω: to rub out
  συντρίβω: to rub together

τυγχάνω: to happen τεύξομαι, ἔτυχον, τετύχηκα. τέτυγμαι, ἐτύχθην
  ἐντυγχάνω: to fall in with, meet with
  περιτυγχάνω: to fall in with

τύφω: to smoke τέθυμμαι, -ετύφην
  ὑποτύφομαι: to burn with a smoldering fire

ὑπισχνέομαι: to promise ὑπο-σχήσομαι, 2 aor. ὑπ-εσχόμην

ὑφαίνω: to weave ὑφανῶ, ὕφηνα, ὕφασμαι, ὑφάνθην
  διυφαίνω: to fill up by weaving

φαίνω: to show φανῶ, ἔφηνα, πέφηνα, πέφασμαι, ἐφάνην
  ἀποφαίνω: to display, produce
  ἐκφαίνω: to show, reveal
  ἐμφαίνω: exhibit
  προφαίνω: to bring forth, bring to light
  ὑποφαίνω: to appear slightly, just be visible
  φαίνομαι: to appear
  περιφαίνομαι: to be visible all round

φέρω: to bear οἴσω, 1 aor. ἤνεγκα, 2 aor. ἤνεγκον, 2 perf. ἐνήνοχα, ἐνήνεγμαι, ἠνέχθην
  ἀποφέρω: to carry off
  ἐκφέρω: to carry out of
  ἐπιφέρω: bear up, carry upon
  καταφέρω: to bring down
  παραφέρω: to bring to
  προσφέρω: to bring to or upon, approach
  συμφέρω: to bring together, gather, collect

φεύγω: to flee φεύξομαι, ἔφυγον, πέφευγα
  διαφεύγω: to flee through, get away from, escape
  ἐκφεύγω: to flee, escape
  καταφεύγω: to flee for refuge
  ὑποφεύγω: to flee from under, shun

φθάνω: to anticipate φθήσομαι, ἔφθασα, ἔφθην

φράζω: to point out φράσω, ἔφρασα, πέφρακα, πέφρασμαι, ἐφράσθην

φυλάττω: to guard **φυλάξω, ἐφύλαξα, πεφύλαχα, πεφύλαγμαι, ἐφυλάχθην**

φύω: to bring forth **φύσω, ἔφυσα**, 2 aor. **ἔφυν, πέφυκα**
   ἀναφύω: to grow, produce
   ἐκφύω: to grow out
   συμφύω: to grow together

χαίρω: to rejoice at **χαιρήσω, κεχάρηκα, κεχάρημαι, ἐχάρην**
   ὑπερχαίρω: to rejoice exceedingly at

χαλεπαίνω: to be offended **χαλεπανῶ, ἐχαλέπηνα, ἐχαλεπάνθην**

χάσκω: to gape 2 aor. **ἔχανον**, 2 perf. **κέχηνα**
   ἀναχάσκω: to open the mouth wide

χέω: to pour fut. **χέω**, aor. **ἔχεα, κέχυκα, κέχυμαι, ἐχύθην**
   ἐπιχέω: to pour over
   περιχέω: to pour round or over

χράομαι: to use **χρήσομαι, ἐχρησάμην, κέχρημαι, ἐχρήσθην**

χρίω: to anoint **χρίσω, ἔχρισα, κέχριμαι, ἐχρίσθην**

ψεύδω: to lie **ψεύσω, ἔψευσα, ἔψευσμαι, ἐψεύσθην**

Glossary

Glossary

A α

ἀγαθός, -ή, -όν: good
ἀγγέλλω: to bear a message
ἀγέλη, ἡ: a herd
ἄγκυρα, ἡ: an anchor
ἀγός, -οῦ, ὁ: a leader, chief
ἀγρεύω: to hunt or fish
ἄγριος, -α, -ον: rustic, wild, savage
ἀγών, -ον, ὁ: contest
ἄγω: to lead or carry, to convey, bring
ἀδεής, -ές: without fear, fearless
ἀδικέω: to do wrong, injure
ἁδρός, -ά, -όν: thick
ἀεί: always, for ever
ἀέκων, -ουσα, -ον: against one's will, unwilling
ἀήρ, ἀέρος, ὁ: the air
αἰδοῖον, τό: the genitals
αἷμα, -ατος, τό: blood
αἴρω: to take up, raise, lift up
αἰσθάνομαι: to perceive, to see, hear, feel
αἰσχρός, -ά, -όν: causing shame, abusive
αἰτία, ἡ: a charge, accusation
αἰχμάλωτος, -ον: taken by the spear, captive to one's spear, taken prisoner
ἀκούω: to hear
ἀκριβής, -ές: exact, accurate, precise, made or done to a nicety
ἄκρος, -α, -ον: at the furthest point
ἀλήθεια, ἡ: truth
ἀληθεύω: to speak truth
ἀληθής, -ές: true
ἀλλάσσω: to make other than it is, to change, alter
ἀλλά: otherwise, but
ἀλλόκοτος, -ον: strange, monstrous
ἄλλος, -η: another, one besides
ἄλλοτε: at another time, at other times
ἄλυσις, -εως, ἡ: a chain
ἅμα: at once, at the same time
ἄμπελος, ἡ: a tendril, vine
ἀμυδρός, -ά, -όν: indistinct, dim, obscure
ἀμφί: about, around + acc.
ἄν: indefinite particle
ἀνά: up, upon + acc.
ἀνάγω: to lead up
ἀναιρέω: to take up, raise

ἀνακαίω: to light up
ἀνακρίνω: to examine closely, to question, interrogate
ἀναπλάττω: to form anew, remodel
ἀνασπάω: to draw up, pull up
ἀναστρέφω: to turn upside down, upset
ἀναχάσκω: to open the mouth, gape wide
ἄνεμος, ὁ: wind
ἀνέρχομαι: to go up
ἄνευ: without + gen.
ἀνήρ, ἀνδρός, ὁ: a man
ἄνθρωπος, ὁ: person, man
ἀνίημι: to send up or forth
ἀνιμάω: to draw up
ἀνίστημι: to make to stand up, raise up
ἀνοικοδομέω: to build up
ἄνοιξις, -εως, ἡ: an opening
ἀντηχέω: to sound or sing in answer
ἀντί: over against, opposite + gen.
ἀξιόλογος, -ον: worthy of mention, noteworthy
ἀξιόω: to deem worthy, to resolve
ἀπάγω: to lead away, carry off
ἀπαιτέω: to demand back, demand
ἀπαντάω: to encounter
ἅπας: all, the whole
ἀπατάω: to cheat, beguile
ἀπέρχομαι: to go away, depart from
ἀπέχω: to keep off or away from
ἄπιστος: not to be trusted, unbelievable
ἀπό: away from, upon + gen.
ἀποβαίνω: to step off from (a ship or land)
ἀποβλέπω: to look away from one thing and towards another
ἀποδημία, ἡ: a being from home, a journey
ἀποδίδωμι: to give up or back, restore, return
ἀποθνήσκω: to die off, die
ἀποικία, ἡ: a settlement far from home, a colony
ἀποκρίνω: to separate, set apart, (mid) answer
ἀπολείπω: to leave over or behind
ἀπόλλυμι: to destroy utterly, kill, slay, lose
ἀπολογέομαι: to speak in defense
ἀπολύω: to loose from, release

Glossary

ἀποπέμπω: to send off, to dismiss
ἀποπλέω: to sail away, sail off
ἀποστάζω: to let fall drop by drop, distil
ἀπό: from, away from + *gen.*
ἀράχνης, -ον, ὁ: a spider
ἀράχνη, ἡ: a spider's web
ἀριστερός, -α, -ον: left, on the left
ἄριστος: best
ἀρπάζω: to snatch away, carry off
ἄρσην, ὁ: male
ἄρτι: just, exactly
ἀρχή, ἡ: a beginning, first cause, highest power
ἄρχω: to be first, to rule
ἀσεβέω: to be impious, to act profanely, sin against the gods
ἀσεβής, -ές: ungodly, godless, unholy, profane
ἀσπάζομαι: to welcome kindly, greet, bid farewell
ἀστήρ, -έρος, ὁ: star
ἀσφαλής, -ές: not liable to fall, immoveable, steadfast, firm
ἀτερπής, -ές: unpleasing, joyless, melancholy
ἅτε: just as, so as; + *part. giving the ground of the action*
αὐθήμερος, -ον: made or done on the very day
αὖθις: back, back again
αὐλέω: to play on the flute
αὐλός, ὁ: flute
αὔρα, ἡ: air in motion, a breeze
αὐτάρκης, -ες: sufficient in oneself, having enough, independent
αὐτίκα: forthwith, straightway, at once
αὐτόματος: acting of one's own will, of oneself
αὐτός: self
ἀφανής, -ές: unseen, invisible, viewless
ἄφθονος, -ον: without envy
ἀφίημι: to send forth, discharge
ἀφικνέομαι: to come to, arrive
ἀφίστημι: to put away, remove
ἄφνω: unawares, unawares
ἄχρι: to the uttermost, utterly, + *gen.* as far as

Β β

βαδίζω: to go slowly, to walk
βάθος, -εος, τό: depth or height
βάλανος, ὁ: an acorn
βάλλω: to throw
βασίλειος, -ον: kingly, royal
βασιλεύς, -έως, ὁ: a king, chief
βασιλεύω: to be king, to rule, reign
βασιλικός, -ή, -όν: royal, kingly
βίαιος, -ος, -ον: forcible, violent
βιάζω: to constrain
βίος, ὁ: life
βιοτεύω: to live
βιόω: to live, pass one's life
βοάω: to cry aloud, to shout
βόειος, -α, -ον: of an ox or oxen
βοή, ἡ: a loud cry, shout
βότρυς, -νος, ὁ: a cluster or bunch of grapes
βουκέφαλος, -ον: bull-headed
βούλομαι: to will, wish, be willing

Γ γ

γάλα, -ακτος, τό: milk
γαμέω: to marry
γάμος: a wedding, wedding-feast
γάρ: for
γεννάω: to beget, engender
γένος, -ους, τό: race, stock, family
γε: at least, at any rate
γηράσκω: to grow old, become old
γῆ, γῆς, ἡ: earth, land
γίνομαι: become, take place, happen
γινώσκω: to learn to know, to perceive, mark, learn
γνωρίζω: to make known, point out, explain
γνώριμος, -ον: well-known, familiar
γοερός, -ά, -όν: mournful, lamentable
γόνυ, τό: a knee
γοῦν: at least then, at any rate, any way
γραφεύς, -έως, ὁ: a painter, writer
γράφω: to scratch, write
γυμνάζω: to train naked, train in gymnastic exercise
γυνή, -αικός, ἡ: a woman
γύψ, ἡ: a vulture

Glossary

Δ δ

δακρύω: to weep, shed tears
δάκτυλος, ὁ: a finger
δείκνυμι: to bring to light, display, exhibit
δελφίς, -ῖνος, ὁ: a dolphin
δένδρον, τό: a tree
δεξιά, ἡ: the right hand
δεξιόομαι: to greet with the right hand, welcome, greet
δεξιός, -ά, -όν: on the right hand or side
δεύτερος, -α, -ον: second
δέ: but, and, on the other hand (*with* μέν)
δηλόω: to make visible or manifest, to show, exhibit
δή: now, in truth, indeed
διά: + *gen.* through, + *acc.* through, by means of
διαγωνίζομαι: to contend, struggle or fight against
διάγω: to carry over or across
διαθέω: to run about
διαλύω: to loose one from another, to part asunder, undo
διάνοια, ἡ: a thought, intention, purpose
διαπεράω: to go over or across
διαρρήγνυμι: to break through, cleave asunder
διασείω: to shake violently
διατρίβω: to rub hard, rub away, consume, waste
διαυγής, -ές: transparent
δίδωμι: to give
διέρχομαι: to go through, pass through
διηγέομαι: to set out in detail, describe in full
δικάζω: to judge, to give judgment on
διόπερ: wherefore, on which account
δῖος, -α, -ον: god-like, divine
διό: wherefore, on which account
διώκω: to pursue
δοκέω: to think, suppose, imagine, expect
δοκιμάζω: to test, to approve, sanction
δόξα, ἡ: a notion, opinion, belief
δράω: to do
δρόσος, ἡ: dew
δύναμαι: to be able, capable, strong enough
δυνατός, -ή, -όν: strong, mighty, able
δύο: two
δύω: to cause to sink

Ε ε

ἐάν: if haply + *subjunctive*
ἔαρ, τό: spring
ἑαυτοῦ, -ῆς, -οῦ: *reflexive pronoun*, himself, *etc.*
ἐάω: to let, suffer, allow, permit
ἕβδομος, -η, -ον: seventh
ἕζομαι: to seat oneself, sit
ἐθέλω: to will, wish, purpose
ἔθνος, -εος, τό: a group of people, a nation
εἶδος, -εος, τό: that which is seen, form, shape, figure
εἰκάζω: to make like to, compare, to suppose from a likeness
εἴκοσι: twenty
εἰμί: I am
εἶμι: I will go (ἔρχομαι)
εἶπον: to say (λέγω)
εἰρεσία, ἡ: rowing
εἴσειμι: to go into
εἰς: into, to + *acc.*
εἶτα: then, next
εἰ: if, whether
ἐκ: + *gen.* from, out of, after
ἕκαστος, -η, -ον: every, every one, each
ἑκάτερος: each of two, either, each singly
ἑκατόν: a hundred
ἐκδέω: to bind so as to hang from, to fasten to or on
ἐκεῖθεν: from that place, thence
ἐκεῖνος: the person there, that person or thing
ἐκεῖ: there, in that place
ἐκκολάπτω: to scrape out, obliterate
ἐκτάσσω: to draw out in battle-order
ἕκτος, -η, -ον: sixth
ἐκφέρω: to carry out of
ἐκφύω: to generate from
ἐλάσσων, -ον: smaller, less than + *gen.*
ἐλαύνω: to drive, drive on, set in motion
ἐλεφάντινος, -η, -ον: of ivory, ivory
ἕλιξ, -ικος, ἡ: a spiral, twisting tendril
ἐμβαίνω: to step in

Glossary

ἐμβάλλω: to throw in, put in
ἐμβιβάζω: to set in or on
ἐμός, -ή, -όν: mine
ἐμπλέω: to sail in
ἐν: in, among + dat.
ἐναντίος, -α, -ον: opposite
ἐνδίδωμι: to give in, lessen, concede
ἕνεκα: on account of, for the sake of + gen.
ἔνθα: there
ἔνιοι, -αι, -α: some
ἐνίστημι: to put, set, place in
ἐνοικέω: to dwell in
ἐνοικοδομέω: to build in, furnish
ἐνταῦθα: here, there
ἐντεῦθεν: hence or thence
ἐντυγχάνω: to light upon, fall in with, read
ἐξαιρέω: to take out of, remove, bring to an end
ἐξελαύνω: to drive out from
ἑξήκοντα: sixty
ἑξῆς: one after another, in order, in a row
ἔξοδος, ὁ: passage out
ἔοικα: to seem, to be like, to seem right
ἐπαινέω: to approve, applaud, commend
ἐπαυλέω: to accompany on the flute
ἐπαυλίζομαι: to encamp on the field
ἐπειδάν: whenever + subjunctive
ἔπειτα: thereupon
ἐπεί: after that, after, since, when
ἐπί: + acc. toward, against; + gen. upon, on; + dat. on
ἐπιβαίνω: to step upon or on (a boat or land)
ἐπιβοάω: to call upon or to, cry out to
ἐπιβοηθέω: to come to aid, to succor
ἐπιγίνομαι: to be born after, come into being after
ἐπίγραμμα, -ατος, τό: an inscription
ἐπιδημέω: to be at home, live at home
ἐπιδημία, ἡ: a stay in a place
ἐπιθυμέω: to set one's heart upon
ἐπικαλέω: to call upon
ἐπίκειμαι: to be laid upon
ἐπικρατέω: to rule over
ἐπιμένω: to stay on, tarry or abide still
ἐπινοέω: to think on or of, contrive
ἐπιπίπτω: to fall upon or over

ἐπιπλέω: to sail upon or over
ἐπισκοπέω: to look upon or at, inspect, observe
ἐπιστολή, ἡ: a message, command, commission
ἐπισύρω: to drag or trail after
ἔπος, -εος, τό: a word, in pl. the epic words of Homer
ἑπτά: seven
ἐρῆμος, -ον: desolate, lone, lonely, lonesome, solitary
ἔρρω: to go slowly, wander about
ἐρυθρός, -ά, -όν: red
ἔρχομαι: to come or go
ἑσπέρα, ἡ: evening, eventide, eve
ἑστιάω: to receive at one's hearth, to entertain, feast, regale
ἑστία, ἡ: the hearth of a house, fireside
ἐτάζω: to examine, test
ἑταῖρος, ὁ: a comrade, companion, mate
ἕτερος, -α, -ον: one or the other of two
ἔτι: yet, as yet, still
ἑτοῖμος, -ον: at hand, ready, prepared
ἔτος, -εος, τό: a year
εὐδαίμων, -ον: blessed with good fortune
εὐθαλής, -ές: blooming, flourishing
εὑρίσκω: to find
εὐώδης, -ες: sweet-smelling, fragrant
εὐώνυμος, -ον: the left side
εὐωχέω: to treat or feed well, entertain sumptuously
ἐφίημι: to send to or against, to launch, aim at
ἐφίστημι: to set or place upon, establish, impose upon
ἔφοδος, ἡ: an approach, an attack
ἔχω: to have or to hold, be able, be
ἔωθεν: from morning

Z ζ

ζάω: to live
ζέω: to boil, seethe
ζητέω: to seek, seek for

Η η

ἡγέομαι: to go before, lead the way
ἤδη: now, already

Glossary

ἥδομαι: to enjoy oneself, take delight, take one's pleasure
ἡδύς, -εῖα, -ύ: sweet, pleasant
ἠιών, -όνος, ἡ: a shore, beach
ἥκω: to have come, be present, be here
ἡλικία, ἡ: time of life, age
ἥλιος, ὁ: the sun
ἡλιώτης, -ου, ὁ: inhabitant of the sun
ἧμαι: to be seated, sit
ἡμέρα: day
ἥμερος: tame, cultivated
ἡμέτερος, -α, -ον: our
ἡμίτομος, -ον: half cut through, cut in two
ἡνιοχέω: to hold the reins, drive a chariot
ἤπειρος: the land, a continent
ἥρως, ὁ: warrior, hero

Θ θ

θάλασσα, ἡ: the sea
θαλάσσιος, -α, -ον: of, in, on or from the sea, belonging to it
θάπτω: to bury, to honor with funeral rites
θαυμάζω: to wonder, marvel, be astounded
θαυμαστός, -ή, -όν: wondrous, wonderful, marvelous
θεάομαι: to look on, gaze at, view, behold
θέμις, ἡ: that which is laid down or established by custom
θεός, ὁ: god
θέρμος, ὁ: a lupine
θέρμω: to heat, make hot
θηρίον, τό: a wild animal, beast
θορυβώδης, -ες: noisy, uproarious, turbulent
θρασύς, -εῖα, -ύ: bold, spirited, courageous, confident

Ι ι

ἰάομαι: to heal, cure
ἰδέα, ἡ: form
ἰδιώτης, -ου, ὁ: a private person, an individual
ἱερός, -ά, -όν, -: sacred, mighty, divine, wonderful

ἱερόν, το: a sanctuary
ἵζω: to make to sit, seat, place
ἵημι: to set a going, put in motion
ἱκανός: becoming, befitting, sufficing
ἱκετεύω: to approach as a suppliant
ἵνα: in order to + subjunctive or optative
ἱππόγυποι, οἱ: vulture-cavalry
ἵππος, ὁ: a horse, mare
ἴσος, -η, -ον: equal to, the same as
ἵστημι: to set up, to make to stand
ἱστίον, τό: a sail
ἱστορέω: to inquire into
ἱστός, ὁ: anything set upright, such as a mast
ἴσως: equally, in like manner

Κ κ

καθαιρέω: to take down, overpower, destroy
κάθημαι: to be seated
καθίημι: to send down, let fall
καθοράω: to look down upon
καινός, -ή, -όν: new, fresh
καιρός, ὁ: due measure, proportion, fitness
καίω: to light, kindle
καί: and, also
κακός, -ή, -όν: bad
καλέω: to call, summon
καλιά, ἡ: a wooden dwelling, hut, barn
καλός, -ή, -όν, -: beautiful, beauteous, fair
κάλως, -ου, ὁ: a reefing rope
καπνός, ὁ: smoke
καρπός, ὁ: fruit
καρποφορέω: to bear fruit
καρτερός, -ά, -όν: strong, staunch, stout, sturdy
καρυοναύτης, -ου, ὁ: one who sails in a nut-shell
κατά: + gen. below, from, against; + acc. according to
καταγινώσκω: to remark, discover
καταδιώκω: to pursue closely
καταδύω: to go down, sink
κατάκειμαι: to lie down, lie outstretched
καταλαμβάνω: to seize upon, lay hold of

κατανοέω: to observe well, to understand

καταπίνω: to gulp or swallow down

καταπλέω: to sail down

κατασκοπέω: to view closely, spy out

καταφεύγω: to flee for refuge

κατέχω: to hold fast to

κατηγορέω: to speak against, to accuse

κατοικέω: to dwell in, to settle in, colonize

κατόπιν: by consequence, behind, after

κατορθόω: to set upright, erect

κάτω: down, downwards

κεῖμαι: to be set down, to lie down

κεράννυμι: to mix, mingle

κέρας, τό: the horn of an animal

κεφαλή, ἡ: a head

κῆτος, -εος, τό: a sea-monster, whale

κινδυνεύω: to be daring, to make a venture, run the risk of + *inf.*

κινέω: to set in motion, to move

κλάδος, ὁ: a young slip or shoot broken off

κοιμάω: to lull or hush to sleep, put to sleep

κοινός, -ή, -όν, -: common, shared in common

κολάζω: to curtail, punish

κολοκύνθη, ἡ: a pumpkin

κολπόω: to form into a swelling fold

κομάω: to let the hair grow long, wear long hair

κομήτης, -ου, ὁ: wearing long hair, long-haired

κομίζω: to take care of, provide for

κοσμέω: to order, arrange

κρατέω: to be strong, rule, defeat

κρέας, τό: flesh, meat

κρημνώδης, -ες: precipitous

κρίνω: to pick out, separate, judge

κρίσις: a separating, decision

κτείνω: to kill, slay

κύαμος, ὁ: a bean

κυβερνήτης, -ου, ὁ: a steersman, helmsman, pilot

κύκλος, ὁ: a ring, circle, round

κῦμα, -ατος, τό: anything swollen, a wave

Λ λ

λαγχάνω: to obtain by lot or fate

λαιός, -ά, -όν: on the left

λαμβάνω: to take

λαμπρός, -ά, -όν: bright, brilliant, radiant

λανθάνω: to escape notice + *participle*

λάσιος, -ος, -ον: hairy, rough, shaggy, woolly

λάχανον, -ου, τό: vegetables, greens

λεία, ἡ: booty, plunder

λειμών, -ῶνος, ὁ: a meadow

λεπτός, -ή, -όν: thin, delicate, in a small amount

λευκός, -ή, -όν: shining, bright, white

λιμήν, -ένος, ὁ: a harbor, haven

λοιπός, -ή, -όν: remaining, the rest

λόφος, ὁ: a hill, ridge, crest

λύχνος, ὁ: a lamp

λύω: to loose

Μ μ

μαίνομαι: to rage, be furious

μακρός, -ά: long

μαλάχη, ἡ: mallow

μάλα: very, exceedingly

μᾶλλον: more

μανθάνω: to learn

μαντεῖον, τό: an oracle

μαντεῖος, -α, -ον: oracular, prophetic

μαστιγόω: to whip, flog

μάχη, ἡ: battle, fight, combat

μάχιμος, -ος, -ον: fit for battle, warlike

μάχομαι: to fight

μεγαλοπρεπής, -ές: befitting a great man, magnificent

μέγας: big, great

μέγεθος, -εος, τό: magnitude, size, height

μεθύω: to get drunk

μείς, μήνος, ὁ: a month

μέλι, -ιτος, τό: honey

μέλλω: to intend to do, to be about to do + *inf.*

μένω: to stay, remain

μέν: on the one hand, on the other hand

μέρος, -εος, τό: a part, share

μεσημβρία, ἡ: mid-day, noon

μεσονύκτιος, -ον: of or at midnight

Glossary

μέσος, -η, -ον: middle, in the middle
μεστός, -ή, -όν: full, filled
μετά: + gen. with, among ; + acc. after
μεταξύ: + gen. between
μετέχω: to partake of, share in, take part in
μέχρι: to a given point, even so far
μηδείς: and not one
μηκέτι: no more, no longer, no further
μῆκος, -εος: length
μῆνις, -ιδος, ἡ: anger, wrath
μήν: now verily, surely
μήτε: and not
μή: not
μικρός, -ά, -όν: small, little
μιμνήσκω: to remind
μόλις: scarcely, little by little
μονόξυλος, -ον: made from a solid trunk
μόνος, -η, -ον: alone, only, solitary
μορφή, ἡ: form, shape
μουσικός, -ή, -όν: of or for music, musical
μυθώδης, -ες: legendary, fabulous
μυριάς, -άδος, ἡ: a thousand, a number of + gen.
μυρίος, -ος, -ον: numberless, countless, infinite
μύρον, -ου, τό: sweet-oil, unguent, balsam, myrrh

N ν

ναός, -ώ, ὁ: the dwelling of a god, a temple
ναυμαχέω: to fight in a ship or by sea, engage in a naval battle
ναῦς, νεώς, ἡ: a ship
νεκρός, ὁ/τό: a dead body, corpse
νέος, -α, -ον: young, youthful
νέφος, -εος, τό: a cloud, mass or pile of clouds
νεώς, -ώ, ὁ: a temple
νησομαχία, ἡ: an island-fight
νῆσος, -ου, ἡ: an island
νήχω: to swim
νικάω: to conquer, prevail, vanquish
νομίζω: to hold or own as a custom or usage, practice, believe, think
νῦν: now at this very time
νύξ, νυκτός, ἡ: night

Ξ ξ

ξένια, ἡ: hospitality
ξενίζω: to receive or entertain strangers, to receive as a guest
ξένιος, -α, -ον: belonging to a friend and guest, hospitable
ξένος, -η, -ον: foreign, strange
ξηρός, -ά, -όν: dry
ξίφος, -εος, τό: a sword

O o

ὄγδοος, -η, -ον: eighth
ὅδε: this
ὁδός, ἡ: a way, path, track, road, highway
ὀδών, -όντος, ὁ: a tooth
ὅθεν: whence
ὀθόνη, ἡ: a sail, sail-cloth, canvas
οἶδα: to know
οἰκεῖος, -α, -ον: in or of the house, domestic, related
οἰκέω: to inhabit, occupy
οἰκουμένη, ἡ: the inhabited world
οἶνος, ὁ: wine
οἰνόω: to intoxicate
οἷος, -α, -ον: such as, what sort or manner of nature, kind
οἷος, -α, -ον: such, of a kind
ὀλίγος, -η, -ον: few, little, small
ὅλος, -η, -ον: whole, entire
ὅμοιος, -α, -ον: like, resembling
ὁμολογέω: to speak together, to agree
ὅμως: all the same, nevertheless, still
ὄνειρος, -ου, ὁ: a dream
ὄνομα, -ατος, τό: a name
ὀξύς, -εῖα, -ύ: sharp, keen
ὀπίσω: backwards
ὁπλίζω: to make or get ready, arm
ὅπλον, τό: a tool, implement, weapon
ὁπόσος: as many as
ὀπτάω: to roast, broil
ὅπως: as, in such manner as, how
ὁράω: to see
ὄργυια, -ῆς, ἡ: the length of the outstretched arms
ὄρθιος, -α, -ον: straight up, going upwards, steep, uphill
ὀρθός, -ή, -όν: straight, upright, genuine

Glossary

ὁρμάω: to set in motion, urge, set out
ὁρμίζω: to bring into harbor, to moor, anchor
ὄρνεον, τό: a bird
ὄρος, -εος, τό: a mountain, hill
ὅσος, -η, -ον: how much?
ὀστέον, τό: a bone
ὅστις: who, whoever
ὅς,ἥ,ὅ: who
οὐδαμός, -ή, -όν: not even one, no one
οὐδαμῶς: in no way, nowhere
οὐδείς: no one, nothing
οὐδέ: but not, and not
οὐκέτι: no more, no longer, no further
οὖν: really, certainly, so, then
οὔπω: not yet
οὔριος, -α, -ον: with a fair wind, from behind
οὖς, τό: an ear
οὔτε: and not
οὔτοι: indeed not
οὗτος, αὕτη, τοῦτο: this
οὐ: not
ὀφθαλμός, ὁ: an eye

Π π

παῖς, παιδός, ὁ/ἡ: a child
πάλαι: long ago, once upon a time
πάλη, ἡ: wrestling
πάλιν: again, back
παμμεγέθης, -ες: enormous
παννύχιος, -ον: all night long
παντοῖος, -α, -ον: of all sorts, of every kind
πάνυ: altogether, entirely
παρά: + gen. from the side of; + dat. beside, alongside of; + acc. to the side of, toward
παραδίδωμι: to give or hand over to another, transmit
παράδοξος, -ον: incredible, paradoxical
παραινέω: to exhort, recommend, advise
παραλαμβάνω: to take along, secure, associate with (someone)
παραμένω: to stay beside or near, stand by
παραπέμπω: to convey, escort
παραπλέω: to sail by or past, sail along

παραπλήσιος, -α, -ον: such as, nearly resembling, such-like
παραρρέω: to flow beside or past
παρασκευάζω: to get ready, prepare, make ready
παρέρχομαι: to go by, beside or past, to pass by
παρέχω: to hold beside, to furnish, provide, supply
πάσχω: to suffer, endure, experience
πᾶς, πᾶσα, πᾶν: all, the whole
πάτριος, -α, -ον: of one's father
πατρίς, -ίδος, ἡ: fatherland
παχύς, -εῖα: thick, stout
πεδίον, τό: a plain, flat land
πεζός, ὁ: a footsoldier
πείθω: to prevail upon, win over, persuade
πειράω: to attempt, endeavor, try
πέλαγος, -εος, τό: the sea
πέμπτος, -η, -ον: fifth
πέμπω: to send, dispatch
πένης, -ητος, ὁ: one a poor man
πεντακόσιοι, -αι: five hundred
πέντε: five
πεντήκοντα: fifty
περί: + gen. concerning; + acc., all around, approximately
περίκειμαι: to lie round about
περίμετρον, τό: the circumference, perimeter
περιοράω: to look over, overlook
περιπληθής, -ές: very full
περιρρέω: to flow around
περισκοπέω: to look around
πετάννυμι: to spread out
πέτομαι: to fly
πέτρα, ἡ: a rock, a ledge or shelf of rock
πηγή, ἡ: running waters, streams
πήγνυμι: to make fast, form together, congeal
πίμπλημι: to fill up
πίνω: to drink
πιστεύω: to trust, believe
πλανάω: to make to wander, lead wandering about
πλατύς, -εῖα, -ύ: wide, broad
πλεθριαῖος, -α, -ον: broad, long
πλεῖστος, -η, -ον: most, largest
πλείων, ὁ: more, larger (than)

188

πλέω: to sail, go by sea
πλῆθος, -εος, τό: a great number, multitude
πλήν: + gen. more than, except
πλήρης, -ες: filled, full of
πλησιάζω: to bring near, consort with
πλοῖον, τό: a ship, vessel
πλόος, ὁ: a sailing, voyage
πνεῦμα, -ατος, τό: a blowing
πνέω: to blow
ποδήρης, -ες: reaching to the feet
ποιέω: to make, do
ποίησις, -εως, ἡ: a making, poem
ποιητής, -οῦ, ὁ: a maker, poet
ποικίλος, -η, -ον: many-colored, spotted
πολέμιος, -α, -ον: military, relating to war
πόλεμος, ὁ: battle, fight, war
πόλις, -εως, ἡ: a city
πολλάκις: many times, often
πολύπους, -ποδος, ὁ: a sea-polypus, octopus
πολύς, -ή, -όν: many
πονηρός, -ά, -όν: toilsome, painful, grievous
ποταμός, ὁ: a river, stream
πότερος, -α, -ον: which of two?
πούς, ποδός, ὁ: a foot
πρό: + gen. before
προαιρέω: to bring forth, produce from one's stores
προέρχομαι: to go forward, go on, advance
προθυμία, ἡ: readiness, willingness, eagerness, zeal
πρόθυμος, -ον: ready, willing, eager, zealous
πρός: + gen. from, relating to; + dat. in, on, at; + acc. to, toward
προσαγορεύω: to address, greet, name
προσάγω: to bring to or forth
προσελαύνω: to drive or chase
προσέοικα: to be like, resemble
προσέρχομαι: to come or go to, to advance
προσέχω: to hold to, to put in or anchor
προσκυνέω: to make obeisance, worship
προσοκέλλω: to run (a ship) on shore
προσπλέω: to sail towards or against

πρότερος, -α, -ον: earlier, before, in front, first
πρύμνα, -ης, ἡ: the hindmost part of a ship, the stern, poop
πρῷρα, -ης, ἡ: the forepart of a ship, prow, bow
πτερόν, τό: feather
πτερωτός, -ή, -όν: feathered
πυκνός, -η, -ον: close, compact
πύλη, ἡ: a gate
πυνθάνομαι: to learn by hearsay or by inquiry
πῦρ, πυρός, τό: fire
πυρός, ὁ: wheat
πυρόω: to burn with fire, burn up
πῶς: how?
πως: in any way, at all, by any means

Ρ ρ

ῥᾴδιος, -α, -ον: easy, ready
ῥέω: to flow, run, stream, gush
ῥητός, -ή, -όν: stated, specified

Σ σ

σατράπης, -ου, ὁ: a satrap, viceroy
σαφής, -ές: clear, plain, distinct
σελήνη, ἡ: the moon
σημεῖον, τό: a sign, a mark, token
σιδήρεος, -α, -ον: of iron or steel
σιτίον, -ου, τό: grain, food, provisions
σκάφος, -εος, τό: ship
σκιάω: to overshadow, shade
σκοπέω: to look at or after
σκοπός, ὁ: one that watches, one that looks after
σκότος, -εος, ὁ: darkness, gloom
σμικρός, -ή, -όν: small, tiny
σπήλαιον, τό: a grotto, cave, cavern
σπουδάζω: to make haste, be busy about
σπουδή, ἡ: haste, speed
στάδιον, τό: a stade
στέλλω: to dispatch, equip, make ready
στένω: to moan, sigh, groan
στέφανος, ὁ: garland
στήλη, ἡ: a block of stone
στόμα, στόματος, τό: a mouth
συγγραφεύς, -έως, ὁ: an historian, writer

Glossary

συγγράφω: to write or note down, record

συγκαλέω: to call to council, convoke, convene

συγκόπτω: to cut up, mangle

συλλαμβάνω: to collect, gather together, conceive

συμμαχέω: to be an ally

σύμμαχος, -ον: fighting along with, allied with

συμπόσιον, τό: a drinking-party, symposium

σύν: + dat. with, in the company of

συναράσσω: to dash in pieces, shiver, shatter

συνέρχομαι: to come or go together

συνεχής, -ές: holding together

συνθήκη, ἡ: a composition, agreement, treaty

συνίημι: to bring or set together

συνίστημι: to set together, unite, associate, subsist

σύνοιδα: to share in knowledge, be cognizant of

συνοικέω: to dwell together

συνουσία, ἡ: a being with, intercourse, society

σφαιροειδής, -ές: spherical

σφενδονάω: to sling, to use a slingshot

σφενδονήτης, -ου, ὁ: a slinger

σφόδρα: very, much, exceedingly

σφοδρός, -ά, -όν: vehement, violent, excessive

σχεδία, ἡ: a raft, float

σχολάζω: to have leisure or spare time, to be at leisure

σῶμα, -ατος, τό: a body

σωφρονέω: to be sound of mind

Τ τ

τάξις, -εως, ἡ: an arranging, battle line, rank

ταπεινός, -ή, -όν: low

ταράσσω: to stir, stir up, trouble

τάσσω: to arrange, put in order, assign, appoint

ταχύς, -εῖα, -ύ: quick, swift, fleet

τεῖχος, -εος, τό: a wall

τέλειος, -α, -ον: finished, complete

τελέω: to complete, fulfill, accomplish

τέλος, -εος, τό: fulfillment, completion

τεράστιος, -ον: monstrous

τερπνός, -ή, -όν: delightful, pleasant, agreeable, glad

τέσσαρες: four

τέταρτος, -η, -ον: fourth

τε: and

τίθημι: to set, put, place

τιμάω: to pay honor to, hold in honor, revere

τις: any one, any thing, someone, something

τίς: who?

τιτρώσκω: to wound

τοιόσδε, -άδε, -όνδε: such a one

τοιοῦτος, -αύτη, -οῦτο: such as this or that

τοξότης, -ου, ὁ: a bowman, archer

τόπος, ὁ: a place

τοσοῦτος, -αύτη, -οῦτο: so large, so tall, so much

τοτέ: at times, now and then

τότε: at that time, then

τρέπω: to turn

τρέφω: to thicken or congeal

τριάκοντα: thirty

τριακόσιοι, -αι, -α: three hundred

τρίτος, -η, -ον: third

τρόπαιον, τό: a trophy

τρόπος, ὁ: a turn, direction, course, manner

τροφή, ἡ: nourishment, food

τρυφάω: to live luxuriously

τυγχάνω: to hit upon, happen

τυρός, ὁ: cheese

Υ υ

ὑάλινος, -η, -ον: of crystal or glass

ὑδρεύω: to draw or carry water

ὕδωρ, ὕδατος, τό: water

ὕλη, ἡ: a forest

ὑμός, -ά, -όν: your

ὑπακούω: to listen, attend to

ὑπάρχω: to begin, make a beginning

ὑπέρ: + gen. over, above; + acc. over, beyond

ὑπερβιβάζω: to carry over, transfer

ὑπερήδομαι: to be happy

Glossary

ὑπερθαυμάζω: to wonder exceedingly
ὑπισχνέομαι: to promise, engage in
ὑπόθεσις, -εως, ἡ: a supposition,
    purpose, composition, subject matter
ὑπολαμβάνω: to undertake, understand,
    believe, suppose
ὑπομένω: to stay behind, survive
ὑποτελέω: to pay tribute
ὑποφαίνω: to bring to light, to appear
    slight, (of the sun) to rise
ὑπό: + gen. from under, by; + dat. under; +
    acc. towards
ὑστεραῖος, -α, -ον: on the next day
ὕστερος, -α, -ον: later, afterward
ὑφίημι: to let down
ὑφοράω: to look at from below, suspect
ὑψηλός, -ή, -όν: high, lofty, high-raised
ὕω: to send rain, to rain

Φ φ

φαίνομαι: to appear, seem
φαίνω: reveal, show
φάσκω: to say, affirm, assert
φελλός, ὁ: cork
φέρω: to bear, carry, endure
φεύγω: to flee
φημί: to declare, make known
φθονέω: bear a grudge, be jealous
φιλέω: to love, regard with affection,
    kiss
φιλία, ἡ: affection, friendship
φίλος, -η, -ον: loved, beloved, dear
φλυαρέω: to talk nonsense, play the fool
φοβερός, -ά, -όν: fearful
φοβέω: to frighten, set to flight
φόρος, ὁ: a tribute

φράζω: to point out, indicate, show
φρονέω: to think, to have understanding
φυλάττω: to guard, keep safe
φύλλον, τό: a leaf
φύσις, ἡ: the nature, natural qualities,
    condition
φύω: to bring forth, produce, put forth,
    grow
φωνή, ἡ: a sound, tone, voice, utterance
φῶς, φωτός, τό: light

Χ χ

χάλκεος, -έα, -εον: of bronze, brazen
χαρίεις: graceful, beautiful, lovely
χάσκω: to open, gape, have one's mouth
    open, yawn
χειμών, -ῶνος, ὁ: the winter, a storm
χείρ, χειρός, ἡ: a hand
χέω: to pour
χίλιοι, -αι, -α: thousand
χιτών, -ῶνος, ὁ: a tunic
χράομαι: to use + dat.
χρηστός, -ή, -όν: useful, good,
    serviceable
χρή: it is fated, necessary + inf.
χροιά, ἡ: color, the skin
χρόνος, ὁ: time
χρύσεος, -η, -ον: golden, of gold
χώρα, ἡ: a space, land
χωρέω: give way, draw back, go,
    withdraw
χωρίον, τό: a place, spot, district

Ψ ψ

ψεῦδος, -εος, τό: a falsehood, untruth,
    lie
ψεύδω: to cheat by lies, beguile, lie
ψυχή, ἡ: breath, soul, spirit

Ω ω

ὠκεανός, -οῦ, ὁ: ocean
ᾠόν, τό: an egg
ὥρα, ἡ: period of time, season
ὥσπερ: just as if, even as
ὥστε: with the result that, so that
ὡς: adv.: as, so, how; conj. that, in order
    that, since; prep. + acc. to; + part. as if,
    as; + superlative as ____ as possible

NOTES:

Printed in the USA
CPSIA information can be obtained
at www.ICGtesting.com
LVHW050320080823
754561LV00004B/319